Gabriele Kuby

Die verlassene Generation

∝fe

1. Auflage 2020
© fe-medienverlags GmbH
Hauptstr. 22, D-88353 Kißlegg
www.fe-medien.de

ISBN 978-3-86357-276-1

Satz & Gestaltung: Manuel Kimmerle, Kißlegg
Cover-Grafik: Anikei / istockphoto.com
Druck: orthdruk, Białystok (Polen)

Printed in EU

Dem Lachen der Kinder

Krank an Leib und Seele

Chronisch körperlich krank
26 % aller Kinder und Jugendlichen haben eine potenziell chronisch-somatische Erkrankung. Am häufigsten sind Kinder dabei von Neurodermitis (8 %) und Asthma (7 %) betroffen. Jedes vierte Kind ist körperlich und jedes zehnte Kind ist psychisch chronisch krank.
DAK Kinder- und Jugendreport 2018[1]

Psychische Störungen
Psychische und Verhaltensstörungen zählen mit 26 % zu den vier häufigsten Krankheitsbildern bei Kindern und Jugendlichen.
DAK Kinder- und Jugendreport 2018[2]

20 % der Kinder und Jugendlichen psychisch gefährdet
Bei gut einem Fünftel der Kinder und Jugendlichen im Alter von 3 bis 17 Jahren besteht ein Risiko für psychische Auffälligkeiten, wobei Jungen deutlich häufiger als Mädchen betroffen sind. Am häufigsten sind Angststörungen, gefolgt von aggressiv-dissozialen Störungen, Despression und ADHS.
Bundeszentrale für gesundheitliche Aufklärung, Kindergesundheit-info[3]

Neue Morbidität
Es ist eine neue Morbidität zu beobachten von akuten zu chronischen Krankheiten, von körperlichen zu seelischen Störungen der emotionalen und psychischen Entwicklung, des Sozialverhaltens, der motorischen und kognitiven Entwicklung.
J. Leidel, Entwicklungsstörungen bei Kindern und Jugendlichen,
Präventionstagung der Bundesärztekammer[4]

Sprachstörungen bei 42 % der fünfjährigen Jungen
Sprach- und Sprechstörungen wurden im Jahr 2017 bei 16 % aller Jungen und Mädchen im Alter von 0 bis 17 Jahren diagnostiziert. Entwicklungsstörungen treten am häufigsten bei Fünfjährigen auf, bei den Jungen zu 42 %, bei den Mädchen zu 30 %.
DAK Gesundheitsreport 2019[5]

Anstieg der Entwicklungsstörungen bei Fünf- bis Siebenjährigen um 27 %
Die Zahl der diagnostizierten Entwicklungsstörungen bei Kindern zwischen fünf und sieben Jahren hat sich in den vergangenen zehn Jahren um 27 % erhöht, von 28 % im Jahr 2008 auf 35 % im Jahr 2018. Mehr als 82 % der diagnostizierten Entwicklungsstörungen betreffen die Sprech- und Sprachentwicklung. Störungen der motorischen Entwicklung liegen mit gut 22 % auf dem zweiten Platz.
Heilmittelbericht des Wissenschaftlichen Instituts der AOK[6]

28 % der Kinder und Jugendlichen in Rheinland-Pfalz in Therapie
28 % der Kinder und Jugendlichen in Rheinland-Pfalz sind im vergangenen Jahr wegen psychischer Erkrankungen und Störungen behandelt worden. Das waren etwa zwölf Prozent mehr als 2009. Die meisten 2018 gestellten Diagnosen waren Entwicklungsstörungen des Sprechens und der Sprache (fast 22 %), gefolgt von hyperkinetischen Störungen wie ADHS (12 %).
Gesundheitsministerin Sabine Bätzing-Lichtenthäler im November 2019[7]

28 % der Jungen und Mädchen in Berlin psychisch krank
In Berlin sind 30 % der Jungen und 26 % der Mädchen psychisch krank. Bei 9 % wurde in Berlin 2016 eine potenziell chronisch verlaufende psychische Krankheit festgestellt (Schulangst 44 %, ADHS 41 % – Jungen fast dreimal so viel wie Mädchen –, Depression 13 % – Mädchen fast doppelt so viel wie Jungen).
DAK Gesundheitsreport 2019, Berlin

Schlafmangel und Medienkonsum
Junge Menschen aller Schultypen haben neuerdings einen ausgeprägten Schlafmangel. Es besteht eine Wirkungskette: hohe Bildschirmzeiten, Schlafmangel, hohes Stressempfinden, Bewegungsmangel, körperliche Symptome wie Kopf- und Rückenschmerzen, ADHS.
Präventionsradar, Schuljahr 17/18, DAK-Gesundheit[8]

Bewegungsmangel
Nur 35 % der Schüler bewegen sich ausreichend, 40 % der Jungen und 31 % der Mädchen.
Präventionsradar, Schuljahr 17/18, DAK-Gesundheit

Stress
40 % der Schüler/innen gaben an, oft oder sehr oft Stress zu erleben. Bei den Mädchen lag diese Quote mit 48 % höher als bei den Jungen mit 33 %, verursacht vor allem durch die Schule. Stress bewirkt erhöhten Blutdruck, erhöhte Gereiztheit, Schlafstörungen, Kopfschmerzen, Rückenschmerzen. 50 % berichten von Erschöpfung und Müdigkeit jede Woche oder häufiger. Mädchen sind mehr betroffen als Jungen.
Präventionsradar, Schuljahr 17/18, DAK-Gesundheit

Armut
Ein Fünftel der Kinder und Jugendlichen bis 18 Jahren lebt unterhalb der Armutsgrenze in Haushalten, die über weniger als 60 % des mittleren gesellschaftlichen Einkommens verfügen.
Andreas Storm, Beiträge zur Gesundheitsökonomie, DAK Kinder- und Jugendreport 2018[9]

Bildungsarmut und Krankheitslast
Kinder aus sozial benachteiligten Familien weisen weitaus häufiger körperliche, psychische, kognitive, sprachliche und motorische Entwicklungsdefizite auf als Kinder aus sozial besser gestellten Familien. Sie werden weniger gestillt, sie rauchen häufiger, haben längere Bildschirmzeiten, treiben weniger Sport, ernähren sich ungesünder, haben mehr Karies, mehr Allergien, sind häufiger übergewichtig, sind häufiger im Krankenhaus und bekommen mehr Medikamente. Kinderärzte sprechen von einer „unseligen Allianz von Bildungsarmut und Krankheitslast".
DAK Kinder- und Jugendreport 2018

Kranke Eltern – kranke Kinder
37 % aller DAK-versicherten Kinder weisen für das Jahr 2017 ein Elternteil auf, das aufgrund psychischer Auffälligkeiten in ärztlicher Behandlung war. Bis zum späten Jugendalter ist das Risiko für eine psychische Erkrankung im Kindesalter um bis zu 80 % höher, wenn ein Elternteil selbst psychisch erkrankt ist.
DAK Kinder- und Jugendreport 2019

Inhaltsverzeichnis

Lieber Leser, liebe Leserin 11

Einleitung
Das Kind – unsere Zukunft 13

1. Ich will leben – du sollst leben 23

2. Sex ja, Baby nein 39
Das Kondom 45
Die Pille 47
Eine prophetische Enzyklika 55
Mit der Natur statt gegen sie 57

3. Frau über Leben und Tod 61
Ein Zellhaufen? 65
Die Methoden der Abtreibung 76
Reue kommt nie zu spät 84

4. Vom Geschenk zum Produkt 89
Künstlich fruchtbar 92
Die Risiken der künstlichen Befruchtung 99
Achterbahnfahrt zwischen Hoffnung und Angst ... 101
Der Samenspender 108
Die Leihmutter 110

5. Eltern werden 123
Die Geburt 131
Das Kind im Werden 133
Eltern bleiben 141

6. Die Kinderkrippe – Sozialismus 2.0 145
Die Krippenoffensive 149
Bindung statt Bildung 157
Dauerstress und Cortisol 164

7. Stress und Sex im Kindergarten ... 175
Stress – der Feind des Spiels ... 180
Ein Recht auf Sex? ... 182
Inklusion ... 192
Partizipation ... 196

8. Sexuelle Vielfalt in der Schule ... 205
Einfalt der Lust ... 209
Der globale Angriff auf die Integrität der Jugend ... 216
Die Veruntreuung der Sprache ... 221
Der neue Hype: Transgender ... 226

9. Kinderrechte – der übergriffige Staat ... 235
Kinderrechte ins Grundgesetz? ... 237
„Inobhutnahmen" durch den Staat ... 244
Die Charta der Familienrechte ... 249

10. Von der Person zum User ... 253
Krank durch digitale Medien ... 257
Einsam und süchtig ... 266
Cyber-Mobbing ... 271
Die globalen Bewusstseinsfabrikanten ... 273

11. Pornografie – die Schändung der Kinderseele ... 281

12. Scheidung – das unblutige Kinderopfer ... 291
Das Leid der Scheidungskinder in Zeugnissen ... 298
Das Leid der Scheidungskinder in der Wissenschaft ... 308
Väter, wo seid ihr? ... 313
Zwei Mütter oder zwei Väter – no difference? ... 315

13. Die Familie – das Biotop des Menschen ... 325

Interview mit Julia Calinescu
Erziehung – stark machen für die Zukunft ... 333

Zu guter Letzt ... 349

Anmerkungen ... 353

Lieber Leser, liebe Leserin,

Dieses Buch spricht von den Nöten der jungen Generation. Es möchte das Herz der Väter und Mütter wieder den Söhnen und Töchtern zuwenden, auf dass sie ihr Herz wieder den Eltern zuwenden. Ein Schleier hat sich über das Bewusstsein gelegt, der uns die Not verbirgt. Niemand will diese Not. Jeder wünscht sich eine bessere Welt. Wenn wir Kindern geben, was sie brauchen, wird die Welt besser. Dafür müssen wir den Schleier abnehmen. Unter dem Schleier finden wir uns selbst. Es kann schmerzhaft sein zu entdecken, dass wir als Vater oder Mutter zur Not der Kinder beigetragen haben. Gibt es einen Vater oder eine Mutter, die das nicht irgendwann feststellen? Es gibt keine perfekten Eltern und keine perfekten Familien, aber es gibt Menschen, die wachsen wollen. Dies ist die einzige Voraussetzung, um dieses Buch mit Gewinn zu lesen.

Ich sitze auf keinem hohen Ross. Ich bin Scheidungskind und bin selbst wieder geschieden. Das liegt in der statistischen Wahrscheinlichkeit. Das jüngste meiner drei Kinder war damals elf Jahre alt. Ich wurde zur alleinerziehenden Mutter. Erst nach der Trennung und der Hinwendung zu Gott gingen mir allmählich die Augen auf, was es auf sich hat mit Ehe und Familie, wie groß die Verheißung des Glücks ist und was es verlangt.

Seitdem sind fünfundzwanzig Jahre vergangen. Die Brocken, die eine zerbrochene Familie auf den Lebensweg wirft, wurden von Stolpersteinen zu Herausforderungen auf einem Bergweg; über Windungen und Wendungen führt er in eine weite Landschaft, die das Herz mit Dankbarkeit füllt. Das Verstehen, das Verzeihen, die Liebe sind gewachsen. Ich bin Großmutter geworden und bin hingerissen zu erleben, wie das Leben neu beginnt. Hüten wir es, damit die Welt besser wird!

Gabriele Kuby, Ostern 2020

Kinder spielen in der Familie eine Erlöser-
rolle. Sie stellen den Sieg der Liebe über das
unersättliche Ich dar; sie versinnbildlichen
die Niederlage der Selbstsucht und den Tri-
umph der schenkenden Liebe.

Fulton Sheen

Einleitung

Das Kind – unsere Zukunft

Wie entzückt sind wir, wenn eine Ente ihre Küken ausführt; eine Katze ihr Junges zärtlich leckt; ein Baby-Eisbär sich in die Pfoten der Mutter kuschelt; ein Pinguin-Vater wochenlang das Ei auf seinen platten Füßen schaukelt und unter dem Federkleid wärmt, während die Mutter von weither Futter holt. Das Starke sorgt für das Schwache. So kann das Leben immer wieder neu beginnen – und wir, die Menschen, sind gerührt.

Wir sind auch gerührt, wenn uns ein Baby anlächelt. Ganz ohne Denken und Urteilen schenkt uns das Kind schon wenige Wochen nach der Geburt einen reinen Blick der vollständigen, liebenden Annahme. Der Himmel geht auf! Aber empfinden wir dasselbe Entzücken wie bei der Brutpflege der Tiere auch bei einer stillenden Mutter? Bringt sie nicht große Opfer von der Empfängnis bis zur Geburt? Von der Geburt bis zum Abstillen und immer weiter durchs ganze Leben hindurch? Sie gibt ihren Körper, ihre physische Substanz. Wie könnte sie da nicht ihr Herz schenken! Aber sonderbar: Die Rührung bleibt aus, die Hochachtung, dass das Starke sich des Schwachen annimmt und so das Leben weiterschenkt.

Was ist los? Sind wir im Westen nicht stolz auf unsere „Humanität"? Wir opfern keine Jungfrauen, um die Götter zu besänftigen wie die Azteken, wir bringen die Neugeborenen nicht um, wenn sie überzählig sind, oder Mängel aufweisen wie die Römer, wir zwingen die Kinder in den reichen Ländern des Westens nicht zur Arbeit wie jene, deren billige Produkte wir kaufen, und wir machen sie nicht zu Soldaten im Krieg. Aber haben Kinder es gut bei uns?

Nein, sie haben es nicht gut. Ein Viertel bis zu einem Drittel der Kinder und Jugendlichen in Deutschland ist krank an Leib und Seele, so krank, dass sie von Ärzten und Therapeuten behandelt werden müssen.

Hinter den Zahlen verbirgt sich Leid, großes existenzielles Leiden der Kinder und Jugendlichen mit schlimmen Auswirkungen auf ihr persönliches Leben und die Zukunft der ganzen Gesellschaft; aber auch das Leid der Eltern, deren Kinder nicht gedeihen, die ihnen keine Freude machen, die krank, aggressiv oder depressiv sind und ihnen früh entgleiten. Kinder, deren Psyche angeknackst ist, haben mehr Schulschwierigkeiten, brechen die Schule häufiger ab, haben gar keine oder nur niedrige Bildungsabschlüsse, haben schlechte Chancen auf Ausbildungs- und Arbeitsplätze, sind stärker drogengefährdet und werden häufiger straffällig.[10] Eine „glückliche Kindheit", eine „sorglose Kindheit", eingebettet in einer Familie von Vater, Mutter und Geschwistern, der weiteren Verwandtschaft, einer kindersicheren natürlichen Umgebung, die war gewiss auch „früher", vor 1968, mit allen möglichen Beschwernissen durchsetzt, aber es gab sie doch noch als erstrebte Normalität.

Heute ist die Zerstörung der Familie gewollt als Schleichweg in den Sozialismus: Gleichheit auf dem untersten gemeinsamen Nenner kollektivierter Menschen, über die die politische Klasse herrscht.

In den Großuntersuchungen, die das massenhafte Leiden der jungen Generation dokumentieren, wird der offensichtli-

> **"**
>
> *Ein Viertel bis zu*
> *einem Drittel der Kinder*
> *und Jugendlichen*
> *in Deutschland ist krank*
> *an Leib und Seele,*
> *so krank, dass sie von Ärzten*
> *und Therapeuten*
> *behandelt werden müssen.*

che Zusammenhang mit niedrigem sozio-ökonomischen Bildungsstatus aufgezeigt, aber nach den tieferen Ursachen wird nicht gefragt. Der Zerfall der Familie taucht als Ursache nicht auf, das Wort Scheidung kommt nicht vor. Abhilfe wird von Medizin und Therapie erwartet. Diese können bestenfalls lindern, aber das weitere Abrutschen in eine Gesellschaft, die zu großen Teilen aus kranken Individuen besteht, nicht verhindern.

Diese Zahlen des Leidens nicht hinnehmen zu wollen, hat mit Nostalgie gar nichts zu tun, mit Lebenswillen und Hoffnung auf Umkehr zu einer lebensfähigen Zukunft alles.

Das Leben ist so eingerichtet, dass der Mensch im ersten und letzten Lebensabschnitt hilfsbedürftig ist und in der Mitte des Lebens die Kraft hat zu helfen. Das Leben ist eine Last, wie wir es auch drehen und wenden. Eine humane Gesellschaft nimmt diese Last an: Die Starken kümmern sich um die Schwachen und die Jungen um die Alten. Wenn sich Eltern gut um die Kinder kümmern, steigen die Chancen, dass die Kinder sich auch gut um sie kümmern werden, wenn sie alt sind. Eine inhumane Gesellschaft will die Last abwerfen und gerät so auf Kollisionskurs mit dem Leben selbst.

Das Wort „human" erweckt den Anschein, dass es die Eigenart des Menschen sei, gut zu sein, aber da irrt sich die Sprache, jedenfalls beschreibt sie nicht die Realität, sondern die Potenz, das Ideal des Menschen: So werden wie der Pinguinvater, der wochenlang nichts frisst und sich kaum bewegt, damit das Küken in der zerbrechlichen Eischale auf seinen Füßen heranwachsen und zur rechten Zeit schlüpfen kann, um wieder ein Pinguin zu werden, der sich in die äußerste Reihe stellt und die Herde vor dem heulenden Nordwind schützt.[11] Er hat sich nicht dafür entschieden. Sein Instinkt nötigt ihn zur Selbstlosigkeit. Der Mensch muss sich für das Gute entscheiden. *It doesn't come easy*, der Weg geht bergauf. Aber wir gehen lieber bergab, grundsätzlich, und heute ganz besonders. Das Bergaufgehen bringt Leben, Freude, Zukunft. Das Bergabgehen bringt Traurigkeit, Depression, Angst, Ausweglosigkeit, Tod. Leiden kommt auf beiden Wegen – bergauf und bergab. Bergauf ist die Hoffnung Weggefährte, bergab die Trübsal.

Wie werden wir so „human" wie die Pinguine?

Kinder werden in unserer Gesellschaft überwiegend als Last dargestellt. In der Tat ist Kinder kriegen und Kinder haben kein Kinderspiel. Es ist der Ernstfall des Lebens. Größte Freude und große Opfer kommen im Doppelpack. Unter der Bedingung des Massenwohlstandes wurde einer ganzen Generation die Lüge verkauft, der Sinn des Lebens sei Spaß und dieser Spaß sei kostenlos zu haben, ohne Opfer, ohne Leid. Vater und Mutter werden lässt diese Lüge von einem Augenblick zum anderen in sich zusammenfallen. Da liegt ihnen dann nach neun Monaten dieses Bündel Mensch in den Händen, vollständig hilflos, vollständig auf liebevolle Fürsorge angewiesen.

Das Neugeborene kann saugen und schreien und einen Finger festhalten, mehr nicht. Durchschlafen gibt es nicht mehr. Der gesamte Tageslauf richtet sich nur noch nach ihm. Bis zum Augenblick der Geburt war die Mutter ein selbstständiger Mensch, ihre Wünsche waren die Kompassnadel ihres Lebens. Nun, mit einem Schlag, ist es das Weinen des Säuglings. Das Ego ist vom Thron gestoßen ohne Vorwarnung, es soll, es muss plötzlich dienen, anstatt zu herrschen. Das Erstaunliche: Die Mutter *will* es tun.

Das Glückshormon Oxytocin wird ausgeschüttet. Man nennt es auch das Bindungshormon. Es wird ausgeschüttet in der sexuellen Vereinigung, während der Geburt und beim Stillen. Die Mutter, die eben noch ihr Selbstwertgefühl aus ihrer Attraktivität und beruflichen Anerkennung gezogen hat, schaut auf dieses Neugeborene mit tiefer Ergriffenheit und innigstem Staunen. Etwas ist in ihr entzündet, das einen zarten Glanz auf ihr Gesicht legt. Sie vergisst sich im Blick auf das Kind, das sie geboren hat. Eben war es noch Geheimnis in ihrem Leib, jetzt ist es sichtbares Geheimnis in ihren Armen. Nie mehr wird das Leben sein wie vorher. Nie wird die Sorge für das Kind und um das Kind aufhören. Die Lebensreise verläuft ab jetzt in neuen Koordinaten: Kind – Mutter – Vater. Die Startdosis der Liebe hat die Natur mit der Droge Oxytocin verabreicht. Die Realisierung dieser Liebe in allen kommenden Lebensphasen verlangt ständiges inneres Wachstum, immer wieder eine neue Art von Opfer, immer neues und tieferes Loslassen, um der jeweils angemessenen Freiheit des Kindes willen, ohne die Liebe nicht gedeihen kann.

Wenn Väter die Elternzeit in Anspruch nehmen, erleben sie, was die Mutter leistet, und kommen schneller als früher in eine eigene Beziehung zum Kind.

Das Leben entfaltet sich, von innen her, ganz von allein. Wenige Tage nach der Geburt schaut das Kind in die Augen der Mutter. Da ist ein Selbst, da ist Geist, da schaut eine geistbegabte Seele. Wie unfassbar kostbar ist dieser kleine Mensch! Wer ist dieses Kind? Was wird aus ihm werden? Was sind seine Gaben, seine Eigenschaften, seine Aufgabe? Bei jeder neuen Lebensäußerung tasten die Eltern nach Zeichen, die das Geheimnis ein wenig lüften. Niemand lehrt das Kind, den Kopf zu heben, sich umzudrehen, sich für ein Mobile zu interessieren, sich aufzusetzen, zu krabbeln, sich anzustrengen bis zur Erschöpfung, die Treppe hochzuklettern, schließlich den ersten Schritt zu wagen. Gibt es etwas Beglückenderes als das Lächeln eines Säuglings, etwas Ansteckenderes als das Kinderlachen? Welch ein Jubel ringsum, wenn Hänschen wieder etwas Neues gelernt hat. Fotos und Videos werden verschickt; Großeltern, Onkel, Tanten und Freunde sind hingerissen, wenn Paulinchen begeistert in die Pfütze stampft. Gibt es etwas

Schöneres, als wenn einem ein Kind voll Freude in die Arme läuft, sich ausschüttet vor Lachen über Dinge, die wir Großen gar nicht bemerken, sich voll Vertrauen vom Vater in die Luft werfen lässt, sich in den Arm der Großmutter schmiegt und ganz und gar Ohr ist, wenn sie ihm eine Geschichte vorliest? Eine Mutter, die vierundzwanzig Stunden täglich das Kind nährt, wickelt, beschützt und mit ihm spricht, ohne dass Antwort in Worten kommt, die immer alle Antennen offen hat, ja einen siebten Sinn für die Bedürfnisse des Kindes entwickelt – „Ammenrapport" nennt das die Kinderpsychologie – braucht einen langen Atem. Ein völliger Rhythmuswechsel wird der Mutter abverlangt vom rasenden Tempo der technisierten und digitalisierten Welt, dem Belohnungssystem beruflicher Arbeit und den Freizeitvergnügen der Kinderlosen zu ständigem, geduldigem Präsentsein. Zwischen der Freude über jeden neuen Schritt liegen Durststrecken, Schlafmangel, lange Stunden des Alleinseins mit dem Kind, wenn der Vater morgens das Haus verlässt und abends müde zurückkommt.

Väter sind zärtlicher geworden mit ihren kleinen Kindern, stehen nachts auf, füttern und wickeln und wiegen das Kindchen, bis es wieder schlaft. Wenn Väter die Elternzeit in Anspruch nehmen, erleben sie, was die Mutter leistet, und kommen schneller als früher in eine eigene Beziehung zum Kind.

Ja, es ist anstrengend, ein Kind ins Leben zu begleiten, immer auf das Kind und nicht auf sich zu schauen, manchmal nicht trösten, nur warten zu können, Krankheiten durchzustehen. Aber der Lohn ist groß, unendlich viel größer als die Mühe: Ein neues Menschenkind ist auf der Welt. Die Eltern können neu werden in der bedingungslosen Liebe des Kindes. Sie sind nun mit dem Leben selbst unauflöslich verbunden. Es gibt keinen Rückzug mehr. Das Kind zieht die Eltern mit in die Zukunft.

Nicht lange und es wird vielleicht schon in der Krippe in andere Hände gelegt, wird in den Kindergarten gehen, in die Schule, wird nach dem Smartphone greifen und seinen Platz in der Gruppe der Gleichaltrigen suchen. Die Gestaltungsmacht der Eltern über die Welt des Kindes wird immer mehr abnehmen. Wohl den Eltern und wohl dem Kind, wenn es in den ersten drei Jahren, in denen sich das seelische Fundament ausbildet, eine unzerstörbare, sichere Bindung zur Mutter und zum Vater entwickeln konnte, die ihm für das ganze Leben die innere Gewissheit gibt: Ich bin gewollt. Ich bin geliebt. Ich bin geborgen. Die Welt ist gut. Ich kann vertrauen.

Soweit der Plan für das Lebensdrama Vater, Mutter, Kind. Aber was passiert in der heutigen Realität? Schauen wir hin, was wir mit Kindern machen. Kinder sind unsere Zukunft. Schauen wir hin, was wir mit unserer Zukunft machen.

Es wird wehtun, die Realität zu sehen, wie sie ist. Wir alle sind Teil dieser Realität und erschaffen sie mit. Aber aus dem Schmerz kann die Entscheidung erwachsen, das Kind in die Mitte zu stellen; dem Schwachen zu dienen, dem Kind. Das kostet Opfer – Opfer, die Segen bringen.

In einer Gesellschaft, welche die Bedürfnisse des Erwachsenen in die Mitte stellt, geht es Kindern schlecht.

- Kinder werden verhütet.
- Kinder werden vor der Geburt getötet, wenn sie nicht gewollt sind.
- Kinder werden im Labor produziert, wenn sie gewollt sind.
- Kinder werden um ihre Abstammung betrogen.
- Kinder werden als Embryo eingefroren und von der Forschung „verbraucht".
- Kinder werden in einem gemieteten Mutterleib ausgetragen.

- Kinder werden von gleichgeschlechtlichen Paaren gekauft und aufgezogen.
- Kinder werden ab dem Säuglingsalter in fremde Hände gegeben.
- Kinder werden bereits im Kindergarten sexualisiert.
- Kinder werden in ihrer Geschlechtsidentität verunsichert.
- Kinder werden in der Grundschule sexuell indoktriniert.
- Kinder werden darin bestärkt, ihr Geschlecht zu wechseln.
- Kinder werden dem Smartphone ausgeliefert.
- Kinder werden der Pornografie ausgeliefert.
- Kinder werden massenhaft sexuell missbraucht.
- Kinder werden zu Scheidungsopfern.
- Kinder müssen in zerbrochenen Familien aufwachsen.
- Kinder werden traurig.
- Kinder werden krank.
- Kinder werden mit Ritalin gedopt.[12]
- Kinder werden ihrer Kindheit beraubt.
- Kinder sind unsere Zukunft.
- Kinder sind Menschen.
- Kinder haben Menschenwürde – von Anfang an.

Schenken wir den Kindern die Kindheit zurück und uns allen die Zukunft.

1.

Ich will leben – du sollst leben

Jede menschliche Eizelle ist vom Stadium ihrer Befruchtung an ein menschlicher Embryo.
Europäischer Gerichtshof für Menschenrechte, 2011

Leben – wie geheimnisvoll! Es ist Leben in uns, etwas, das aufgeht aus einem Samen, groß wird und stirbt, unaufhaltsam. Keinem Menschen ist es gelungen, Leben zu schaffen, vom Baum des Lebens hat er nicht gegessen. Immerzu bringt das Leben Frucht, seit es Leben gibt. Einer nährt sich von den Früchten des anderen. In der Frucht steckt der Samen, der in den Boden fällt und stirbt und wieder Frucht bringt.

Der Samen trägt einen Bauplan in sich – die ganze Eiche ist bereits in der Eichel. Ein riesiger Baum soll sie werden, kann sie werden, wenn sie in gutem Boden Wurzel schlägt, Sonne und Regen ihr zuströmen und dem Keimling nichts zustößt, solange er noch zart und wehrlos ist. Immer bedarf der Lebensplan guter Bedingungen, damit er sich entfalten kann, beim Menschen in einem Gewebe von Bestimmung und Zufall, Prägung und freiem Willen, Freiheit und Vorsehung.

Archaische Religionen verehren Fruchtbarkeitsgöttinnen und zelebrieren Fruchtbarkeitskulte, denn es ist die Frau, die neues Leben gebiert. Die Israeliten machen keinen Unterschied zwischen der Frucht des Leibes, der Frucht des Viehs und der Frucht des Ackers: „Gesegnet ist die Frucht deines Leibes, die Frucht des Ackers, die Kälber, Lämmer und Zicklein" (Dtn 28,4). Fruchtbarkeit ist für sie ein Zeichen der Huld Gottes; Unfruchtbarkeit des Leibes, des Ackers, des Viehs hingegen ein Fluch Gottes, mit dem er die Menschen straft, die von seinem Gebot abgefallen sind und den Bund gebrochen haben.

Für die Alten war klar, dass es Gott selbst ist, der den Mutterschoß öffnet oder schließt. Jakob liebte Rachel und diente ihrem Vater Laban sieben Jahre lang, um sie zur Frau zu bekommen, aber es wurde ihm die ältere Schwester Lea in der Hochzeitsnacht ins Bett gelegt. Gott hatte Mitleid mit der ungeliebten Lea und „öffnete ihren Mutterschoß, Rachel aber blieb unfruchtbar" (Gen 29,31). Als Rachel sich bei Jakob beschwert und fordert „Verschaff mir Söhne!", fährt Jakob sie an: „Nehme ich etwa die Stelle Gottes ein, der dir die Leibesfrucht versagt (Gen 30,2)?" Später erinnert sich Gott dann doch der unfruchtbaren Rachel, „öffnet ihren Mutterschoß" und nimmt die Schande von ihr (Gen 30,22–23). Sie schenkt Josef das Leben und schließlich noch Benjamin.

Die Personen, welche die Bibel aus dem dunklen Schoß der Zeit so lebendig hervortreten lässt, dass wir sie als unsere Brüder und Schwestern erkennen und Thomas Mann einen Tausend-Seiten-Roman über *Joseph und seine Brüder* schreiben konnte, wussten und glaubten:

> Kinder sind eine Gabe des Herrn, die Frucht des Leibes ist sein Geschenk (Ps 127,3).

Das alles war einmal. Sternenweit scheinen wir uns davon entfernt zu haben. Wir haben die Anker gelichtet, haben sie herausgerissen aus der Natur, deren Teil wir sind, aus der Ordnung der Schöpfung. Dass es Ordnung gibt, kann niemand leugnen. Die Wissenschaft entdeckt ihre Gesetze und dringt tiefer und tiefer vor in das Geheimnis der Entstehung des Lebens. Papst Benedikt XVI. schreibt:

> Der Mensch wird zum Produkt und damit verändert sich das Verhältnis des Menschen zu sich selbst von Grund auf. Er ist

nicht mehr ein Geschenk der Natur oder des Schöpfergottes; er ist sein eigenes Produkt. Der Mensch ist in die Brunnenstube der Macht hinuntergestiegen, an die Quellorte seiner eigenen Existenz.[13]

Dass es einen Schöpfer gibt, der die Samen mit Bauplänen ausgestattet hat, das wollen wir nicht glauben. Lieber glauben wir, dass die unfassbare Intelligenz, die wir in allem vorfinden und entdecken, eine Frucht des Zufalls ist, dass also aus vernunftlosem Chaos durch beständige, selbsttätige Höherentwicklung Ordnung entstanden ist, ein Gleichgewicht von Abermilliarden Organismen und hochkomplexen Systemen, in denen das Leben pulsiert.

Wie jedes andere höhere Lebewesen gibt es den Menschen in zwei Geschlechtern, als Mann und als Frau, die sich durch ihre leibliche Vereinigung fortpflanzen. Das Glied des Mannes dringt in die Vulva der Frau ein, ergießt einen Strom von 40 bis 400 Millionen Samenzellen mit genetischer Information, von denen das Ei der Frau in der Regel nur *eine einzige* in sich aufnimmt und mit ihr verschmilzt. Die Eizellen der Frau sind abgezählt, der Körper erzeugt sie nicht ständig neu wie den Samen des Mannes, sie altern und sterben ab. Im Augenblick der Verschmelzung von Ei und Samenzelle ist ein neuer Mensch gezeugt, das gesamte genetische Programm ist gezündet. Von nun an braucht der Mensch wie jedes Tier und jede Pflanze nur noch gute Wachstumsbedingungen, um sich zuerst im Mutterleib, dann als eigenständiges Lebewesen kontinuierlich zu entfalten.

Es wird darüber gestritten, ob die Zygote, die allererste Verschmelzung von Ei und Samenzelle, bereits ein Mensch ist, der ein Recht auf Leben hat. Jene, die diesen Embryo für Forschungszwecke und wirtschaftliche Interessen verwerten

Wir haben die Anker gelichtet, haben sie herausgerissen aus der Natur, deren Teil wir sind, aus der Ordnung der Schöpfung.

wollen, bestreiten dies: Erst wenn sich der Embryo in die Gebärmutter eingenistet habe, nach der Nidation, könne man von einem Menschen sprechen, oder erst nach zwölf Wochen oder vielleicht nur dann, wenn er gesund ist?

Der Europäische Gerichtshof für Menschenrechte hat am 18. Oktober 2011 im Fall Brüstle gegen Greenpeace e. V. eine klare Entscheidung getroffen:

> Jede menschliche Eizelle ist vom Stadium ihrer Befruchtung an ein menschlicher Embryo.

Er hat also ein Recht auf den Schutz seines Lebens durch den Staat.

Der Zeugungsakt bereitet Tieren und Menschen Lust. Mann und Frau werden mit einer Macht, die Willen und Vernunft außer Kraft setzen kann, zueinander hingezogen, um sich leiblich zu vereinigen. Dabei gibt es einen großen Unterschied zwischen Tier und Mensch: Bei fast allen Tieren tritt dieser unwiderstehliche Drang nur dann auf, wenn im Jahreszyklus Fortpflanzung vorgesehen ist. Beim Menschen ist die sexuelle Anziehung unabhängig von einem Imperativ des Instinkts zur Fortpflanzung. Dies schafft den Raum der Freiheit für die Höhenflüge der Liebe, die Wonnen der Lust, die herzzerreißenden Dramen zwischen Liebe und Lust und die Abgründe der Perversion.

Natürlich können wir Frauen Flugzeuge steuern, Staaten und Unternehmen leiten, Ingenieurin werden oder Mathematikerin, Fußball spielen oder als Soldatin unseren Mann stehen. Zu allen Zeiten haben Frauen Männeraufgaben übernommen, wenn Not am Mann war, im wahrsten Sinne des Wortes, etwa nach den Weltkriegen, wenn Millionen Männer „im Krieg geblieben sind". Aber sonderbar: Die große Mehrheit der Frauen ist resistent gegen staatliche Umerziehungsversuche und wählt eher solche Berufe, die mit Menschen zu tun haben, mit Lehren und Helfen, mit Sprache und Mitteilung. Man will Frauen ausreden, dass sie anders sind, und ihnen einreden, dass sie doch eigentlich die besseren Männer sind. Die Männer sollen endlich Platz machen in den Führungspositionen, notfalls per Quote.

Jeder weiß, dass Körper, Geist und Psyche von Mann und Frau grundverschieden sind und sich wunderbar ergänzen. Niemand wird etwas daran ändern können, dass die Körper von Mann und Frau zusammenpassen wie Schloss und Schlüssel und dass der Mensch durch die Vereinigung der weiblichen Eizelle und des männlichen Samens entsteht – ob in einer Liebesnacht, bei einer Vergewaltigung oder in der Petrischale: Der Samen eines Mannes muss sich mit dem Ei einer Frau vereinigen, um ein neues genetisches Unikat Mensch hervorzubringen. Heute gelten Mann und Frau als austauschbar, ja mehr noch, das Geschlecht sei sogar vom Individuum wählbar. Wir sehen Bilder von Frauen mit dem Gewehr im Anschlag und Männer mit Bart und einem schwangeren Bauch. Haben wir wirklich mehr Freiheit gewonnen? Sieht die Zukunft rosiger aus für Mann, Frau und Kind?

Der weibliche Zyklus
Der Mann ist jederzeit und im größten Teil seines Lebens zeugungsfähig, während die Frau nur an wenigen Tagen des Monats und nur im kleineren Teil ihrer Lebenszeit empfänglich ist. Der Vorrat ihrer befruchtungsfähigen Eier ist begrenzt. Etwas Eigenartiges, etwas, das nur ihr eigen ist, spielt sich in ihrem Körper ab – von der Pubertät bis zur Menopause, die eigentlich keine Pause ist, sondern das Ende ihrer Fähigkeit, Leben zu gebären.

Ungefähr alle vier Wochen kommt Blut aus der Scheide der Frau. Es kann mit Schmerzen verbunden sein und mit Stimmungsschwankungen. Nach ein paar Tagen hört die Blutung wieder auf. Das wiederholt sich circa dreißig Jahre lang im Leben einer Frau – ab der Geschlechtsreife 450- bis 500-mal. Alle Frauen dieser Erde sind diesem zyklischen Geschehen unterworfen. Manche Kulturen und Religionen betrachten die Frau in dieser Zeit als „unrein" und legen ihr rituelle Vorschriften auf. Dass der Zyklus etwas mit der Fruchtbarkeit zu tun hat, war den Menschen immer bewusst, denn die Fruchtbarkeit der Frau erlosch mit dem Verschwinden der Blutungen. Aber die Entdeckung der überaus komplizierten hormonellen Steuerung des Fruchtbarkeitszyklus der Frau war dem zwanzigsten Jahrhundert vorbehalten und dringt erst allmählich ins allgemeine Bewusstsein ein.

„Frauen bekommen Kinder", heißt es auf einer Internetplattform zur medizinischen Aufklärung. „Diese Feststellung hört sich überflüssig und simpel an. Sie ist aber grundlegend für alles, was sich im Körper der Frau im monatlichen Rhythmus abspielt. Ziel der periodischen Veränderung ist es, immer optimale Bedingungen für eine mögliche Schwangerschaft herzustellen."[14] Schauen wir uns dieses Wunderwerk der Selbstregulation etwas näher an. Es ist ein überaus fein abgestimmtes Zusammenspiel von Hormondrüsen im Gehirn, der allmonatlichen Reifung eines befruchtungsfähigen Eies im Eierstock und der Gebärmutter, die sich alle vier Wochen bereit macht, ein befruchtetes Ei aufzunehmen, damit es dort neun Monate lang zu einem lebensfähigen Kind heranwachsen kann. Wurde das Ei nicht befruchtet, wird die Schleimhaut der Gebärmutter abgestoßen und ausgeschieden, was sich als Regelblutung zeigt.

Die Steuerungszentrale der Fruchtbarkeit der Frau ist das Gehirn. Einsatzleiter des ganzen Geschehens ist der Hypothalamus, ein bestimmtes Areal des Zwischenhirns. In der ersten Phase des Zyklus, beginnend am ersten Tag der Blutung, wird das Hormon Gonadotropin (GnRH) ausgeschüttet, welches den Fruchtbarkeitszyklus anstößt. Es veranlasst die Hypophyse (Hirnanhangdrüse) zur Produktion des Follikel stimulierenden Hormons (FSH), welches ins Blut abgegeben wird. Dieses tut, was sein Name sagt: Es setzt die Follikelreifung im Eierstock in Gang und die erhöhte Produktion des Sexualhormons Östrogen. Follikel nennt man das Bläschen, in welchem sich die Eizelle und Hormondrüsen befinden.

Östrogen macht die Organe der Frau zur Befruchtung bereit. Der Schleim im Gebärmutterhals verflüssigt sich und zieht lange Fäden, die für den Transport und die Ernährung der Spermien günstig sind. Der Muttermund wird weich, die Geschlechtsorgane werden besser durchblutet, das Brustdrüsengewebe kann anschwellen und empfindlich werden.

> *Niemand wird etwas daran ändern können, dass die Körper von Mann und Frau zusammenpassen wie Schloss und Schlüssel und dass der Mensch durch die Vereinigung der weiblichen Eizelle und des männlichen Samens entsteht.*

Mehrere Follikel aus dem begrenzten Reservoir des Eierstocks beginnen zu wachsen, aber nur ein einziger Follikel, der beste und stärkste, macht das Rennen. Er wird bis zu 25 mm groß und produziert das Gelbkörperhormon (LH – luteus heißt gelb), welches das Signal zum Platzen des Follikels gibt. Das Ei „springt" aus dem Follikel heraus, genaugenommen wird es von der Flüssigkeit im Follikel herausgeschwemmt und landet im sogenannten Fransentrichter des Eileiters – der berühmte Eisprung hat sich ereignet (lateinisch: Ovulation). Die anderen Follikel sterben ab. Das Ei beginnt nun seine vier- bis fünftägige Reise durch den Eileiter in die Gebärmutter. Dabei ist es nur in den ersten zehn bis zwölf Stunden zur Befruchtung bereit.

Die Östrogene, die im Follikel während seiner Reifung erzeugt werden, geben der Gebärmutterschleimhaut das Signal zu neuem Wachstum. Es sprießen neue Blutgefäße, die Schleimhaut wird dicker und weicher. Mit dem Eisprung beginnt die zweite Phase des Zyklus. Plan A heißt Schwangerschaft: Die Eizelle wird befruchtet und nistet sich in der Gebärmutter ein. Plan B: Es kommt nicht zur Befruchtung, alle hormonellen Schwangerschaftsstimulatoren werden zurückgefahren, die aufnahmebereite Schleimhaut in der Gebärmutter wird abgestoßen (Monatsblutung), der Muttermund mit zähem Zervixschleim verschlossen und der Kreislauf beginnt von Neuem – wieder und wieder und wieder, dreißig Jahre lang, bis die Eizellen alt geworden und aufgebraucht sind. Bereits mit 35 Jahren beginnt der Sinkflug der Fruchtbarkeit.

Oder Plan A tritt in Kraft: Ein einziges von 40 bis 400 Millionen Spermien schafft es, bis in den Eileiter vorzudringen und von der Eizelle aufgenommen zu werden. Ei und Samenzelle verschmelzen und bilden eine Zygote, welche die gesamte Erbinformation enthält. Der Urknall eines neuen Menschen hat stattgefunden.

Das befruchtete Ei wird von den Flimmerhärchen des Eileiters in drei bis vier Tagen in die Gebärmutter transportiert und braucht dort noch einmal zwei bis drei Tage, um sich einzunisten.

Derweilen bildet sich in der Follikelhöhle der Gelbkörper (Corpus luteum), der nun reichlich Progesteron erzeugt. Dieses bewirkt einen Umbau der Gebärmutterschleimhaut. Es werden Nährstoffe eingelagert, die einen Embryo einige Wochen ernähren können, bis sich die Plazenta voll entwickelt hat. Sobald sich der Embryo eingenistet hat, produziert die Gebärmutter das Schwangerschaftshormon HCG, das bereits zwei Tage nach der Nidation im Blut nachgewiesen werden kann. Es steigt explosionsartig an und ist dafür verantwortlich, dass viele Schwangere in den ersten Monaten mit Übelkeit zu kämpfen haben. Progesteron verhindert zuverlässig einen weiteren Eisprung. Es erhöht die Aufwachtemperatur, dickt den Zervixschleim ein und der Muttermund wird hart.

Die Steuerung und das Zusammenwirken der Hormone, ihr Anstieg und ihr Rückgang, das exakte Timing, die wechselseitige, fein abgestimmte Resonanz wirken wie das Zusammenspiel eines Kammerorchesters in einer überaus komplexen Komposition, ein An- und Abschwellen, Anwachsen und Absterben, Crescendo und Decrescendo; dem Impuls eines geheimnisvollen Dirigenten folgend, tritt mal die Geige in den Vordergrund, mal das Cello, mal die Flöte. Sie alle spielen das Lied vom Leben.

Wie kann die Menschheit darauf verfallen – nein, nicht die Menschheit, aber die ideologischen Trendsetter –, dass Mutterschaft für die Frau nebensächlich sei, etwas, das man genauso gut sein lassen und auf dem Altar von Karriere und sexueller Ungebundenheit aufopfern könne?

Fruchtbar zu sein, empfänglich zu sein für den Samen des Mannes, Leben zu schenken, Leben zu hegen und Leben zu pflegen, das ist die tiefste Identität der Frau, das macht sie mutig wie eine Löwin, dabei zartfühlend und mitfühlend, zutiefst zufrieden und glücklich, wenn, ja wenn sie einen Mann hat, der beide Arme schützend um Mutter und Kind legt, sich ergreifen lässt vom Wunder des Lebens und bereit ist, in die Verantwortung des Vaters hineinzuwachsen – und bei seiner Frau und seinen Kindern zu bleiben – ein Leben lang.

Neun Monate lang ist alle Materie, aus der das Kind gebildet wird, Materie des Körpers der Frau. Die Sprache weiß es, denn sie versteckt die Mutter, die *mater,* in der Materie. Auch nach der Geburt gibt sie beim Stillen dem Kind alles, was es braucht, um zu wachsen. Dieses Kind, gebildet aus ihrer Substanz, weckt in ihr staunende Liebe und tiefstes Entzücken: so klein, so verletzlich, so hilflos, so ganz und gar von ihr abhängig. Mit allen Fasern ihrer Existenz will sie ihr Kind am Leben halten. Nur ein paar Wochen und das Baby fängt an zu lächeln, wenn ihm das Gesicht der Mutter vor die Augen tritt. Sein Lächeln ist wie ein Fenster zum Himmel – kein Tier lächelt und kein Roboter wird lächeln können.

Man sage nicht, dies seien romantische Wolkenkuckucksheime, fern der Realität. Nein, das ist der Schöpfungsplan, der Leben schenkt und Glück.

Wenn die Mutter gewürdigt wird, dann auch das Kind. Aber eine solche Forderung erzeugt bei kinderlosen Feministinnen, die für ein Recht auf Abtreibung kämpfen, nur Hohn und Spott. 67 % der Journalistinnen haben keinen Nachwuchs.[15] Kein Wunder, dass sie ins feministische Horn blasen. Niemals wurden sie von kleinen und größeren Kindern herausgefordert, ihre Selbstbezogenheit zu überwinden. Das lernt man nicht im Whirlpool von Redaktionsstuben, sondern im Schleifprozess der Ehe und der Verantwortung für Kinder: Der Ehepartner kommt zuerst, das weinende Baby kommt zuerst, und das heißt, fünfmal in der Nacht aufstehen. Das absolute Vertrauen, das das Kind in die Mutter setzt, darf nicht enttäuscht werden, denn dieses Kind soll selbst einmal fähig werden, dem Wohl anderer zu dienen.

Jeder hat eine Mutter, hoffentlich nur eine einzige. Wenn wir alles in allem doch gerne leben, müssten wir unserer Mutter dankbar sein, und wenn sie noch so weit hinter unseren berechtigten Ansprüchen auf eine „gute Mutter" zurückgeblieben ist. Aber wir lassen unsere seelische Befindlichkeit von den Defiziten bestimmen, nicht von dem viel Größeren, dem Geschenk des Lebens. Das ist die Psychomode unserer Tage. Sie hat sich wie eine Smogwolke über die ganze Gesellschaft gelegt. Mütter gelten nichts. Sie sollen gefälligst arbeiten, wenn sie Anerkennung wollen, am besten ohne, notfalls mit Kindern. Wenn sie dann doch ein oder zwei Kinder bekommen, dann ab mit den Säuglingen in die kollektive Fremdbetreuung. Die durchschnittliche Lebenserwartung von Frauen in Westeuropa liegt bei 84 Jahren. Nehmen wir an, die Menarche, die erste Regelblutung, setzt mit 13 Jahren ein und dauert dreißig Jahre, dann bleiben noch rund vierzig Jahre, in denen die Frau nicht mehr schwanger wird. Mit vierzig ist sie voller Lebenskraft, ihre Schönheit hat an Reife und Weiblichkeit gewonnen. Wenn sie die Kinder schon bald nach der Ausbildung bekommen hat, sind sie jetzt schon aus dem Gröbsten raus und ziemlich selbstständig. Als Mutter hat sie unglaublich viel gelernt, vor allem eines: die Überwindung des natürlichen, berechtigten, jugendlichen Egoismus. Sie hat gedient und Opfer gebracht – dem Mann, den Kindern, der Familie. Nun wird sie diese Fähigkeiten für neue Ziele einsetzen können.

Man wagt es kaum, Worte wie *dienen* und *Opfer* in den Mund zu nehmen. Frauen wollen und sollen doch endlich in die Machtpositionen der Gesellschaft. Zu lange wurden sie im Patriarchat unterdrückt. Endlich, endlich, haben wir das überwunden – nicht wahr?

Aber brauchen wir nicht Menschen, Männer und Frauen, die dem Allgemeinwohl *dienen*? Das ist nur möglich, wenn der Egoismus gezügelt wurde. Es gibt genügend macht-, sex- und geldbesessene Menschen in Führungspositionen.

Frauen, die sich entschieden haben, ihre mütterliche Identität zu leben, werden eher selten bis in die obersten Führungspositionen gelangen, vielleicht ist es auch nicht das Wichtigste für sie. Viel wichtiger ist ihnen, sinnvolle Arbeit zu tun, das Leben besser und schöner zu machen – in der eigenen Fa-

> *Wie kann die Menschheit*
> *darauf verfallen –*
> *nein, nicht die Menschheit,*
> *aber die ideologischen*
> *Trendsetter –, dass Mutterschaft*
> *für die Frau nebensächlich*
> *sei, etwas, das man*
> *genauso gut sein lassen und*
> *auf dem Altar von*
> *Karriere und sexueller*
> *Ungebundenheit*
> *aufopfern könne?*

milie und darüber hinaus. Ist das ein Verlust für die Gesellschaft? Braucht eine Gesellschaft nicht die Frau in ihrer Kraft und Macht als Leben spendend, als die, die nährt und stützt und fördert und zum Guten lenkt? Frauen haben mehr als die Männer das Ganze im Blick; es ist ihnen nicht so wichtig, so schnell wie möglich von A nach B zu kommen und dabei andere möglichst zu überholen, dafür nehmen sie wahr, was alles zwischen A und B passiert. Sie sind Spezialistinnen der „Inklusion". Die Frau hat Autorität, weil sie für das Wohl des Ganzen Opfer bringt.

Da die Frau wesenhaft auf Empfang eingestellt ist, hat sie eine größere Offenheit für die spirituelle Dimension der Existenz. Um diese Dimension auch dem eigenen Mann näherzubringen, muss sie auf Macht verzichten. Ein Mann hört auf seine Frau nur, wenn er respektiert wird. Frauen, die dazu bereit sind, haben eine größere Chance auf gute Ehen, auf gesunde und lebenstüchtige Kinder, auf eine lebendige, fröhliche Familie.

Die weiblichen, mütterlichen, Leben spendenden Qualitäten der Frau kann auch eine Frau leben, die, aus welchen Gründen auch immer, keine Kinder hat. Frauen, die das tun, empfangen den Ehrentitel „Mutter". Das große Beispiel für die Welt ist Mutter Teresa von Kalkutta. Entscheidend ist, dass die Frau mit ihrer Lebenskraft dem Leben dient. Nach selbstloser Liebe hungert die Welt. Wenn dieser Hunger gestillt wird, werden zwei glücklich: der Schenkende und der Beschenkte.

2.

Sex ja, Baby nein

*Ich habe mein Volk kinderlos gemacht
und es dem Untergang geweiht, weil es von seinen
schlimmen Wegen nicht umkehren wollte.*

Jeremia, 600 v. Christus

Wir leben in einer Zeit, in der die individuelle Freiheit zum höchsten Gut geworden ist. Wir möchten gerne Herr über Leben und Tod sein und halten dies für eine *conditio sine qua non* unserer Freiheit. *Ich entscheide, ob und wann und wann nicht und wann doch ich ein Kind bekomme. Meine Rechte und Bedürfnisse stehen an erster Stelle! Über mir gibt es nichts. Der Affe ist mein Vorfahre, das Nirwana mein Ziel und mein Wille mein Himmelreich.*

Es gab Zeiten, da war dies anders. Da stand das Wohl der Gemeinschaft, der sich jemand zugehörig wusste, an erster Stelle – die Familie, das Dorf, die Nation. Ihrem Wohl war zu dienen. Und es gab Zeiten, da war das gesamte Menschenleben überwölbt vom Glauben an Gott, nach dessen Willen die Menschen fragten.

Der Machtrausch des Individuums wird ermöglicht und begünstigt durch die ungeheuerliche Entwicklung der Technik. Alles scheint machbar, alles scheint der Mensch seiner Macht unterwerfen zu können.

Und da sollen wir Frauen uns noch von unserem Fruchtbarkeitszyklus beherrschen lassen? Das war einmal und ist Gott sei Dank vorbei! Den sexuellen Begierden des Mannes und dem Risiko der Schwangerschaft ausgeliefert sein? Nein! Nein! Nein! Frau bestimmt selbst, ob sie fruchtbar ist oder nicht!

Bis vor wenigen Jahrzehnten konnte es für die Frau und das Kind dramatische Folgen haben, wenn sie schwanger wurde, ohne verheiratet zu sein: Verstoßung aus der Familie, Stigmatisierung des unehelichen Kindes. Maria, die Mutter Jesu, wäre womöglich gesteinigt worden, wenn Josef das Kind und seine Mutter nicht zu sich genommen hätte. In muslimischen Gesellschaften droht Blutrache. Heute werden in Europa um die 40 % der Kinder außerhalb der Ehe geboren. Niemand zeigt in westlichen Gesellschaften mehr mit dem Finger auf eine alleinstehende Frau mit einem unehelichen Kind. Heute ist sie eine „Alleinerziehende". Statt dem Vater ist nun Vater Staat für die Kinder zuständig. Rund ein Fünftel aller Mütter ziehen ihr Kind alleine groß.

Dennoch bleibt für die Frau die Angst, schwanger geworden zu sein, wenn sie nicht schwanger werden wollte, das Bangen zwischen einer Liebesnacht und dem Schwangerschaftstest. Ein Abenteuer, das zur Schicksalswende werden kann – das kann nicht sein, das darf nicht sein!

Beim Mann ist die ungewollte Zeugung eines Kindes eher ein Kavaliersdelikt. Er kann sich davonmachen, die Frau nicht. Für sie kann es lebenslange Konsequenzen haben, wenn sie sich von ihrer Leidenschaft hinreißen lässt und dabei ein Kind gezeugt wird, das in ihrem Leib neun Monate lang heranwächst, das sie unter Schmerzen gebiert, für das sie zu sorgen hat und das aus ihrem seelischen Orbit nie mehr verschwinden wird. Der Mann zahlt Unterhalt.

Das alles meinen wir nun im Griff zu haben durch Verhütung. Ich entscheide über Lust und Liebe und Leben.

Im Wort „Verhütung" steckt die „Hut", das „Hüten", die „Wache" und das „Bewachen". Ein Unglück konnte verhütet werden, weil jemand auf der Hut war. „Das möge Gott verhüten", war eine übliche Redewendung, die im Flachland des Unglaubens aus der Mode gekommen ist. Wenn wir verhüten bei der körperlichen Vereinigung von Mann und Frau, bewahren wir uns vor dem Unglück Kind. Sollte es trotz aller Verhütungsmaßnahmen dennoch gezeugt werden, so war es ein „Unfall".

Die Frau	Der Mann
Ich will Sex.	*Ich will Sex.*
Ich will mich nicht binden.	*Ich will mich nicht binden.*
Ich will kein Kind.	*Ich will kein Kind.*
Ich will nicht Mutter sein.	*Ich will nicht Vater sein.*
Ich will dich nicht als Vater.	*Ich will dich nicht als Mutter.*

Verhütung, das Normalste von der Welt! Den Samen in einem Gummisack auffangen, den Eingang in den Gebärmutterhals durch einen Gummiring mit spermientötender Salbe verschließen, eine Spirale in die Gebärmutter einsetzen, die verhindert, dass sich das befruchtete Ei in die aufnahmebereite Gebärmutter einnistet, oder tagtäglich die „Pille" schlucken und, so die Verheißung, damit alle Sorgen los zu sein. Aber sind wir wirklich fähig und befugt, den sexuellen Akt systematisch von seinem Ziel zu trennen, der Zeugung des Menschen?

Die Frage, die hinter alldem steht, lautet: Wie verstehen wir die Welt, in der wir leben? Hat die lebendige Welt, die uns umgibt, einen Sinn, oder sind wir hineingeworfen in ein Universum von Objekten, die wir nach Belieben ausbeuten und manipulieren können?

Aristoteles sagt, jedes Ding habe ein *telos*, einen inneren verborgenen Sinn und Entfaltungsplan. Auch dem Menschen wohne ein *telos* inne, dem zu folgen seine Existenz gelingen lasse. Robert Spaemann spricht von einem artspezifischen „Aus-sein-auf-Etwas", das zum Sein eines Lebewesens gehört.[16] Wenn wir das Sein mit seiner inneren Bestimmung respektieren, folgt daraus ein Sollen, die Normalität des Seins wird normativ. Das heißt: Es ist gut für uns, wenn wir dem *telos* suchend

> *Hat die lebendige Welt,*
> *die uns umgibt, einen Sinn, oder*
> *sind wir hineingeworfen*
> *in ein Universum von Objekten,*
> *die wir nach Belieben*
> *ausbeuten und manipulieren*
> *können?*

folgen, und es ist schlecht für uns, wenn wir unsere Freiheit gebrauchen, uns willkürlich darüber hinwegzusetzen, um unsere Eigeninteressen, Begierden und Leidenschaften zu befriedigen.

Glauben wir mit Aristoteles, dass der Kosmos, die Natur, der Leib einen inwendigen Sinn hat, ein Ziel, das zur Entfaltung drängt?

Was bedeutet dies für die Sexualität? Was ist ihr *telos*, ihr innerer Sinn, ihre Bestimmung? Jedes Kind weiß die halbe Antwort: die Zeugung neuen Lebens. Da gibt es keinen Unterschied zum Tier außer den, dass die Aktivität des Geschlechtstriebes nicht durch den Instinkt geregelt und auf feste Zeiten im Jahreslauf begrenzt ist. Der Mensch besitzt als einziges Geschöpf die Willensfreiheit. Er hat einen Geist, der denkt, sich seiner selbst bewusst ist, sich entscheiden kann, etwas zu tun oder zu lassen; er besitzt einen Seismografen, der Gutes und

Böses unterscheiden kann, genannt Gewissen; er hat Würde, weil er nach jüdisch-christlicher Überlieferung als Ebenbild Gottes geschaffen ist; er hat eine Seele, die, so lehren alle Religionen, den Tod überlebt; er hat ein Herz, das lieben kann.

Weil der Mensch sich nicht spalten kann in Geist und Körper, ohne sich seiner Integrität und Würde zu berauben, hat die Sexualität bei ihm eine zweite Grundbedeutung: die liebende Vereinigung. Nur dann macht er sich und den anderen nicht zum Objekt, das zur Lustbefriedigung benutzt wird. Der Mensch will kein Objekt sein. Er will vom anderen „erkannt" und geachtet werden mit Geist und Seele, die sich durch und mit und im Leib ausdrücken.

Schauen wir näher hin, ob sich die Verheißungen der Verhütungsindustrie für die am häufigsten gebrauchten Mittel, Kondom und Pille, erfüllen.

Das Kondom

Das üblichste Verhütungsmittel ist das Kondom. Kondome, so wird Kindern heute von klein auf beigebracht, schützen vor Schwangerschaft, AIDS und sonstigen Geschlechtskrankheiten; sie garantieren „safe sex" oder doch wenigstens „safer sex". Wo die Realität dies nicht bestätigt, liegt es angeblich daran, dass noch nicht genug Kondome unters Volk gebracht wurden. Noch vor der Pubertät üben Kinder in gemischten Klassen, Kondome über Plastikpenisse zu ziehen. Sie sollen lernen: Sex nach Belieben ist okay, von Kindesbeinen an. Alles Schlimme wird verhütet, wenn ihr nur diese Gummihaut immer griffbereit habt.

Aber das ist eine Lüge.[17] Kondome sind nicht sicher: Sie zerreißen, rutschen ab, sind nicht dicht. Wenn hundert Paare ein

Jahr lang Kondome absolut zuverlässig benutzen, werden zwei Paare schwanger. Wenn man den „typischen Gebrauch" zugrunde legt, werden 18 Paare schwanger. Und dann? Kondome schützen auch nicht zuverlässig vor AIDS und Geschlechtskrankheiten. Es handelt sich dabei um russisches Roulette. Bei einer von sechzehn Anwendungen versagt das Kondom. Würden wir Fallschirme benutzen, von denen jeder sechzehnte nicht aufgeht?

Wären Kondome so sicher, wie die weltweite Propaganda den Menschen weismacht, wäre die explosionsartige Ausbreitung von Geschlechtskrankheiten nicht möglich, von Syphilis (inzwischen in Europa unter Männern, die Sex mit Männern haben, weiter verbreitet als HIV[18]), Gonorrhoe (Risiko: Unfruchtbarkeit), Humanes Papilloma Virus (Risiko: Genitalwarzen, Gebärmutterhalskrebs, Unfruchtbarkeit bei Männern[19]), Chlamydien, die häufigste sexuell übertragbare Krankheit (Risiko: Eileiterschwangerschaft, Unfruchtbarkeit bei Frauen[20]).[21]

Schwanger werden kann die Frau nur an wenigen Tagen im Monat. Aber mit Geschlechtskrankheiten können sich Frauen und Männer bei jeder sexuellen Handlung infizieren, vaginal, anal, oral, und dabei Krebs, Unfruchtbarkeit und Tod riskieren. Dr. Helen Singer, Gründerin des Human Sexuality Program der Cornell University, sagt deswegen: „Auf Kondome zu vertrauen, heißt mit dem Tod zu flirten."[22]

Was bewirken Kondome in der intimen Begegnung von Mann und Frau? Wie würden wir es empfinden, von einer Hand im Gummihandschuh gestreichelt zu werden? Menschen, die sich lieben, empfinden die Gummihaut als Trennung, als eine Barriere der Vereinigung, denn sie wollen „ein Fleisch" werden und können es nicht. Da stellt sich die Frage: Welchen Beitrag leisten Kondome für die Scheidungskultur unserer Zeit?

Die Pille

Wir wollen gesund sein, alt werden und möglichst gesund sterben. Gesunde Luft, gesunde Lebensmittel, Wellness- und Fitnessangebote an jeder Ecke.

Das Rauchen, einer der sichersten Wege zum Krebs, wurde geächtet und aus dem öffentlichen Raum weitgehend verbannt – durch Gesetze und eine jahrelange Kampagne der EU. Aber sonderbar: Das Streben nach Gesundheit und die staatliche Fürsorge für die Gesundheit der Bürger, insbesondere der Jugendlichen, ist aus und vergessen, wenn es um Sex geht. Warum vergiften Frauen ihren Körper freiwillig mit einem täglichen Chemiecocktail, der ins Innerste des hormonalen Steuerungssystems ihres Körpers eingreift?

In Deutschland verhütet laut einer Umfrage der BZgA jede zweite Frau zwischen 18 und 49 Jahren mit der Pille. Junge Mädchen bekommen die Pille problemlos und ohne Kenntnis der Eltern beim ersten Frauenarztbesuch verschrieben. Viele junge Mädchen nehmen die Pille auch dann, wenn sie noch gar keine sexuelle Beziehung haben, weil sie die Haut verbessert, den Busen vergrößert, die Haare glänzend macht. Die Pille ist hübsch eingepackt, mit Herzchen und Blümchen – als wäre sie ein Kosmetikpräparat.

Pillen nehmen wir in der Regel, um gestörte Funktionen im Körper wiederherzustellen und Lebensprozesse zu aktivieren. *Die* Pille tut das Gegenteil: Sie verhindert Leben; sie kann auch Leben töten.

Welch eine Befreiung, wenn eine kleine Pille, täglich geschluckt, aus dem Ernst des weiblichen Seins entbinden kann! *Ich* bestimme über meinen Körper, nicht mein Körper über mich, und nicht die Männer über mich und nicht die Familie und nicht das Kind. Welch unwiderstehliche Versuchung!

*Pillen nehmen wir
in der Regel, um gestörte
Funktionen im Körper
wiederherzustellen und
Lebensprozesse zu aktivieren.
Die Pille tut das Gegenteil:
Sie verhindert Leben;
sie kann auch Leben töten.*

Es war die Lebensmission der Amerikanerin Margret Sanger (1879–1966), die Fruchtbarkeit der Frau unter Kontrolle zu bekommen. Ihr treibendes Motiv war es, die Unterklasse, insbesondere die Schwarzen, an der Vermehrung zu hindern, denn deren Geburtenrate war weit höher als die der weißen Oberklasse.[23] Das nennt sich Eugenik, „Aufartung" der menschlichen Rasse. Die Legalisierung von Verhütung und Abtreibung war Margret Sangers Lebensmission. 1921 gründete sie die American Birth Control League, welche 1942 in International Planned Parenthood Federation (IPPF) umgetauft wurde.

Heute würde Margret Sanger wegen ihres Rassismus geächtet und strafrechtlich verurteilt. Aber ihre Methoden und ihre Menschenverachtung wurden von IPPF übernommen, eine weltumspannende Organisation, welche durch Abtreibung von jährlich vielen Millionen ungeborener Kinder die Weltbevölkerung senken will.

Der wissenschaftliche Fortschritt spielte Margret Sanger in die Hände. Gregory Pincus und Carl Djerassi hatten entdeckt, wie der Schwangerschaftszyklus der Frau durch Zufuhr künstlicher Hormone außer Kraft gesetzt werden kann: Die Hormone täuschen dem Körper vor, es sei eine Schwangerschaft eingetreten, und verhindern so den Eisprung. Hurra! Die Frau war nicht mehr Sklave ihres biologischen Zyklus! Ein ungeheurer Fortschritt – fort von der überaus komplexen, natürlichen Steuerung des weiblichen Fruchtbarkeitszyklus. Der Preis dieses Fortschritts kam erst nach und nach ans Licht; zu zahlen hatten ihn die Frauen mit ihrer physischen und seelischen Gesundheit.

Ausprobiert wurde die Pille von der Searle Pharmaceutical Corporation an ahnungslosen Frauen in Puerto Rico und Haiti. Von denen gab es eh zu viele, meinte man in den USA; und da war niemand, der sie vor den Experimenten der Pharmaindustrie schützte.

1960 kam das erste Produkt „Enovid" in den USA auf den Markt, 1961 als „Anvolar" in der Bundesrepublik Deutschland. Eingeführt wurde die Pille als Mittel zur Linderung von Menstruationsbeschwerden – die empfängnisverhütende Wirkung tauchte als „Nebenwirkung" im Beipackzettel auf. Das Magazin *Stern* feierte die Markteinführung als „historischen Tag" – der es in der Tat war. Es war der Beginn der Talfahrt in den demografischen Winter der Industrieländer. Innerhalb von zehn Jahren kam es zum sogenannten „Pillenknick", einem Abfall der Geburtenrate von um die vier auf unter zwei Kindern pro Frau.

Alsbald schluckten Millionen von Frauen täglich die Pille, von den Ärzten bereitwillig verschrieben. Die Frauen waren willens ihre Ureigenstes, ihre Fruchtbarkeit, ihre Fähigkeit, Leben hervorzubringen, abzuwürgen, auszutricksen, außer Funktion zu setzen, verlockt von der Verheißung, ohne Angst vor Schwangerschaft Sex haben zu können.

Aber die Rechnung wurde ohne den Wirt gemacht, den Leib und die Seele der Frau. Die Pille hat gravierende Nebenwirkungen. Da ist kaum eine schwere Krankheit, deren Wahrscheinlichkeit nicht durch Einnahme der Pille erhöht wird: Brustkrebs, Gebärmutterhalskrebs, Leberschäden, Thrombose, Schlaganfall, Herzinfarkt, schwere Migräne, hoher Blutdruck, Störungen der Schilddrüse, Glaukom, Schwächung des Immunsystems, Reduzierung der Fruchtbarkeit, Verkleinerung der Eierstöcke bis zu 50 %, Fehlgeburten.[24]

Die Risiken steigen, je früher mit der Einnahme begonnen und je länger sie fortgesetzt wird. Sie steigen massiv an, wenn weitere Risikofaktoren vorliegen wie Rauchen oder Geschlechtskrankheiten.

Die größte Bedrohung für Frauen ist der Brustkrebs. Statistisch bekommt jede achte Frau in Deutschland Brustkrebs. Früher starben daran Zweidrittel, heute – Gott sei Dank – etwas weniger als die Hälfte. Wer kennt keine tragischen Fälle von Frauen, die durch Brustkrebs früh aus dem Leben und der Familie herausgerissen wurden? Untersuchungen zeigen, dass sich das Risiko für Brustkrebs durch die Einnahme der Pille erhöht.[25]

Um die Risiken zu reduzieren entwickelte die Pharmaindustrie die dreiphasige „Mini-Pille". Großartig, dachten die Frauen – weniger Hormone! Was sie meistens nicht wussten: Bei der niedrig dosierten Pille kann es zur Ovulation kommen und damit zur Befruchtung. Ein Mensch ist entstanden und wird nun an der Einnistung in der Gebärmutter gehindert. Das befruchtete Ei überlebt die Wanderung durch den Eileiter nicht oder wird von der Gebärmutter abgestoßen. Bei der Minipille kann es also zur Empfängnis kommen, aber nicht zur Einnistung, was nichts anderes ist als Abtreibung.

Das alles nimmt Frau in Kauf, um unbeschwert Sex haben zu können, aber – welche Ironie! – es vergeht ihr die Lust am Sex. Warum? Weil die Lust auf Sex auch bei der Frau durch Testosteron gesteuert wird und die Pille die Produktion von Testosteron unterdrückt. Max Horkheimer, Philosoph der Frankfurter Schule, sah dies voraus. Er sagte: Die Pille müssen wir mit dem Tod der erotischen Liebe bezahlen.[26]

Hinzukommen noch subtile Veränderungen des Paarungsverhaltens. Der Anthropologe Lionel Tiger untersuchte die Veränderung des Sexualverhaltens von Affen unter Einwirkung von empfängnisverhütenden Hormonen.[27] Es zeigte sich: Die Affenmännchen verloren ihr sexuelles Interesse an Weibchen, welche hormonelle Kontrazeptiva einnahmen. Sie wurden desorientiert, die Sozialstruktur der Gruppe wurde chaotisch. Sobald die Kontrazeptiva abgesetzt wurden, war die normale Anziehung zwischen Männchen und Weibchen wieder da.

Auch das Paarungsverhalten von Menschen scheint sich bei hormoneller Ausschaltung der Fruchtbarkeit der Frau zu verändern. Die Pille reduziert die Signalwirkung der sexuellen Anziehung von Frauen auf Männer. Der tiefe Ausschnitt und der kurze Rock scheinen weniger Anziehung auf Männer auszuüben als intakte Fruchtbarkeit.[28] Die Pille verändert den Körpergeruch, was dazu führen kann, dass der Partner die Frau „nicht riechen kann", sie verändert die Partnerwahl der Frau[29], ja sogar ihre Fähigkeit, den Gesichtsausdruck ihres Partners richtig zu deuten[30].

Das alles wurde von der Pharmaindustrie lange Zeit verschwiegen, denn mit keinem anderen Produkt verdient sie so viel Geld. Sonderbarerweise scheint es auch kein Anliegen der WHO oder der EU zu sein, die Frauen vor ernsten gesundheitlichen, psychischen und generativen Schäden zu schützen. Wenn es um das ungehinderte Ausleben des Sexualtriebs geht, dann fallen alle Warnsysteme aus und alle Ampeln schalten auf Grün.

Müssen einen die schlimmen Folgen auf Körper und Psyche der Frauen wundern? Dem Körper der Frau wird durch künstliche Hormone genau das vorgetäuscht, was sie auf keinen Fall will: Schwangerschaft. Das überaus diffizile Zusammenwirken der Hormone wird ausgeknockt – und das sollte keine schädlichen Wirkungen auf den Organismus und die so labile Psyche der Frau haben? Anstatt den Erkenntnissen der Wissenschaft über die wunderbare Funktionsweise des Körpers mit Staunen und Ehrfurcht zu begegnen, werden diese Erkenntnisse von Eugenikern und Bevölkerungskontrolleuren, radikalen Feministinnen und geldgierigen Pharmakonzernen benutzt, um die Frau im Mark zu treffen, ihr die Fruchtbarkeit zu rauben und ihre Gesundheit schwer zu schädigen. Der Gewinn? Ständige Verfügbarkeit für furchtlosen und fruchtlosen Sex.

Nach einem halben Pillen-Jahrhundert glaubte selbst der Miterfinder der Pille, Prof. Carl Djerassi (gestorben 2015), dass das Ende der Pillenära in Sicht sei. Am 13. Mai 2008 trat er bei „Menschen bei Maischberger" auf zusammen mit einer 51-jährigen Prostituierten und Bordellbetreiberin, die gerade mit Hilfe der Eizellenspende einer fremden Frau (in Deutschland verboten) und dem Sperma ihres Mannes ein Kind geboren hatte; einer lesbischen Psychoanalytikerin, die mittels anonymer Samenspende Mutter geworden war, und der katholischen Frauenärztin Dr. Gabriele Marx, welche sich weigerte, die Pille zu verschreiben.

Anstatt den Erkenntnissen der Wissenschaft über die wunderbare Funktionsweise des Körpers mit Staunen und Ehrfurcht zu begegnen, werden diese Erkenntnisse von Eugenikern und Bevölkerungskontrolleuren, radikalen Feministinnen und geldgierigen Pharmakonzernen benutzt, um die Frau im Mark zu treffen, ihr die Fruchtbarkeit zu rauben und ihre Gesundheit schwer zu schädigen.

Gabriele Marx und Carl Djerassi waren sich in einem Punkt einig: Das Ende der Pillenära zeichne sich ab – allerdings aus sehr unterschiedlichen Gründen. Gabriele Marx hielt es für unverantwortlich, Frauen den massiven Gesundheitsrisiken auszusetzen. Prof. Carl Djerassi hatte eine andere Vision: Die Frau lässt sich zwischen 18 und 20 Jahren ihre befruchtungsfähigen Eier entnehmen, lässt sie einfrieren und auf einer Bank für Fortpflanzungsmaterial aufbewahren. Dann lässt sie sich sterilisieren, um sich ihrer Karriere widmen und ihre sexuellen Bedürfnisse unbeschwert befriedigen zu können. Das nennt sich *social freezing*, ein kostspieliges Verfahren, das von Apple und Facebook für ihre Mitarbeiterinnen finanziert wird.

Wenn dann mit vierzig Jahren das Gefühl auftaucht: Da war doch noch was, ein Kind wäre der Punkt aufs i, dann lässt sie ihre Eier auftauen in der Hoffnung, dass einige noch brauchbar sind; lässt sie mit dem Sperma ihres derzeitigen Partners oder eines anonymen Spenders befruchten; sorgt durch pränatale Diagnostik dafür, dass die befruchteten Eier keine Defekte haben; lässt eines von einer Leihmutter austragen. Das Lebensglück ist perfekt! Aber ist das so sicher? Wird das Wunschkind wirklich alle Wünsche erfüllen?

Djerassi war ein klar blickender Mann: Bis jetzt gäbe es die Ära „Sex ohne Kinder" und jetzt würden wir in die Ära „Kinder ohne Sex" eintreten und damit in die „Schöne neue Welt", die Aldous Huxley bereits 1932 vorausgesehen hat.

Halten wir uns nicht für vernünftige Wesen, die in der Lage sind, Risiken abzuwägen und lebenzerstörende Risiken zu meiden? Wenn es um Sex geht, knallen offenbar alle Sicherungen durch. Dass dies leicht passieren kann, weiß man aus Erfahrung. Kulturen haben deswegen soziale und moralische Sicherheitssysteme entwickelt, welche den Sexualtrieb domestiziert haben. J. D. Unwin zeigte in seinem Werk *Sex and Culture*, dass es Hochkultur nur um den Preis einer strengen Sexualmoral gibt. Wenn eine Kultur die Einhegung der Sexualität in der Ehe aufgebe, trete sie nach wenigen Generationen von der Bühne der Geschichte ab.[31]

Es gibt eine hundertprozentige Sicherung für die Würde und die Gesundheit von Mann und Frau: Sex nur in der Ehe. Unmöglich! Unrealistisch! Mittelalterlich! Nicht zeitgemäß!, schreit es jedem entgegen, der diese Alternative für vernünftig und praktizierbar hält. Nein, sagen die „Familienplaner", Bevölkerungskontrolleure, Sexualpädagogen und alle, die sich vom Mainstream haben mitreißen lassen: Menschen sind wie Tiere, die ihren Sexualtrieb nicht beherrschen können. Aber das ist nicht wahr. Der Mensch ist fähig, den Sexualtrieb zu domestizieren, damit die Sexualität zum beglückenden Ausdruck unverbrüchlicher Liebe werden kann.

Eine prophetische Enzyklika

Gegen die falschen Verheißungen der „sexuellen Befreiung" erhob sich 1968 eine einsame Stimme: Papst Paul VI. veröffentlichte die Enzyklika *Humanae Vitae – über die rechte Ordnung der Weitergabe menschlichen Lebens*.

Er bekräftigte die beständige Lehre der Kirche, dass der Mensch die beiden Sinngehalte des ehelichen Aktes, „liebende Vereinigung und Fortpflanzung" nicht eigenmächtig auflösen darf (Art. 11 und 12). Damit sollte nicht ausgeschlossen werden, dass Eltern aus guten Gründen mittels natürlicher Empfängnisregelung „zeitweise oder dauernd auf weitere Kinder verzichten" können (Art. 10).

Ein Sturm der Entrüstung brach los, nicht nur außerhalb, sondern innerhalb der Kirche. Theologen verfassten öffentliche Erklärungen gegen den Papst, zahlreiche Bischofskonferenzen verweigerten dem Lehramt den Gehorsam (Königsteiner Erklärung in Deutschland, Mariatroster Erklärung in Österreich), katholische Laien organisierten sich in Widerstandsgruppen (Kirchenvolksbegehren). Sie alle konnten darauf bauen, dass ihnen der Wind der Medien mächtig in die Segel blies.

Der Widerstand war verständlich. Es lagen noch die großen Verheißungen der Pille in der Luft, die wenige Jahre zuvor allgemein verfügbar geworden war: Das Liebesleben würde nicht mehr von der Angst vor Schwangerschaft beeinträchtigt, Eltern könnten nun die Zahl und den Abstand ihrer Kinder selbst bestimmen und planen (daher der Name International Planned Parenthood Federation), die Zahl der Abtreibungen würde zurückgehen (das Gegenteil ist der Fall), ja, Empfängnisverhütung wäre angesichts der drohenden Explosion der „Bevölkerungsbombe" ein Postulat der Humanität.

Und da wagte es der Papst, der weltweiten Euphorie mit ernsten Warnungen entgegenzutreten! Falls der sexuelle Akt systematisch von der Fruchtbarkeit gelöst würde, könne ein Dammbruch mit verheerenden Konsequenzen geschehen. Paul VI. sah voraus:

- Es tut sich „ein breiter und leichter Weg zur ehelichen Untreue" und „allgemeinen Aufweichung der sittlichen Zucht" auf.
- „Männer können die Ehrfurcht vor der Frau verlieren und, ohne auf ihr körperliches und seelisches Gleichgewicht Rücksicht zu nehmen, sie zum bloßen Werkzeug ihrer Triebbefriedigung erniedrigen und nicht mehr als Partnerin ansehen, der man Achtung und Liebe schuldet."
- Staatlichen Behörden würde „gefährliche Macht" in die Hand gegeben, sich „zur Überwindung der Schwierigkeiten ihrer Nationen über sittliche Grundsätze hinwegzusetzen. Wer könnte Regierungen hindern, empfängnisverhütende Methoden zu fördern, die ihnen am wirksamsten zu sein

scheinen, ja sogar ihre Anwendung allgemein vorzuschreiben?" (Art. 17).[32]*

Ein halbes Jahrhundert später zeigt sich, dass die Befürchtungen Papst Pauls VI. über die langfristigen Auswirkungen der Pille prophetisch waren. Verhütung ist zu einem selbstverständlichen Bestandteil des sexuellen Verhaltens geworden und wird den Kindern bereits in der Grundschule beigebracht. Das „natürliche Sittengesetz", welches noch bis Mitte des letzten Jahrhunderts von den Sitten und Gesetzen der Gesellschaft gestützt wurde, verlor seine Verankerung im Herzen und im Gewissen der Menschen.

Eines allerdings hat Papst Paul VI. 1968 noch nicht vorausgesehen: Die demografische Epochenwende und damit die Gefährdung des Fortbestands der europäischen, christlich-abendländischen Kultur.

Mit der Natur statt gegen sie

Die natürliche Empfängnisregelung, die Papst Paul VI. den Menschen empfiehlt, steckte damals noch in den Kinderschuhen. Mit den wachsenden Erkenntnissen über den Fruchtbarkeitszyklus der Frau ist sie heute zu einer verlässlichen Methode der Regulierung der Fruchtbarkeit geworden.

Wir haben gesehen, wohin Verhütung führt: Gesundheitsschäden, seelische Schäden, Familienzerfall, schleichender demografischer Selbstmord. Wäre es nicht großartig, wenn es eine Möglichkeit gäbe, über Zahl und Abstand der Kinder verantwortlich zu entscheiden – ohne Gesundheitsschäden, ohne seelische Schäden, ohne Familienzerfall? Es gibt diese Möglichkeit, aber sie hat einen Preis: die Fähigkeit zur Selbstbeherrschung und die Bereitschaft zum periodischen Verzicht – beides Kennzeichen menschlicher Reife. Die Methode heißt Natürliche Empfängnisregelung, NER.[33*]

Nie wussten die Menschen so genau über den hormonell gesteuerten Fruchtbarkeitszyklus der Frau Bescheid wie heute. Er ist ablesbar an Symptomen, nämlich der Veränderung des Vaginalschleims und der Körpertemperatur. Das Ei ist nur zwölf Stunden befruchtungsfähig. Mit einer großzügigen Sicherheitsmarge von acht Tagen weiß die Frau, dass sie außerhalb dieser acht Tage nicht befruchtungsfähig ist. Dazu muss sie ihren Körper über längere Zeit beobachten und Tabellen führen, in denen sie die veränderlichen Werte dieser Symptome einträgt. Durch die Kenntnis und das Einfügen in den natürlichen Zyklus der Frau kann das Ehepaar sowohl die Empfängnis eines Kindes fördern wie aus elterlicher Verantwortung die Empfängnis vermeiden. Der Zeitaufwand beträgt nur ein paar Minuten pro Tag. Die Einstellungsänderung ist allerdings eine Revolution.

Beide, Frau und Mann, sind nun nicht mehr die Beherrscher der Natur, die meinen, sie könnten sich ihren Gesetzen mit einer chemischen Keule oder sonstigen Maßnahmen zur Blockade der Fruchtbarkeit entziehen, vielmehr ordnen sie sich der Natur unter. Der Sexualakt wird nicht systematisch von seinem Ziel getrennt: der Entstehung eines neuen Menschen. Immer schenken sich Mann und Frau einander ganz als Ausdruck ihrer Liebe. Der Mann achtet die Frau, gemeinsam ordnen sie sich in einem Akt der Demut der Natur unter. Sie werden sich der Größe ihrer menschlichen Berufung bewusst, durch den Liebesakt ein Kind zeugen zu können mit unauslotbarem Potenzial und einer ewigen Seele. Sie nehmen einander an als Mutter und Vater eines gemeinsamen Kindes.

Die Stimme, die uns zum Guten ruft, verheimlicht das Kreuz nicht. Sie zeigt einen Weg, der den Menschen in der Liebe wachsen lässt.

Die sympto-thermale Methode ist zuverlässig, blockiert nicht die Fruchtbarkeit der Frau oder des Mannes, hat keine Nebenwirkungen, schädigt nicht den Organismus der Frau durch hormonelle Eingriffe, erfordert keine Manipulationen vor dem Geschlechtsverkehr, führt nichts Trennendes zwischen Mann und Frau ein, vertieft die Partnerschaft durch offene Kommunikation über Sexualität, hält durch periodischen Verzicht die sexuelle Anziehung lebendig, stabilisiert die Ehe, schädigt nicht die Ökologie durch hormonelle Verseuchung der Abwässer.

Gibt es auch Nachteile? Ja, es gibt sie, zum Beispiel diese: Einer der Partner war verreist. Sie sehnen sich nach einander, fallen sich in die Arme und können nun nicht der mächtigen Anziehung freien Lauf lassen, weil die Fruchtbarkeitsampel gerade auf Grün steht und ein weiteres Kind derzeit einfach nicht zu verantworten ist. Frauen berichten, dass sie gerade zur Zeit des Eisprungs die größte Lust empfinden und es schwer aushalten, gerade jetzt zu verzichten. Mann und Frau wollen nicht beständig in den Zyklus eingespannt sein. Ihr Leben ist stressig, die Gelegenheiten selten, an denen sie entspannt und spontan zusammenkommen können. Die wollen sie sich nicht nehmen lassen.

Diese Schwierigkeiten gibt es. Es gibt das Kreuz im menschlichen Leben, und wie sehr wir uns auch bemühen, wir werden es niemals beseitigen können. Die Versuchung sagt mit einem hinterhältigen Grinsen: Tu, was dir gefällt, „Ihr werdet nicht sterben" (Gen 3,4) und verbirgt die leidvollen Konsequenzen. Die Stimme, die uns zum Guten ruft, verheimlicht das Kreuz nicht. Sie zeigt einen Weg, der den Menschen in der Liebe wachsen lässt: vom *eros* zur *philia* zur *agape*, von der erotischen Anziehung zur tiefen Freundschaft, zur hingebenden opferbereiten Liebe. Sie erst schenkt das tiefe Glück, den Lebenssinn zu erfüllen.

3.

Frau über
Leben und Tod

*Der größte Zerstörer des Friedens ist heute der Schrei
des unschuldigen, ungeborenen Kindes.*

Mutter Teresa von Kalkutta bei der Verleihung
des Friedensnobelpreises 1979

Und wenn es nicht klappt mit der Verhütung? *Keine* der chemischen und technischen Methoden ist sicher. Trotz aller technischen Raffinesse hat unser Körper, hat die Natur das letzte Wort. Sie ist die Mächtigere. Trotz Kondom, trotz Diaphragma, trotz Spirale, trotz Pille – trotzdem schwanger. Und dann?

Gründe für die Abtreibung gibt es viele:

Ich bin doch noch viel zu jung.
Um Gottes willen, wie soll ich es meinen Eltern sagen?
Ich will erst die Schule, die Ausbildung, das Studium beenden.
Das war doch nur ein Abenteuer.
Diesen Mann heiraten? Ausgeschlossen!
Ich will mein Kind nicht allein großziehen.
Er/sie darf nicht erfahren, dass ich fremd gegangen bin.
Ein zweites, drittes Kind verkrafte(n) ich (wir) nicht.

Es gibt tausend Situationen, in denen es als Katastrophe erscheint, wenn der sexuelle Akt bewirkt, was er soll: ein Kind. Bittere Tränen, Verzweiflung, plötzlich der schweren Hand des Schicksals ausgeliefert sein. Die Not einer ungewollten Empfängnis kann überwältigend sein. Eine Frau in dieser Not braucht Hilfe und sie kann Hilfe finden.[34]

In einer Kultur des extremen Individualismus, in der sich alles um die eigenen Wünsche und die eigenen Rechte dreht, ist die Versuchung übergroß, den Exit zu wählen: Lass es wegmachen, ist doch nur ein Zellhaufen, die Krankenkasse zahlt's, nach ein paar Tagen ist alles vorbei und das Leben kann weitergehen wie bisher. Wirklich?

In Zahlen: Weltweit treffen im Jahr über 50 Millionen Frauen die Entscheidung, das Kind töten zu lassen, das sich in ihrem Leib eingenistet hat. In Deutschland taten es 2018, laut Statistischem Bundesamt, 101.000 Frauen. Angeblich sind die Abtreibungen seit dem Jahr 2000 kontinuierlich gesunken. Aber diese Angaben werden stark bezweifelt. Jahrelang fügte das Statistische Bundesamt seinen Tabellen die Erklärung hinzu: „Die Ergebnisse sind hinsichtlich ihrer Größenordnung und Entwicklung mit Vorbehalt zu betrachten", das heißt, in Wirklichkeit gibt es eine beträchtliche Dunkelziffer. Christian Fiala, Gynäkologe und Leiter zweier Abtreibungsambulanzen in Wien und Salzburg, ist überzeugt, dass „die Zahl der Schwangerschaftsabbrüche in Deutschland pro Jahr auf 200.000 bis 300.000 korrigiert werden muss ... Die Angaben [der Abtreiber] werden anonymisiert übermittelt und sind nicht rückverfolgbar. Darüber hinaus unterliegen Patientendaten der strengen ärztlichen Verschwiegenheit. Niemand kann kontrollieren, ob vollständig gemeldet wird."[35] Prof. Manfred Spieker kommt mit sehr sorgfältigen Berechnungen der Dunkelziffer zu ähnlichen Größenordnungen.[36]

In Deutschland wurden 2018 rund 785.000 Kinder geboren und (offiziell) 101.000 abgetrieben. Das variiert stark zwischen den Bundesländern. Am meisten Abtreibungen gibt es in Berlin und Bremen.[37] * Das Töten von ungeborenen Kindern ist eine beständige Realität in medizinischen Einrichtungen, die mit Schwangerschaft zu tun haben.

Knapp drei viertel aller Frauen, die abtreiben, sind im besten Mutteralter zwischen 18 und 34 Jahren, 3 % sind unter 18, der Rest über 35, wenn die Chance auf Empfängnis bereits massiv abnimmt. 47.000 wollen nach ein oder zwei Kindern keinen weiteren Familienzuwachs, 9.000 nach dem dritten Kind. Knapp 60.000 sind ledig, knapp 40.000 sind verheiratet. 96 % aller Frauen, die abgetrieben haben, waren vorher bei der „ergebnisoffenen Beratung". Dazu verpflichtet sie das Gesetz. Die übrigen 3,8 % sind medizinische Indikationen.[38]

Ein Zellhaufen?

Eigentlich sollte der Leib der Mutter der sicherste Platz für den Menschen sein. In Wirklichkeit ist der Mutterschoß jedoch der gefährlichste Ort. Abtreibung ist mit Abstand die häufigste Todesursache. 2008 starben in der EU rund drei Millionen Menschen an Abtreibung, gefolgt von rund zwei Millionen an Herz-Kreislauf-Erkrankungen.

Ist es nicht ein Recht der Frau, über ihren eigenen Körper zu bestimmen? Ihr Schicksal in die Hand zu nehmen, ihr Leben nach eigenem Gutdünken zu planen und über Leben und Tod zu entscheiden, wenn sich die Wirklichkeit den eigenen Wünschen widersetzt?

Alles hängt an der Frage, ob das „Etwas", das im Schoß der Mutter heranwächst, ein Mensch ist oder nicht. Dass der Staat die Würde des Menschen zu achten und sein Recht auf Leben zu schützen hat, daran gibt es keinen Zweifel.

Der erste Satz des Grundgesetzes für die Bundesrepublik Deutschland lautet:

„Die Würde des Menschen ist unantastbar." Damit die Würde des Menschen gewahrt werden kann, muss er leben. Deswe-

Abtreibung ist mit Abstand die häufigste Todesursache. 2008 starben in der EU rund drei Millionen Menschen an Abtreibung, gefolgt von rund zwei Millionen an Herz-Kreislauf-Erkrankungen.

gen hat der Staat die unbedingte Verpflichtung, das Leben seiner Bürger zu schützen. In Artikel 2 GG heißt es: „Jeder hat das Recht auf Leben und körperliche Unversehrtheit."

Ist also das „Etwas" im Leib der Mutter, das durch die Verschmelzung von Ei und Samenzelle entstanden ist, ein Mensch oder nicht?

Könnte es etwas anderes sein? Menschen zeugen Menschen, Tiere zeugen Tiere und Pflanzen vermehren sich als Pflanzen. (Dass Wissenschaftler im Begriff sind, durch *Transhumanismus* diese Schranken einzureißen, wollen wir hier beiseitelassen.)

Könnte es *noch* kein Mensch sein? Erst nach der Einnistung, erst wenn das Herz schlägt, erst wenn das Baby *vollständig* geboren ist, erst wenn Bewusstsein da ist? Was ist es vorher und wann geschieht die vollständige, ontologische Veränderung von einem „Zellhaufen" zu einem Menschen?

Die deutsche Rechtsprechung hat auf diese Fragen klare, unmissverständliche Antworten gegeben. Ein Jahr nach der faktischen Legalisierung der Abtreibung durch den Bundestag im Jahr 1974 erklärte das Bundesverfassungsgericht:

> Wo menschliches Leben existiert, kommt ihm Menschenwürde zu; es ist nicht entscheidend, ob der Träger sich dieser Würde bewusst ist und sie selbst zu wahren weiß. Die von Anfang an im menschlichen Sein angelegten potenziellen Fähigkeiten genügen, um die Menschenwürde zu begründen.

Am 28. Mai 1993 erklärte das Bundesverfassungsgericht erneut:

> Der Embryo entwickelt sich *als* Mensch, nicht *zum* Menschen.[39]

Aber die Anerkennung der Menschenwürde des Embryos und damit seines Lebensrechts hielt das Gericht nicht davon ab, mittels juristischer Akrobatik das Leben des ungeborenen Menschen dem Selbstbestimmungsrecht der Mutter zu unterwerfen.

36 Jahre später, nachdem Abtreibung in vielen Staaten legalisiert worden war, fällte der Europäische Gerichtshof für Menschenrechte eine ähnliche Entscheidung. Grund für den Rechtsstreit (Brüstle gegen Greenpeace)[40] war nicht die Abtreibung, sondern der Griff eines Wissenschaftlers nach den Stammzellen des Embryos. Ungeahnte Gewinnchancen tauchten am Horizont auf, von neuen Heilungsmöglichkeiten war die Rede. In dem Urteil heißt es:

Jede menschliche Eizelle ist vom Stadium ihrer Befruchtung an ein menschlicher Embryo ..., da die Befruchtung geeignet ist, den Prozess der Entwicklung eines Menschen in Gang zu setzen.[41]

Ihr Leben und mein Leben und das Leben jedes Menschen hat so angefangen. Eine Eizelle und eine Samenzelle sind miteinander verschmolzen. Ein neuer Mensch ist entstanden. Das genetische Programm, für immer einzigartig im Universum, wurde gezündet und wird sich kontinuierlich entfalten, sofern es geeignete Wachstumsbedingungen vorfindet – vor und nach der Geburt.

Die neuen Erkenntnisse der Wissenschaft über die Entwicklung des Embryos und die Fotografien seiner Entwicklung im Mutterleib sind staunenerregend. Was für ein Wunderwerk ist die Entstehung eines Menschen! Ab der dritten Lebenswoche (LW), wenn der Embryo erst 1,5 Millimeter groß ist, beginnt das Herz zu schlagen, ab der vierten LW mit 113 Schlägen pro Minute. In der 6. LW, der Embryo ist 14 Millimeter groß, beginnen sich Kopf, Wirbelsäule, Hände und die Gehirnhälften zu bilden. In der 7. LW entwickeln sich beim Mädchen die Eierstöcke, beim Jungen die Hoden. In der 8. LW bildet sich die Ohrmuschel heraus. Der Embryo beginnt zu greifen, die Finger zum Mund zu führen, man kann bereits erkennen, ob das Baby ein Rechts- oder Linkshänder ist. 90 % der Körperstrukturen, die beim Erwachsenen vorhanden sind, haben sich gebildet und ihre Funktion aufgenommen. In der 10. LW – der Embryo wird jetzt Fötus genannt – ist an den kleinen Fingern, die schon Fingernägel haben, der Fingerabdruck eingeprägt, einmalig im Universum.[42]

Bis zur 12. Schwangerschaftswoche darf das Kind im Mutterleib getötet werden.

Ab der 17. LW kann das Kind hören. Es erkennt nach der Geburt die Stimme der Mutter und des Vaters wieder und Lieder, die ihm vorgesungen wurden; es gewöhnt sich an die häuslichen Geräusche wie Kinderlärm und Hundegebell. Ab der 18. LW zeigt der Fötus Stressreaktionen, die bei Kindern und Erwachsenen als Schmerzäußerungen wahrgenommen werden. Der Zeitpunkt des Einsetzens von Schmerzempfinden wird von den Wissenschaftlern unterschiedlich zwischen der 15. und 24. LW angesetzt.[43] Ab der 22. LW entwickelt sich das Gehirn rasant. Das Baby kann lächeln oder ernst schauen, am Daumen lutschen, hohe und tiefe Töne unterscheiden, es reagiert auf die Bewegungen der Mutter. Ab jetzt kann es mit einem Geburtsgewicht von 500 Gramm außerhalb des Mutterleibes überleben. In der 28. LW öffnet es die Augen. In der 38. LW wird es ihm zu eng im Bauch, die Vorwehen setzen ein, das Baby ist bereit zum großen Sprung ins Licht der Welt. Ein Mensch wird geboren.

Wie kann es sein, dass in Deutschland und vielen Ländern der Welt Abtreibung legal ist, bei Behinderung sogar bis zur Geburt, falls dieses Kind von der Mutter als eine unzumutbare Belastung empfunden wird?[44]

Das Bundesverfassungsgericht hat mit seinem Urteil von 1993 die Abtreibung weiterhin als „rechtswidrig" bezeichnet, aber sie von Strafe befreit. Damit hat es die Quadratur des Kreises vollbracht oder, wie es der Medizinrechtsexperte Rainer Beckmann ausdrückt, einen „verfassungsgerichtlichen Salto mortale" vollzogen mit immer wieder neuen Reformen des Abtreibungsrechts zwischen 1974 und 1993.[45] Ein Salto mortale ist ein tödlicher Überschlag. Zwei sind dabei gestorben, das

Kind und der Rechtsstaat. Der Rechtsstaat hat das Leben aller seiner Mitglieder zu schützen, ohne Ansehen der Person, des Geschlechts, des Alters. Die Schwächsten, die ganz Kleinen, die keine Stimme haben, die hat er dem „Selbstbestimmungsrecht" der Mutter geopfert. Aber die Mutter, die ihr ungeborenes Kind tötet, bestimmt nicht nur über sich, sondern auch über einen anderen Menschen, der seine Mutter vor und lange nach der Geburt braucht, bis er allein lebensfähig ist. Er hat eine eigene Seele, ein eigenes Herz, einen eigenen Leib, eigene Fähigkeiten, ein eigenes Schicksal und eigene Würde.

Ich kann jubeln und leiden.
Ich kann sprechen und tanzen.
Ich kann schenken und fasten.
Ich kann lieben und hassen.
Ich kann verzeihen und rächen.
Ich kann Gutes tun und Böses,
Ich kann Gott anbeten oder mich selbst.
Ich bin ein Mensch,
kein Stein, kein Baum, kein Tier.

Das Rechtswidrig-aber-straffrei-Urteil höhlt die Rechtsordnung aus. Das ist so, als würde man dem Mann, der beim Ladendiebstahl erwischt wird, mit dem Diebesgut laufen lassen. Was wird die Folge sein? Das Unrechtsbewusstsein für die Tat wird abnehmen, immer mehr Menschen werden dieselbe Tat begehen, da sie wissen, dass sie straflos bleibt, bis irgendwann das Unrechtsbewusstsein für Diebstahl ganz verschwunden ist. Der Rechtsstaat hat abgedankt.

Mit sophistischen, schönfärberischen Begründungen rechtfertigen Gerichte auf der ganzen Welt die Preisgabe der absoluten Pflicht des Staates, das Leben seiner Bürger zu schützen.

In Deutschland gibt es eine verpflichtende Beratung für die Frau, bevor sie ihr Kind abtreiben darf. Diese war ursprünglich vom Bundesverfassungsgericht als *Beratung für das Leben* angeordnet. Man könne, so behauptete das Gericht, durch Beratung das Leben ungeborener Kinder besser schützen als durch die Androhung von Strafe.

Damit wurde das absolute Lebensrecht des Einzelnen für das (höchst ungewisse) Ziel geopfert, durch Beratung eventuell eine größere Zahl von Kindern retten zu können.[46] Dies mag 1993 tatsächlich die Absicht des Gerichts gewesen sein, welches in seinem Urteil feststellt:

II. 3. (1) Die Beratung dient dem Schutz des ungeborenen Lebens. Sie hat sich von dem Bemühen leiten zu lassen, die Frau zur Fortsetzung der Schwangerschaft zu ermutigen und ihr Perspektiven für ein Leben mit dem Kind zu eröffnen; sie soll ihr helfen, eine verantwortliche und gewissenhafte Entscheidung zu treffen. Dabei muss der Frau bewusst sein, dass das Ungeborene in jedem Stadium der Schwangerschaft auch ihr gegenüber ein eigenes Recht auf Leben hat und dass deshalb nach der Rechtsordnung ein Schwangerschaftsabbruch nur in Ausnahmesituationen in Betracht kommen kann, wenn der Frau durch das Austragen des Kindes eine Belastung erwächst, die ... so schwer und außergewöhnlich ist, dass sie die zumutbare Opfergrenze übersteigt.[47]

Die Tür zur Abtreibung nach Bedarf war damit geöffnet, eingekleidet in beschönigende Worte. Immer kommt dasselbe taktische Prinzip zur Anwendung, wenn es um große gesellschaftliche Veränderungen geht: Das bestehende Wertesystem wird verbal bestätigt, jedoch wird für Mitleid erregende Härtefälle ein Spalt geöffnet. Diese Ausnahmefälle werden dann nach und nach so weit interpretiert, dass sie zur allgemeinen Praxis werden. Das moralische Unrechtsbewusstsein nimmt ab und verschwindet schließlich ganz.

Mit derselben Methode gelangte man von der Erlaubnis der Verhütung in Ausnahmefällen (Lambeth-Konferenz 1930) zur Pille, von der Legalisierung der gleichgeschlechtlichen Lebenspartnerschaft zur Homo-„Ehe", von der Ausnahme der Selbsttötung zur organisierten, allgemein verfügbaren, kommerziellen Sterbehilfe (Urteil vom BVerfG vom 26. Februar 2020). Und von der Zulassung der Abtreibung in Ausnahmesituationen zu einem angeblichen „Menschenrecht" auf Abtreibung.

Die Beratung der abtreibungswilligen Frau muss „ergebnisoffen" geführt werden. Die Frau muss nicht einmal ihre Gründe darlegen, warum sie dem Kind mit dem schlagenden Herzen in ihrem Leib das Leben nehmen will. Wie soll eine Beratung möglich sein, wenn die Ratsuchende nicht die Gründe nennt, die ihr beabsichtigtes Handeln bestimmen? Warum darf in einer solchen Beratung nicht alles unternommen werden, um das Bewusstsein der Frau für die Wirklichkeit zu öffnen, dass in ihr ein neuer Mensch heranwächst, der trotz aller momentanen Bedrängnis ihr größtes Glück werden könnte? Warum wird sie nicht aufgeklärt über die schweren seelischen und physischen Folgen, die eine Abtreibung für sie haben kann? Wie frei ist die Entscheidung der Frau? Wird sie unter Druck gesetzt von ihrem Freund, ihrem Mann, ihrer Familie? Wie viel „Selbstbestimmung" ist hier im Spiel und wie viel Fremdbestimmung?

Ein Hohn auf die Beratungsregelung ist die Zulassung von pro-familia als Beratungsorganisation. Pro-familia ist der größte kommerzielle Abtreibungsanbieter in Deutschland, die Dachorganisation International Planned Parenthood Federation ist es weltweit. Kann eine solche Organisation glaubwürdig „ergebnisoffene" Beratung anbieten, wenn jede Frau, die sich für eine Abreibung entscheidet, eine neue zahlende Kundin ist?

Die sogenannten „einfachen Gesetze", welche die Grundsatzentscheidungen des Verfassungsgerichts begleiten, ebnen den Weg in die Abtreibungsklinik: Die Krankenkassen bezahlen die Vor- und Nachuntersuchungen. Bei Bedürftigkeit werden die Kosten von den Krankenkassen ganz übernommen und den Kassen vom Staat zurückerstattet. Die Länder müssen laut Gesetz ein ausreichendes Angebot an Abtreibungseinrichtungen sicherstellen. Der Arbeitgeber ist zur Lohnfortzahlung verpflichtet. Ärzte dürfen ihren Lebensunterhalt vorwiegend durch Abtreibungen verdienen. Rainer Beckmann sagt:

> Es kann kein Zweifel daran bestehen, dass durch die jetzige gesetzliche Regelung und die Rechtsprechung des Bundesverfassungsgerichts das Unrechtsbewusstsein hinsichtlich der vorgeburtlichen Kindstötung praktisch völlig zerstört wurde.[48]

Das zeigt eine Preisverleihung an die Abtreibungsärzte Friedrich Stapf (München) und Kristina Hänel (Giessen), die ihren Lebensunterhalt mit der Tötung ungeborener Kinder verdienen und für die Freigabe des Werbeverbots für Abtreibung (§ 219 a) kämpfen, bisher allerdings ohne Erfolg. Anlässlich des Internationalen Frauentages 2019 wurden sie von der Arbeitsgemeinschaft Sozialdemokratischer Frauen für ihre „besonderen Verdienste um die Gleichstellung" ausgezeichnet. Am 7. Juni 2019 durften die beiden Abtreibungsärzte ihre todbringenden Auffassungen über Wahlfreiheit auf einem Podium der Münchner Kammerspiele vertreten.

Das wichtigste Instrument der geistigen und moralischen Verwirrung ist die systematische Verdrehung der Sprache zum Zwecke der Bewusstseinsmanipulation.

Ein solches Wort ist „Gleichstellung". Zwischen wem fördert Abtreibung die Gleichstellung? Von der Frau mit dem Mann, der keine Kinder gebären kann? Das Kind kann nicht gemeint sein, denn das Menschenrecht auf Leben wird ihm genommen.

„Abtreibung" – was für ein eigenartiges Wort. Es legt sich wie ein psychischer Tranquilizer über die Realität der Kindstötung im Mutterleib. Da wird etwas „weggemacht", die Schwangerschaft wird „unterbrochen", so als könnte sie noch fortgesetzt werden, oder „abgebrochen" – kurz und schmerzlos und ohne Folgen – so wird es den Frauen weisgemacht. Abbruch der Schwangerschaft ist nur die halbe Wahrheit. Sie wird abgebrochen, indem das Leben des Kindes gewaltsam beendet wird.

Weggemacht wird „Schwangerschaftsgewebe" oder ein „Zellhaufen". Für Eltern, die sich ein Kind wünschen, ist der „Zellhaufen" ein Kind von Anfang an. Sie jubeln, wenn der Schwangerschaftstest positiv ausfällt. Beglückt teilen sie ihren Nächsten mit, dass *ein Kind* unterwegs ist. Sie zeigen ihren Freunden beglückt das erste Ultraschallfoto von ihrem *Baby*. Nie kämen sie auf die Idee von „Schwangerschaftsgewebe" zu sprechen. Und wie groß ist der Schmerz, wenn dieses Baby durch eine Fehlgeburt verloren geht!

Die Organisation, die Babys im Mutterleib gewinnträchtig und mit staatlicher Unterstützung umbringt, heißt *pro familia*, obwohl sie in Wirklichkeit Familien zerstört.

Die Gerichtsurteile, die den Staat von seiner primären Aufgabe, Leib und Leben der Bürger zu schützen, entbinden, heißen „Schwangeren- und Familienhilfegesetz" (1992, 1995),

*Das wichtigste
Instrument
der geistigen und
moralischen Verwirrung
ist die systematische
Verdrehung der Sprache
zum Zwecke der
Bewusstseinsmanipulation.*

obwohl weder den Schwangeren noch den Familien durch Abtreibung geholfen wird.

Man nennt diese Technik in der Kommunikationspsychologie „reframing". Indem man einer Sache einen neuen Rahmen gibt, wird sie anders bewertet. Was negativ ist, erscheint plötzlich positiv, zum Beispiel: Eine Tat, die das Gewissen des Menschen mit Schuld belastet, wird in den Rahmen „Recht auf Selbstbestimmung" und „pro choice" gesteckt. Aber das trägt nur bis zur Tat. Was dann geschieht, formuliert Goethe in Wilhelm Meister so: „Ihr lasst den Armen schuldig werden und überlasst ihn dann der Pein." Die Rede ist vom Post Abortion Syndrom (PAS), den krankmachenden Folgen der Abtreibung (s. u.).

Die Methoden der Abtreibung

Schauen wir uns die verschiedenen Methoden an, auf welche Weise der Embryo im Mutterleib getötet wird. Diese Methoden auch nur mit Worten zu beschreiben, ist tabuisiert. Niemand will es wissen. Die Grauen erregende Barbarei soll nicht zu Bewusstsein kommen. Selbst von den Veranstaltern von Kirchentagen wird behauptet, dies könne den Menschen nicht zugemutet werden, das sei zu grausam. Das Bild ist zu grausam, nicht die Tötung – merkwürdig in einer Gesellschaft, die kein Problem damit hat, sich mit blutrünstigen Horrorfilmen und Computerspielen zu unterhalten.

Sollten wir nicht besser die Wirklichkeit kennen, als sie umzudeuten oder zu verleugnen? Die Wirklichkeit ist stärker. Früher oder später werden wir erbarmungslos mit ihr konfrontiert. Es vergrößert unsere Freiheit, wenn wir wissen, was wir tun. Vorsicht! Es könnte Sie Grauen ergreifen.

Menstrual-Extraktion

Die Absaugmethode im Frühstadium der Schwangerschaft ist eine riskante Do-it-yourself-Methode, die dort eingesetzt wird, wo Abtreibung verboten ist. IPPF verbreitet solche handlichen Absauggeräte in Ländern mit hohen Geburtenraten und liefert Baupläne zur Eigenherstellung. Wenn die Frau fürchtet, schwanger geworden zu sein, wird mit diesem Apparat die Gebärmutterschleimhaut auf Verdacht abgesaugt. Das Risiko für Frauen ist sehr hoch – vom punktierten Uterus bis zu Infektionen oder unvollständigen Abtreibungen.

Curettage (Ausschabung)

Dies ist die Methode der Wahl bis zur zwölften Schwangerschaftswoche (SSW).

Der Muttermund wird geweitet, eine Curette mit geschliffener Spitze wird in die Gebärmutter eingeführt. Das Baby wird mit dem Messer zerschnitten und die Gebärmutter wird ausgeschabt. Der Abtreiber oder die assistierende Krankenschwester prüft, ob in der blutigen Masse alle Körperteile vorhanden sind, also kein Körperteil in der Gebärmutter zurückgeblieben ist, weil dies zu Komplikationen führen könnte.

Die Absaugmethode

Ein Absaugrohr wird in die Gebärmutter eingeführt und an eine Saugmaschine angeschlossen, die den Körper des Kindes in Stücke reißt und absaugt. Danach wird die Gebärmutter ausgeschabt. Auch hier müssen die zerrissenen Körperteile anschließend auf ihre Vollständigkeit geprüft werden.

Vom vierten bis zum sechsten Schwangerschaftsmonat wird dieser Prozess schwieriger. Das Gewebe des Babys ist dann so zäh, dass es sich nicht mehr zerreißen lässt. Der Muttermund muss stärker geweitet werden, weil größere Instrumente eingeführt werden müssen. Das geschieht über ein bis drei Tage durch die Einführung von Algenstäbchen, sogenannten Laminaria, welche Flüssigkeit absorbieren und anschwellen. In dieser Zeit kann sich die Frau immer noch gegen die Abtreibung entscheiden. Der Muttermund kann auch in wenigen Minuten mit Stahlstäben geweitet werden. Dem Baby werden mit einer langen, gebogenen Schere die Glieder abgetrennt, welche einzeln herausgezogen werden. Der Abtreiber wartet dann, bis das Kind verblutet ist, und entfernt den Rumpf. Bei größeren Babys muss er den Kopf zertrümmern, damit die Stücke durch den Muttermund herausgezogen werden können. Im Gegensatz zu anderen Methoden, etwa der Verätzung durch Salzlösung, gibt es für das Baby keine Überlebenschance.

Abtreibung mit Salzlösung

Die Methode wird im zweiten Trimester bis Anfang des dritten Trimesters angewandt. Die Risiken für die Mutter sind groß, denn die Salzlösung kann in ein Blutgefäß der Mutter kommen. Es werden 200 Milliliter Fruchtwasser abgesaugt und durch eine Salzlösung ersetzt. Das Baby schluckt diese Lösung und atmet sie ein. Es stirbt qualvoll über Stunden an Salzvergiftung, Entwässerung, Gehirnblutung und Krämpfen. Innerhalb von 24 bis 48 Stunden wird dann das Baby durch künstlich eingeleitete Wehen geboren. Das Kind ist entweder verätzt oder tief rot. Mütter berichten, dass sie die wilden Bewegungen des Kindes in seinem stundenlangen Todeskampf fühlen konnten.

Die „gefürchtete Komplikation" dieser Methode ist, dass das Baby überlebt. Ein berühmter Fall ist Gianna Jessen. Die siebzehnjährige Mutter ließ in der 30. Schwangerschaftswoche eine Abtreibung mit Salzlösung vornehmen, welche fehlschlug. Das Kind kam mit schweren Schädigungen zur Welt und wurde adoptiert. Es hieß, sie würde nie laufen können. Heute ist sie Marathonläuferin und Lebensrechtlerin, die vor dem britischen Unterhaus und dem US-amerikanischen Kongress gesprochen hat. Der Film *October Baby* erzählt ihr Leben.

Prostaglandin-Injektion

Ende des zweiten Trimesters und im dritten Trimester der Schwangerschaft wird eine hohe Dosis des Hormons Prostaglandin injiziert, welches äußerst heftige frühzeitige Wehen auslöst, die zwanzig Stunden dauern können. Ab der 22. Woche können Kinder diese Form der Abtreibung überleben, wobei sie in der Regel schwere Schädigungen davontragen. Das bekannteste Beispiel ist das „Oldenburger Baby" Tim. Die Ärzte gaben ihm nur ein Jahr, tatsächlich ist er mit 21 Jahren am 4. Januar 2019 gestorben. Überlebende Kinder bringen den

Arzt in Handlungsnot, denn er könnte wegen einer nicht gelungenen Abtreibung auf Schadenersatz verklagt werden.

Abtreibung mit dem Desinfektionsmittel Rivanol

Das Alkohol enthaltende Desinfektionsmittel Rivanol wird durch die Bauchdecke gespritzt und vermischt sich mit dem Fruchtwasser. Rivanol dringt durch die ungeschützte, zarte Haut des Kindes im Uterus ein und zerstört die Zellen. Der hochprozentige Alkohol ist sehr giftig für das Kind, führt relativ schnell zum Herzstillstand und zur Wehenauslösung. Es kommt zur Totgeburt eines stark gelb verfärbten Kindes.

Fetozid

Das Kind wird mit einer Giftinjektion ins Herz getötet. Unter Ultraschallansicht sticht der Abtreiber mit einer langen Nadel durch die Bauchdecke, sucht das Herz des Kindes, sticht hinein und spritzt eine Kalium-Chlorid-Lösung ins Herz. Das Gift verhindert die Muskelkontraktion und führt so zum Herzstillstand. Das tote Kind wird durch Muttermundweitung und Austreibung mittels Hormongaben entbunden. Bei künstlicher Befruchtung (In-vitro-fertilisation, IVF) wird diese Methode benutzt, wenn mehrere befruchtete Eier eingepflanzt wurden und Mehrlingsgeburten verhindert werden sollen („Mehrlingsreduktion").

Spätabtreibung oder Teilgeburtsabtreibung (Dilations- und Extraktionsmethode)

Diese Methode wird vor allem in den USA angewandt, um das Kind ab der 24. Woche bis zur Geburt, genauer während der Geburt, zu töten. Der Abtreiber ermittelt mit Ultraschall die Lage des Kindes. Er führt eine Zange in die Gebärmutter ein, fasst ein Bein des Kindes und zieht das Kind aus dem Geburtskanal heraus – außer den Kopf. Das Kind lebt und schlägt mit Armen und Beinen um sich. Der Abtreibungsarzt legt seine Finger um die Schultern des Kindes, stößt eine stumpfe Schere in den unteren Teil des Kopfes, spreizt die Schere, um das Loch zu vergrößern, zieht die Schere heraus und führt einen Saugkatheter ein, um das Gehirn abzusaugen. Der Schädel fällt zusammen. Nun kann das Kind ganz aus dem Uterus gezogen werden.

Die gesetzlichen Regelungen sind von Staat zu Staat verschieden. In Deutschland sind Spätabtreibungen juristisch bis zum Entbindungstermin möglich, wenn eine „medizinische Indikation" besteht, also eine Gefahr für die körperliche *oder seelische* Gesundheit der Mutter. Eine Spätabtreibung wegen einer Behinderung des Kindes ist in Deutschland seit 1995 verboten. Wenn ein behindertes Kind jedoch die seelische Gesundheit der Mutter in Gegenwart *oder Zukunft* gefährden könnte, dann ist sie erlaubt. In Österreich ist die Abtreibung bis zur Geburt straffrei, wenn „eine ernste Gefahr besteht, dass das Kind geistig oder körperlich schwer geschädigt" ist. Es darf also ganz ohne Umschweife eugenisch selektiert werden durch die überaus grausame Tötung eines lebensfähigen Kindes.

Chemische Abtreibung mit der Abtreibungspille Mifegyne (RU 486)

Das Schlucken von Pillen erscheint weniger brutal als operative Methoden. Mifegyne kann bis zum Ende des zweiten Schwangerschaftsmonats eingenommen werden. Durch eine extrem hohe Dosis des synthetischen Hormons Mifegyne wird das für die Schwangerschaft nötige Hormon Progesteron blockiert. Die Gebärmutter bildet sich zurück, was zum Tod des Kindes durch Ersticken führt. Die Gebärmutterschleimhaut stirbt ab, die Gebärmutter zieht sich zusammen und das tote Kind wird ausgestoßen. Die Agonie des Kindes dauert viele Stunden, in denen es langsam verhungert, verdurstet und erstickt. Es kommt zu einer Ausstoßung. Der Fötus landet in der Regel im Abort.

Die Risiken für die Frau sind noch weit höher als bei chemischen Verhütungsmitteln: Thrombose, Embolie, Brustkrebs, Beeinträchtigung der Fruchtbarkeit, schwere Blutungen, Herzinfarkt und Herzrhythmusstörungen können die „Nebenwirkungen" einer chemischen Abtreibung sein.

Was geschieht mit den abgetriebenen Kindern?

Wenn der Abtreibungsarzt oder die Krankenschwester den blutigen Haufen winziger Knochen und Organe auf ihre Vollständigkeit geprüft hat, werden sie als biologischer Sondermüll entsorgt, an Ort und Stelle kremiert, zu Forschungszwecken freigegeben oder gewinnbringend verkauft.

In der Pathologie ist der kleine Mensch nun endgültig zum verwertbaren Material geworden. Es lässt sich viel damit anfangen: Impfstoffentwicklung, Frischzellentherapie durch fötale Keimzellen-Injektion als Verjüngungskur, Verarbeitung als Kosmetika zur Faltenreduktion. In der medizinischen Forschung sind embryonale Stammzellen begehrt zur Entwicklung von Therapien und zur Züchtung von Ersatzorganen, „obwohl sich innerhalb von zwanzig Jahren bis heute keine der damaligen Heilserwartungen, welche die Forscher mit embryonalen Stammzellen verbanden, erfüllt hat" (Stefan Rehder).[49]

In den USA brachte ein junger Mann durch eine Serie von Undercovervideos ans Licht, dass Planned Parenthood Organe abgetriebener Kinder gewinnbringend verkauft. Sein Name ist David Daleiden, geboren 1989. Er wagte es, im Alleingang den Abtreibungsgiganten Planned Parenthood krimineller Aktivitäten zu überführen. Er gründete das Center for Medical Progress und verhandelte beim Lunch mit Vertretern von Planned Parenthood über die Kosten und die Beschaffenheit von Körperteilen abgetriebener Kinder. Ein Video nach dem anderen kam 2015 an die Öffentlichkeit und brachte die Abtreibungsorganisation unter massiven Druck.[50] Die Kampagne *Defund Planned Parenthood* bekam neuen Auftrieb: Einige US-Staaten stellten die Finanzierung von IPPF durch Steuergelder ein, was zu scharfen Konflikten mit der Obama-Administration führte, aber von Präsident Trump vollzogen wurde. Anstatt Planned Parenthood wegen des Handels mit Organen abgetriebener Kinder anzuklagen, wurde Daleiden angeklagt, weil er sie zur Überführung von IPPF zum Schein gekauft hat. Es drohen ihm zwanzig Jahre Gefängnis, weil er mit falschen Ausweispapieren operiert hat. Das Gerichtsverfahren ist noch anhängig.

Ein junger Mann wagte es, die größte Nicht-Regierungs-Organisation der Kultur des Todes anzugreifen, International Planned Parenthood Federation, die mit Milliarden von den Mächtigen dieser Welt finanziert wird. Wahrhaftig ein Kampf Davids gegen Goliath! Daleiden ist ein Held unserer Zeit, aber das geschichtliche Rad muss sich noch vom Tod zum Leben drehen, bevor man ihn dafür preisen wird.

Wie konnte es gelingen, den Begriff Abtreibung vom Assoziationsfeld der grausamen Wirklichkeit zu isolieren? Wir haben gesehen, was Abtreibung bedeutet: Das Kind wird im Mutterleib zerrissen, zerstückelt, vergiftet, verätzt, erstickt; es muss Salzlauge trinken, ein Herzinfarkt wird herbeigeführt, man lässt es im Mutterleib verhungern und verdursten; es wird ausgetrieben, liegen gelassen, bis es stirbt, oder unauffällig erstickt. Während der Geburt wird ihm der Kopf durchbohrt und das Gehirn abgesaugt.

In den USA brachte ein junger Mann durch eine Serie von Undercovervideos ans Licht, dass Planned Parenthood Organe abgetriebener Kinder gewinnbringend verkauft.

Wer denkt daran, wenn er Statistiken liest, wie viele Kinder im eigenen Land Jahr für Jahr auf eine dieser Weisen umgebracht werden? In der Bundesrepublik Deutschland waren es laut Statistischem Bundesamt bis Ende 2019 insgesamt 6.175.000 Kindstötungen, sechs Millionen einhundertfünfundsiebzigtausend. Wer denkt daran, wenn davon berichtet wird, dass in einem Land darum gekämpft wird, die Abtreibung zu legalisieren oder gänzlich zu verbieten wie 2016 in Polen? Abtreibungsärzte, die ihr Geld damit verdienen, ungeborene Kinder zu töten, brauchen sich nicht zu verstecken, sie betreiben ihr blutiges Handwerk im Rahmen der Legalität in aller Öffentlichkeit und werden dafür sogar noch geehrt.

Wie ist es gelungen, das Herz der Menschen zu versteinern? Ließe man das Kind leben, würde es in wenigen Monaten seine Eltern mit seinem Lächeln beglücken.

Reue kommt nie zu spät

Es ist geschehen. Das Kind ist tot. Linda ist wieder allein. Zuerst Erleichterung: Mein Leben kann weitergehen wie bisher. Aber es liegt ein Schatten darüber.

Linda erzählt: Ich darf nicht daran denken. Sie haben gesagt, es sei keine große Sache. Zwei, drei Tage lang hätte ich etwas Schmerzen, dann sei alles vorbei. Ich hätte ein Recht, über mich zu bestimmen. Ich sage niemandem etwas davon. Am besten nicht daran denken. Bert und ich schweigen uns beim Essen an. Keiner will darüber reden. Wir sind beide gereizt. Irgendwie habe ich einen Groll auf ihn, obwohl er gesagt hat, das wäre meine Entscheidung. Ich arbeite viel, das lenkt mich ab. Gestern hat meine Kollegin Bilder vom Baby ihrer Schwester herumgezeigt. Ich habe so getan, als würde ich mich mitfreuen, aber mein Herz hat sich zusammengezogen. Dann wieder dieser Druck im Kopf, das kannte ich früher gar nicht. Seit einer Weile schlafe ich nicht mehr gut. Ich wache um drei Uhr auf mit Angstgefühlen, obwohl es gar keinen Grund gibt. Manchmal tauchen plötzlich die Bilder auf, wie ich da liege, ausgeliefert, der Arzt mit Gummihandschuhen und einer Zange in der Hand. Die Beziehung zu Bert wird immer schlechter. Er rührt mich nicht mehr an. Er redet von Trennung. Gut, dass ich kein Kind mit ihm habe, er hätte mich früher oder später doch alleingelassen. Männer taugen einfach nichts. Mit Steffi verstehe ich mich viel besser. Früher bin ich aufgewacht und habe mich auf den Tag gefreut. Jetzt möchte ich am liebsten im Bett bleiben. Ich muss oft weinen wegen nichts. Kein Wunder, dass sich die Leute von mir zurückziehen. Bin ich überhaupt etwas wert? Aber ich reiß mich zusammen und geh Joggen. Dann geht es wieder.

Linda tappt im Dunkeln, eingehüllt von einer Nebelwolke. Sie weiß nicht, was mit ihr los ist. Sie weiß nicht, dass sie unter dem *Post Abortion Syndrom* leidet, so nennt man die weitgehend verschwiegenen negativen Folgen der Abtreibung für die Frau.[51] In einer Gesellschaft, in der die Abtreibung die Fortsetzung der Verhütung mit anderen Mitteln ist, darf die Frau keine Probleme haben, wenn sie abgetrieben hat. Diejenigen, die ihr zugeredet haben, jene, die sie „ergebnisoffen" beraten haben, ohne ihr die Augen und das Herz für die Wirklichkeit des Kindes zu öffnen, jene, die den blutigen Akt vollzogen und damit Geld verdient haben, und all jene, die die Tötung des ungeborenen Kindes für ein Recht und für einen Befreiungsakt der Frau halten – sie alle wollen nichts davon wissen, dass durch eine Abtreibung nicht nur ein Kind getötet, sondern eine Frau seelisch und körperlich verletzt wird. Diese Frau hat Nein gesagt zu ihrem Ur-Eigensten, zu ihrer Fähigkeit, Mutter zu werden. Sie hat ihr Kind getötet und damit sich selbst als Mutter. Glaubt jemand ernsthaft, dass dies keine Folgen hat?

Es gibt Akte im Leben, fremde und eigene, die Weichen stellen. Sie geschehen oft im Handumdrehen ohne Bewusstsein ihrer Tragweite, ohne Verantwortung für die Folgen durch Versuchung und Verführung, falsche Information und bewusste Manipulation. Sie führen zu Knoten in der Lebensgeschichte, welche die Freiheit reduzieren.

Trotz aller Gehirnwäsche durch die Pervertierung von Begriffen schreibt eine unsichtbare Hand ein *mene mene tekel* an die Wand (Dan 5,25), das jeder in seinem Herzen lesen kann, und das heißt SCHULD.

Unsere Zeit will nichts mehr wissen von Schuld, obwohl doch die Möglichkeit, schuldig zu werden, die Bedingung der Freiheit des Menschen ist. Nur der Mensch hat freien Willen und kann sich für das Gute oder das Böse entscheiden. Ein

Löwe, der ein Tier reißt, macht sich nicht schuldig. Aber der Mensch macht sich schuldig, wenn er ein Kind tötet. Er schuldet dann dem, den er durch die böse Tat verletzt hat, Selbsterkenntnis, Reue, die Bitte um Verzeihung, den Willen zur Wiedergutmachung.

Heutzutage kann man aus dem Opferstatus Kapital schlagen. Andere sind schuld; andere müssen sich ändern; andere müssen wiedergutmachen, andere müssen „safe spaces" garantieren; andere werden mundtot gemacht und bestraft, wenn sie eine Meinung vertreten, die jemand als „verletzend" empfindet. Was immer jemand als Belastung erfährt, wird wahrgenommen als zugefügtes Leid, das Opferstatus verleiht und ausgebeutet werden kann.

Warum ist das so? Weil eine Gesellschaft, die von Gott abgefallen ist, sich nicht nur vom „strafenden Gott" verabschiedet hat, sondern auch den barmherzigen Gott verloren hat. Die Barmherzigkeit Gottes kann nur der erfahren, der sich seiner Sünden vor Gott bewusst wird.

Die böse Tat beschädigt drei Beziehungen: die Beziehung zum Opfer, zu sich selbst und zu Gott.

Ist das Opfer tot, kann es nicht mehr zum Leben erweckt werden. Und doch ist Heilung möglich, Heilung der Beziehung zum toten Kind, Versöhnung des Täters mit sich selbst und mit Gott.

Heilung beginnt mit der Anerkennung der Wirklichkeit. Es ist ratsam, für diesen Prozess, der in mehreren Stufen verläuft, Hilfe anzunehmen.

Der erste Schritt besteht darin, den Schmerz zuzulassen. Dafür braucht es Mut. Bisher hat Linda ihren Schmerz verdrängt, sich gerechtfertigt und andere angeklagt. Die Folgen waren Depression, Selbstentwertung, seelische und physische Störungen aller Art. Aus diesem Nebel muss Linda auftauchen, wenn sie Heilung finden will. Der Tränenstrom wird den Schutt beiseiteschieben, der den Blick auf die Ursache der seelischen Störungen bisher verstellt hat. Das wird *zunächst* dazu führen, dass sie sich schuldig und ohnmächtig fühlt. *Das Kind ist tot. Ich habe es getötet. Ich kann es nie wiedergutmachen.* Doch, es kann wieder gut werden![52] Andere Frauen haben die Reise vor Linda gemacht und sind ihres Lebens wieder froh geworden. Sie ist nicht die Einzige und nicht die Erste. Es gibt einen Brunnen, der ihr das volle Leben zurückschenkt, wenn sie darin badet: Er ist gefüllt mit den Tränen der Reue.

Linda überlässt sich der Reue, sie weint und weint und weint bis auf den Herzensgrund und das Wunder geschieht. Das Kind darf in ihrer Vorstellung lebendig werden. Linda gibt dem Kind einen Namen. Sie spricht mit ihm, erzählt ihm die Not, die sie dazu gebracht hat, es töten zu lassen.

Was tun mit der Schuld? Linda hat plötzlich das Bedürfnis, in eine Kirche zu gehen. Es kommen wieder Tränen, aber jetzt sanft und mild. Linda erinnert sich an ihre Erstkommunion, an die Beichte, die sie damals als Kind abgelegt hat. Sie findet einen Priester, dem sie alles sagt, und hört die heiligen Worte: *Ego te absolvo.* Ein neues Leben kann beginnen. Linda hat ihr Kind gefunden und sie hat sich wiedergefunden als Frau und als Mutter. Sie weiß, dass sie Leben schenken kann.

4.

Vom Geschenk zum Produkt

Der Fortschritt ist die Geißel,
die Gott für uns erwählte.

Nicolás Gómez Dávila

Seit ein paar Hunderttausend Jahren gibt es den *homo sapiens* auf der Erde. Aus Mensch wurde Mensch in der geheimnisvollen Dunkelheit des weiblichen Schoßes. Vor *vier Jahrzehnten* wurde dieses Geheimnis gelüftet. Der Wissenschaft gelang es, die Befruchtung des Eies einer Frau durch das Sperma eines Mannes in einem Reagenzglas herbeizuführen. Der Liebesakt wurde durch technische Manipulation im Labor ersetzt. Die *In vitro Fertilisation,* kurz IVF, war erfunden. Das erste im Labor gezeugte Kind, Louise Joy Brown, erblickte 1978 das Licht der Welt. Inzwischen wurden allein in Deutschland im Jahr 2015[53] mehr als 20.000 Kinder geboren, die im Labor gezeugt wurden. Tendenz steigend.

Nachdem die modernen Methoden der Verhütung den Sexualakt systematisch von der Zeugung getrennt hatten, wurde nun die Zeugung vom Sexualakt getrennt.

Damit war das Tor zur Produktion des Kindes aufgestoßen und die abschüssige Bahn zu immer größeren Anmaßungen des Menschen über Leben und Tod betreten. Ei und Samenzelle sind nun der Verfügungsgewalt der Reproduktionstechniker ausgeliefert. Sie können das Erbmaterial „ernten", einfrieren, selektieren, „verbessern" (Genome editing), duplizieren (Klonen), den Embryo einfrieren, einem gemieteten Uterus einpflanzen, als Forschungsmaterial verwenden, wegwerfen, töten – und dies alles gegen Geld auf dem wachsenden Markt der Reproduktionsmedizin. Der Mensch kann nun Gott bei der Entstehung des

Menschen ins Handwerk pfuschen. Handelt es sich um einen begrüßenswerten Fortschritt oder um ein Überschreiten von Grenzen, das dem Menschen Verderben bringt? Der Philosoph Dietrich Hildebrand ist überzeugt von Letzterem:

> Ehrfurcht vor dem Wunder der Entstehung neuen Lebens aus der engsten Liebesvereinigung zweier Menschen ist die Grundlage des Abscheus vor jedem frevelhaften, künstlichen, frechen Zerstören dieses geheimnisvollen Zusammenhangs von Liebe und Werden des neuen Menschen.[54]

Künstlich fruchtbar

Die Motivation, künstliche Reproduktionsmethoden in Anspruch zu nehmen, kann sehr unterschiedlich sein. Sie reicht vom Schmerz unfruchtbarer Eltern, die sich nichts sehnlicher wünschen, als einem Kind gute Eltern zu sein, bis zu alleinstehenden oder gleichgeschlechtlichen Personen, die bereit sind, fehlendes Erbgut zu kaufen und das Kind seiner natürlichen Abstammung zu berauben.

Wenn ein Mann und eine Frau ein volles ganzes JA zueinander gesprochen haben, dann ist das gemeinsame Kind ihre Mensch gewordene Liebe. Welch ein Schmerz, wenn einer von beiden unfruchtbar ist und sich herausstellt, dass ihre Liebe sich nicht in einem Kind erfüllen kann! Ein bitteres Gefühl der Ohnmacht ergreift sie, ihr Lebensplan zerbricht. Es ist eine Trauer, als wäre ein Kind gestorben.

Eltern zu werden bedeutet, dass die Selbstzentrierung aufgebrochen wird. Mit einem Schlag steht nicht mehr das eigene Ich im Mittelpunkt, sondern die Sorge für ein hilfloses Geschöpf. Die Frage nach dem Sinn des eigenen Lebens stellt sich der Mutter nicht, wenn sie den Säugling im Arm hat. Aber es ist nicht die einzige Möglichkeit, die Ichbezogenheit zu überwinden hin zu einem Dienst für andere. Die Seele möchte Gutes tun und findet darin Frieden mit der eigenen Existenz. Nach einer Zeit der Trauer, dass sich die Sehnsucht nach Leben und Liebe und Bindung und Fürsorge nicht durch ein eigenes Kind erfüllen kann, werden sich andere Möglichkeiten der Sinnerfüllung zeigen.

Es gibt aber auch ein willkürliches Übersteigen der Natur auf Kosten des Kindes. Durch die Ent-körperlichung der Zeugung des Menschen wurde sie ent-personalisiert. Die biologische Elternschaft konnte nun „diversifiziert" werden. Bis dahin galt der alte Rechtsgrundsatz: *Mater semper certa est*, die Mutter ist immer sicher. Auch wenn der Vater gelegentlich nicht sicher war, so war es das Selbstverständlichste von der Welt, dass ein Mensch einen Vater und eine Mutter hatte. In der Menschheitserfahrung wurde es immer als schwerer Schicksalsschlag angesehen, wenn jemand seinen Vater oder seine Mutter verlor. Die Märchen hallen davon wider.

Mit der Entdeckung der In-vitro-Fertilisation wurde es technisch möglich und gesetzlich legitimiert, den Menschen willkürlich und vorsätzlich seiner Abstammung zu berauben. Jeder Mensch möchte wissen, woher er stammt, wessen menschliches Gut er geerbt hat, mit welchem identitätsstiftenden Startkapital er oder sie ins Leben tritt. Die Zugehörigkeit zu einem Familiensystem gab der Person soziale Identität. Adoptivkinder gehen auf die Suche nach ihren biologischen Eltern, wenn sie erfahren, dass ihre Mama oder ihr Papa, wie liebevoll sie auch sein mögen, nicht ihre „richtigen" Eltern sind. Kinder, die mit anonymem Erbgut gezeugt wurden, tun dies auch. Ihr Stammbaum ist ersetzt durch die Quittung einer Erbgut-Bank.[55]* Das Kind wird zur Ware, zu einem Produkt mit ei-

Das Kind wird zur Ware,
zu einem Produkt
mit einer Nummer und
einem Preisschild.
Das ist die schwerste
Beschädigung seiner Würde,
die denkbar ist.

ner Nummer und einem Preisschild. Das ist die schwerste Beschädigung seiner Würde, die denkbar ist.

Die Würde des Menschen beruht auf seiner personalen Einzigartigkeit: Wer je geliebt hat, war im Innersten von der Einzigartigkeit der geliebten Person getroffen, kein anderer auf der Welt hätte sie ersetzen können. Das empfinden auch Eltern bei ihrem Baby, das gerade erst geboren wurde und dessen Identität noch ganz Geheimnis ist. Ein käufliches Produkt wird nach Qualitätskriterien ausgewählt und ist austauschbar.

Wir modernen Menschen, die wir uns auf bislang unerreichten Höhen der Humanität wähnen, empfinden Abscheu, wenn Menschen verkauft und gekauft werden – auf den Sklavenmärkten der Vergangenheit und im kriminellen Menschenhandel der Gegenwart. Niemand möchte als Ware verkauft werden. Niemand möchte eines Tages erfahren, dass seine genetischen Bestandteile gekauft wurden und er im gemieteten Bauch einer fremden Frau heranwuchs und von einer Person geboren wurde, die nicht seine Mutter ist. Der Aufhebung des Rechts auf Leben durch die Legalisierung der Abtreibung folgte die Aufhebung des zweiten elementaren Menschenrechts: des Rechts des Kindes auf seine biologischen Eltern. Das ohnmächtige Kind wird den selbstsüchtigen Wünschen des Erwachsenen geopfert. Die einen bringen das unerwünschte Kind um, die anderen vergewaltigen die Natur, um in den Besitz eines Kindes zu kommen. Für den modernen Menschen ist das eigene Ich zum Gott geworden ist. Das versperrt ihm den Weg, sein Schicksal anzunehmen, sich in das Gegebene zu fügen und darin einen neuen Lebenssinn zu entdecken.

Heute liegt das Durchschnittsalter der Frau beim ersten Kind bei dreißig Jahren und ist damit mehr als doppelt so lang wie die Zeit von der Geburt bis zur Geschlechtsreife. Eineinhalb Jahrzehnte lang ist die größte Sorge von Frauen, die ab dem Jugendalter sexuelle Beziehungen haben: *Bloß kein Kind!* Das muss verhütet werden!

Wenn Frau sich entscheidet, die Pille abzusetzen; wenn die Berufsausbildung abgeschlossen ist; wenn sie einen Mann gefunden hat, der Vater werden will; wenn das Einkommen passabel, die Wohnung groß genug ist und das Paar schließlich Ja sagt zu einem Kind, dann, ja dann geschieht es immer öfter, dass Frau oder Mann entdecken, dass sie unfruchtbar sind. Was für ein Schock! Was für ein großes Unglück!

Plötzlich zerreißt der Vorhang und das Leben selbst spricht in der eigenen Seele. Es will weitergehen, Leben aus Leben zeugen, immer neu beginnen – aber was, wenn es nicht kann? All die Jahre der Verhütung fühlten sich Mann und Frau als Meister über Leben und Tod. Nun plötzlich ist doch das Leben der Meister – indem es sich verweigert. Trauer. Ohnmacht.

Oder, so fragt das Paar, sind wir vielleicht gar nicht ohnmächtig? Lässt sich der Wunsch nach einem Kind nicht doch erfüllen? Die Eltern sehen so glücklich aus auf den Internetseiten der Reproduktionskliniken. Könnten wir die Befruchtung vielleicht im Labor herbeiführen? Samen und Ei in einer Petrischale zur Vereinigung bringen und dann den Embryo einpflanzen? Zeugungsfähigen Samen kaufen ... auf der Samenbank? Oder das Ei von einer fremden Frau? Wie sehr wünschen wir uns doch ein Kind. Es würde ihm gut gehen bei uns.

Immer häufiger geraten Paare in diese Situation, denn die Unfruchtbarkeit von Frauen und Männern nimmt zu. Jede fünfte Frau in Deutschland ist kinderlos, die einen, weil sie kein Kind wollen, die anderen, weil sie kein Kind (mehr) bekommen können.

Der unerfüllte Kinderwunsch ist der Treibstoff, der in wenigen Jahrzehnten ein Milliardenbusiness hat entstehen lassen. In Deutschland gibt es um die 150 Kliniken für künstliche Reproduktion – ein blühendes Geschäft. Die Nachfrage nach dem „Baby take home" steigt.

Wer braucht künstliche Reproduktion? Wer hat mit Unfruchtbarkeit zu kämpfen und wem fehlen entweder Ei und/oder Same und/oder Uterus, um ein Kind zu zeugen?

- Ein Mann und eine Frau, die Eltern werden wollen und nicht können, weil es mit der Befruchtung und Einnistung des Embryos nicht klappt: Sofern Ei und Samen intakt sind, brauchen sie kein Element hinzuzukaufen, vielmehr übergeben sie Ei und/oder Samen dem Labor und hoffen auf technische Hilfe bei der Befruchtung und Einnistung. Das

Kind, so denn eines geboren wird, wird mit seinen beiden Eltern verwandt sein (homologe Befruchtung).

- Ein Mann und eine Frau, von denen eine(r) unfruchtbar ist. Sie müssen entweder das Ei oder den Samen einer anderen Person dazukaufen (heterologe Befruchtung). Das Kind wird seine biologische Mutter oder seinen biologischen Vater niemals kennen (sofern es nicht nach Juli 2018 geboren ist und mit 16 Jahren auf die spärlichen Daten des Samenspenderregisters zugreift).

- Eine Frau, die noch nicht den richtigen Mann gefunden hat oder erst Karriere machen will, bevor sie Mutter wird. Sie weiß, dass ihr Vorrat an Eiern begrenzt ist, ab 35 dramatisch abnimmt und an Vitalität verliert. Deswegen lässt sie sich in jungen Jahren Eier entnehmen und friert sie bei minus 196° C ein, um sie dann so um die vierzig aufzutauen und im Labor befruchten zu lassen *(social freezing)*. Falls der richtige Partner immer noch nicht aufgetaucht ist, muss sie den Samen eines anonymen Mannes kaufen.

- Eine Singlefrau, die keinen Partner hat, aber doch ein Kind haben will. Sie muss den Samen kaufen. Das Kind wird seinen biologischen Vater niemals kennen und ohne Vater aufwachsen.[56*]

- Zwei homosexuelle Männer, die Elter 1 und Elter 2 werden wollen. Sie müssen das Ei kaufen und den Uterus mieten. Das Kind wird seine genetische Mutter niemals kennen, ebenso wenig die Frau, in deren Bauch es bis zur Geburt herangewachsen ist. Es wird niemals eine Mutterbeziehung haben, aber dafür bis zu sechs Erwachsene, die Elternrechte geltend machen können: die genetische Mutter, die Leihmutter, deren Ehemann (nach den meisten Gesetzeslagen), den biologischen Vater (falls Samen gekauft wurde) und zwei rechtliche Väter.

*Künstliche Reproduktion
kostet nicht nur Geld.
Sie kostet ernste
Gesundheitsrisiken für
Mutter, Leihmutter
und Kind, sie kostet Millionen
Embryonen das Leben,
sie kostet das Recht des
Kindes auf seine biologischen
Eltern und sie kostet die
Würde des Menschen.*

• Zwei lesbische Frauen, die Elter 1 und Elter 2 werden wollen. Sie müssen den Samen kaufen. Das Kind wird seinen Vater niemals kennen und ohne Vater aufwachsen. Die beiden Frauen können sich die Mutterschaft teilen: Eine Frau liefert das Ei, die andere stellt ihren Uterus für die Austragung zur Verfügung.

Um die Legalisierung all dieser Szenarien wird weltweit gestritten. Das größte Interesse daran hat das Milliarden-Business der Reproduktionsmedizin, ebenso Wissenschaftler, welche die bei künstlicher Reproduktion entstehenden „überschüssigen Embryonen" zu Forschungszwecken verbrauchen, und alle, die sich ihren Kinderwunsch erfüllen wollen – koste es, was es wolle. Es kostet viel. Künstliche Reproduktion können sich nur Hochverdiener leisten. Sie müssen um die 50.000 € veranschlagen, je nach Qualitätsstandard der Gameten und der Klinik. In armen Ländern Osteuropas und Asiens gibt es Billigangebote im Pauschalpaket: Flüge, Hotel, 3 Zyklen IVF ab 40.000 Dollar. Künstliche Reproduktion kostet nicht nur Geld. Sie kostet ernste Gesundheitsrisiken für Mutter, Leihmutter und Kind, sie kostet Millionen Embryonen das Leben, sie kostet das Recht des Kindes auf seine biologischen Eltern und sie kostet die Würde des Menschen.

Die Risiken der künstlichen Befruchtung

Es gibt viele verschiedene Methoden der künstlichen Befruchtung. Die zwei häufigsten sind Befruchtung in der Petrischale und ICSI.

Bei der klassischen In vitro Fertilisation (IVF) werden Spermazellen und Eizellen im Reagenzglas durchmischt. Das Ei hat, wie bei der natürlichen Zeugung, die Wahl, welchen Samen es aufnehmen will. Da generell die Samenqualität immer mehr abnimmt, klappt es oft nicht mit der Befruchtung im Reagenzglas. Dafür wurde Abhilfe geschaffen durch die *Intra-Cyto-Plasmatische-Spermien-Injektion* (ICSI). Der Arzt wählt unter dem Mikroskop im grellen Licht des Labors eine ihm besonders vital erscheinende Samenzelle aus, sticht mit der Hohlnadel in die Eizelle und führt die Samenzelle ein.

60–80 % der so erzeugten Embryonen weisen chromosomale Schäden auf und sind nicht entwicklungsfähig.

Überzählige Embryonen werden bei minus 196º C in flüssigem Stickstoff kryokonserviert, das heißt eingefroren – Hunderttausende jedes Jahr. Diese Embryonen entstehen, weil in der Regel drei Eizellen befruchtet werden, aber nur ein bis zwei eingepflanzt werden. Die meisten sogenannten Kryos „verwaisen" und werden irgendwann vernichtet. Wenn Eltern die überflüssigen Embryonen der Forschung zur Verfügung stellen, bekommen sie in manchen Reproduktionskliniken einen Preisnachlass.

In den seltensten Fällen klappt es mit der Schwangerschaft gleich beim ersten Versuch und in über 80 % der Fälle auch nicht beim letzten Versuch. Nur 15–17 % der künstlichen Befruchtungen führen dazu, dass tatsächlich ein Kind geboren wird. Je älter eine Frau ist, umso geringer ist die Chance. Durchschnittlich werden mindestens siebzehn Embryonen verbraucht, bis es zu einer erfolgreichen Einnistung kommt, das heißt, mehr als siebzehn Menschen müssen im ersten Stadium ihrer Existenz sterben, damit vielleicht das „Wunschkind" unter großen Risiken geboren werden kann.

Menschen, die sich ein Kind wünschen, wollen selbstverständlich ein gesundes Kind. Was liegt näher, als den künstlich erzeugten Embryo einem Qualitätscheck zu unterziehen und zu prüfen, ob es irgendwelche Hinweise auf Erbkrankheiten oder Behinderung gibt, bevor er der Frau eingepflanzt wird. Das nennt sich *Präimplantationsdiagnostik* (PID); sie ist in Deutschland – noch – verboten. Für eine PID werden circa sieben Embryonen gebraucht. Die Embryonen werden auf genetische Defekte und Behinderungen untersucht und ggf. ausgesondert. So ist der Arzt im Handumdrehen zum selektierenden Eugeniker geworden, der über lebenswerte und nicht lebenswerte Menschen im Frühstadium entscheidet.

Hier bietet sich auch die Gelegenheit, den Kinderwunsch weiter zu präzisieren: Soll es ein Mädchen oder ein Bub sein? Soll es blaue oder braune Augen haben, schwarze oder blonde Haare? Kommt es als Organ- bzw. Gewebespender für ein bereits lebendes erkranktes Geschwisterkind infrage? Auch das kann eine Motivation für künstliche Reproduktion sein. In Deutschland, das ein sehr restriktives Embryonenschutzgesetzt hat, ist das noch nicht möglich, aber man kann z. B. in die USA reisen und dort für 140.000 Dollar ein gesundes Designerbaby nach Bauplan erwerben.[57]

Achterbahnfahrt zwischen Hoffnung und Angst

Die Frau, das Paar, das künstliche Methoden der Fortpflanzung anwendet, begibt sich auf eine oft jahrelange Achterbahnfahrt von Hoffnung, Bangen, Entwürdigung, Freude, Hoffnung, Angst, die in vier von fünf Fällen mit tiefer Enttäuschung endet. Wenn alle Versuche, sich zum Meister über Leben und Tod zu machen, gescheitert sind, bleibt nur noch die erzwungene Akzeptanz der Ohnmacht. Wer sich angesichts von ungewollter Unfruchtbarkeit auf den Weg der künstlichen Befruchtung begeben hat, um die Natur zur Erfüllung der eigenen Wünsche zu zwingen, für den dürfte nichts schlimmer sein als der Misserfolg.

Auf der Internetseite der *Bundeszentrale für gesundheitliche Aufklärung* für Familienplanung werden die Risiken für das Paar nicht verschwiegen. Die BZgA steht nicht im Verdacht, künstliche Reproduktion abzulehnen. Unumwunden ist von den Risiken und Belastungen für Körper und Seele die Rede, die bis zu „ernsthaften Komplikationen" führen können. Dort heißt es:

Eine Kinderwunsch-Behandlung kann die Frau, den Mann und ihre Beziehung zueinander ernsthaft belasten. Untersuchungen, Nebenwirkungen der Medikamente und Eingriffe können strapaziös sein. Zudem muss das Paar in dieser Zeit einen großen Teil seines Lebens auf die Therapie abstimmen – manchmal sogar über einen Zeitraum von mehreren Jahren. Die Termine für Kontrolluntersuchungen und Behandlungen sind häufig schwer mit beruflichen Verpflichtungen vereinbar. Dies gilt vor allem, wenn das Paar die Behandlung vor dem Arbeitgeber und/oder den Kolleginnen und Kollegen geheim halten möchte. Die finanzielle Belastung kann ebenfalls groß sein.[58]

Erste Phase des Bangens – die „Eiernte"
Die Hormonstimulation ist für die Frau äußerst belastend. Natürlicherweise wird bei jedem Zyklus nur ein einziges Ei reif zur Befruchtung. Für die künstliche Befruchtung muss die Frau möglichst viele Eier springen lassen, denn der Verschleiß ist groß. Zahlreiche unbefruchtete und befruchtete Eier gehen vor oder nach der Implantation kaputt.

Weil der Körper der Frau durch hohe Hormongaben dazu gezwungen wird, mehr als ein Ei zur Reife zu bringen, kann es zu einem „Überstimulationssyndrom" kommen. Mögliche Begleiterscheinungen sind andauernde Übelkeit, Flüssigkeit im Bauchraum, Störungen der Blutgerinnung, Atemnot, Hitzewallungen, Schwindel, Sehstörungen, Depressionen. Zudem besteht das Risiko einer bakteriellen Infektion der Eierstöcke und einer Verletzung der Blase und des Darms bei der Eizellentnahme.

Bei gekauften Eiern und gekauften Samen von fremden Spendern müssen diese in der Regel eingefroren und wieder aufgetaut werden. Nur ein kleiner Teil überlebt.

Nur 15–17 % der künstlichen Befruchtungen führen dazu, dass tatsächlich ein Kind geboren wird. Je älter eine Frau ist, umso geringer ist die Chance. Durchschnittlich werden mindestens siebzehn Embryonen verbraucht, bis es zu einer erfolgreichen Einnistung kommt.

Zweite Phase des Bangens – Einnistung

Ist die Befruchtung geglückt, werden zwei oder drei Embryonen in die Gebärmutter übertragen. Die nächste Runde angstvollen Wartens beginnt. Über zwei Wochen tägliche Untersuchungen, weitere Hormoninjektionen, bis der Arzt sagen kann, ob es zu einer Schwangerschaft gekommen ist, oder ob der Embryo abgestorben ist.

Und wenn es nicht geklappt hat, was sehr wahrscheinlich ist – noch einmal die ganze Tortur? Die Krankenkasse bezahlt drei Zyklen, die verdienenden Ärzte raten zum Durchhalten darüber hinaus. Die schwere Entscheidung kann zu großen Belastungen für das Paar führen, dessen Zeitplanung und Intimleben während der monatelangen Behandlung den Direktiven des Arztes unterworfen ist. Bei der Mehrzahl der Paare kommt es zu Störungen der Partnerschaft und der Sexualität.[59]

Dritte Phase des Bangens – Schwangerschaft

Wenn es denn überhaupt dazu gekommen ist, dass sich ein oder zwei oder drei der künstlich produzierten Embryonen in der Gebärmutter eingenistet haben, beginnt das große Zittern: Wird das Kind bleiben? Diese Sorge haben viele Frauen auch bei natürlicher Zeugung in der Schwangerschaft, denn Fehlgeburten sind nichts Ungewöhnliches. Bei künstlicher Zeugung erhöht sich das Risiko der Fehlgeburt drastisch: Mehr als die Hälfte aller künstlich induzierten Schwangerschaften endet mit einer Fehlgeburt oder Eileiterschwangerschaft.[60] Monate-, wenn nicht jahrelang hat ein Paar den Kinderwunsch zum Hauptthema seines Lebens gemacht, die Frau ist durch mehrere Zyklen der überaus strapaziösen Behandlung gegangen; sie hat schließlich die Nachricht bekommen, dass sie schwanger ist, um dann erfahren zu müssen, dass sie das Kind wieder verloren hat. Wut, Trauer, Schmerz, Scham, Selbstzweifel. So manche Partnerschaft zerbricht daran.

Es kommt noch ein besonderes Dilemma hinzu, an welches die Frau bestimmt nicht gedacht hat, als sie sich sehnlichst ein Kind wünschte. Da die Einnistung oft schiefgeht, werden in der Regel mehrere Embryonen in die Gebärmutter „transferiert". Was tun, wenn sich zwei oder gar drei tatsächlich einnisten? Zwillinge oder gar Drillinge waren nicht geplant. Also steht nun die sogenannte „Mehrlingsreduktion" oder „fötale Reduktion" an. Die Frau hat riesige Opfer gebracht, um schwanger zu werden. Nun schlagen die Herzen mehrerer Kinder in ihrem Leib und sie muss, wenn sie nur eines haben will, entscheiden, welche(s) getötet werden soll(en).

Das Kleinste? Das Schwächste? Soll ein Mädchen oder ein Junge übrig bleiben? Wer entscheidet? Der Arzt oder die Mutter? Sie wollte doch ein Kind, sie wollte doch kein Kind töten ... aber Zwillinge oder Drillinge? Ausgeschlossen! Überzählige Babys werden mit einer Kaliumchlorid Spritze durch Bauchdecke und Uterus ins Herz des Kindes getötet. Das überlebende Kind liegt dann bis zur Geburt neben dem toten Geschwisterchen im Bauch der Mutter. Sofern es nicht „absorbiert" wurde, wird das Kind bei der Geburt mit ausgestoßen. Welche Auswirkungen wird es haben, dass es neben der Leiche seiner eigenen Schwester, seines eigenen Bruders heranwuchs?

Vierte Phase des Bangens – Pränataldiagnostik

Ein gesundes Kind soll es sein, ein intelligentes, das seinen Eltern Freude macht.

Die Chancen, dass ein künstlich gezeugtes Kind Anomalien aufweist, sind groß.

Das Screening vor der Implantation schützt nicht ausreichend vor einem behinderten Kind. In der Regel wird die Mutter deswegen auch noch eine pränatale Diagnose (PND) durchführen lassen.

Bis 2012 war das nur durch die Entnahme von Fruchtwasser möglich, was die Gefahr, das Kind zu verlieren, erheblich erhöhte. Wieder ein Dilemma für die Frau, in der sie erneut eine Entscheidung über Leben und Tod treffen muss: Um ein behindertes Kind abtreiben zu können, muss sie riskieren, ein gesundes Kind zu verlieren. 95 % aller Kinder mit der Diagnose Trisomie 21 werden abgetrieben. Bald wird man keine Down-Syndrom-Kinder mehr sehen.

Seit 2012 gibt es einen einfachen Bluttest, den sogenannten *Pränatest*, der mittels einer Blutentnahme von der Mutter mit hoher Sicherheit ermittelt, ob beim Kind Trisomie 21 vorliegt.[61]

*Wird das Ei einer
fremden Frau verwendet
und die befruchtete
Eizelle eingesetzt,
kommt es bei 30 % aller
Schwangerschaften
zu schweren Komplikationen.
Die Frau hat berechtigte
Angst um das Kind und
um sich selbst.*

Viele Kassen bezahlen diesen Test bereits, denn sie sparen ggf. die erheblichen Kosten für ein behindertes Kind. Doch auch hier: Ein positiver Befund kann falsch sein. Man stelle sich vor, die Mutter erfährt *nach der Abtreibung,* dass sie ein gesundes Kind umgebracht hat. Wie wird sie ihres Lebens wieder froh?

Fünfte Phase des Bangens – Geburt

Die meisten IVF-Kinder kommen zu früh und zu klein zur Welt und müssen mit Kaiserschnitt geholt werden. Ihr Leben beginnt in der Regel im Brutkasten. IVF-Kinder kommen doppelt so häufig mit einem Geburtsgewicht unter 2,7 kg zur

Welt, auch Einlinge; dadurch erhöht sich das Risiko geistiger Entwicklungsstörungen um das Dreifache.[62] Eine Geburt ist für jede Mutter ein Risiko. Den Fortschritten der Medizin ist es zu danken, dass es immer seltener vorkommt, dass Mutter oder Kind oder beide bei der Geburt sterben. Für die Frau, die durch künstliche Reproduktion die Natur bezwingen will, sind die Risiken erheblich höher: schwere Dammrisse, Risse in der Gebärmutter, ungeplante Gebärmutterentfernung, Bluttransfusionen, Intensivstation. Wird das Ei einer fremden Frau verwendet und die befruchtete Eizelle eingesetzt, kommt es bei 30 % aller Schwangerschaften zu schweren Komplikationen.[63] Die Frau hat berechtigte Angst um das Kind und um sich selbst.

Sechste und lebenslange Phase des Bangens – langfristige Schäden bei IVF-Kindern?

Der Wunsch war so riesengroß, ein gesundes Kind in den Armen zu halten und den Lebenssinn darin zu finden, für dieses Kind zu sorgen. Aber wird es ein gesundes Kind sein, das sich normal entwickelt? Verkraftet die Natur all die Eingriffe in den überaus komplexen und fein abgestimmten Zeugungsprozess des Menschen? Hohe Hormongaben, invasive Befruchtung durch Anstechen des Eis, Kultivierung der Gameten in einer Nährlösung, Einfrieren und Auftauen von Ei, Samen oder Embryo und wieder massive Hormonstimulation für die Einnistung und deren Erhalt, niedriges Geburtsgewicht und Frühgeburt – von den psychologischen und spirituellen Faktoren des Lebensbeginns gar nicht zu reden.

Seit dem ersten Retortenbaby von 1978 wurden weltweit mehr als vier Millionen IVF-Kinder geboren. Die meisten von ihnen sind, Gott sei Dank, gesund. Die wenigen Untersuchungen der künstlich gezeugten Menschen, die bisher nur eine mehr oder weniger kurze Lebensspanne erfassen konnten, zeigen jedoch: Sie haben ein höheres Risiko für Geburtsfehler, langfristige Schäden durch zu geringes Geburtsgewicht und Frühgeburt,[64] Bluthochdruck und vorzeitige Gefäßalterung.[65] Und wie steht es mit den seelischen Langzeitfolgen? Die erste Großuntersuchung, die zu diesem Thema an der Universität Kopenhagen durchgeführt wurde, kommt zu dem bedrückenden Ergebnis:

> Bei ART-Kindern [Artificial Reproductive Technology] war das Risiko für Schizophrenie und Psychosen um 27 % erhöht, für Ängste und andere neurotische Störungen wie Magersucht um 37 %, für Verhaltensstörungen wie ADHS um 40 % und für Störungen der geistigen Entwicklung wie Autismus um 22 % im Vergleich zu Kindern, die auf natürliche Weise gezeugt wurden.[66]

Der Samenspender

Der Samenspender ist kein Spender, sondern ein Verkäufer seines Samens. Es ist schwer, sich in die Motivation eines Mannes einzufühlen, der durch den Verkauf seines Spermas biologischer Vater ungezählter Kinder wird, die er nie kennen wird, mit denen er keine Beziehung haben will, für die er nie Vater sein wird. Will so ein Mann wirklich nur mit einem Nebenjob ein paar Kröten dazuverdienen oder findet er eine persönliche Befriedigung darin, sich in vielen Kindern fortzupflanzen ohne Bindung und Verantwortung?

Der Samenspender verletzt seine eigene Würde, er verkauft zwar nicht sich selbst, aber er verkauft einen Teil von sich, der eigentlich dazu bestimmt ist, Söhne und Töchter zu zeugen, die seinem eigenen Leben Fülle und Erfüllung schenken. Aber zwischen den Vater und seine Söhne und Töchter schiebt sich eine undurchdringliche Wand: statt Liebe, Verantwortung und Lebensfülle – Geld, Beziehungslosigkeit und Einsamkeit.

Wer den Samen eines fremden Mannes kauft, um ein eigenes Kind zu zeugen, der will sichergehen, dass die Ware hohe Qualität hat, das heißt gesund und vital ist und die genetischen Eigenschaften aufweist, die man sich für sein Kind wünscht: Gesundheit, attraktives Äußeres, Intelligenz, eine bestimmte Hautfarbe (bevorzugt wird immer noch weiß), vielleicht eine bestimmte Augen- und Haarfarbe. Die Samenbanken veröffentlichen Spenderprofile, aus denen die Kunden auswählen können.

Damit die Samenbank den Käufern Qualität garantieren kann, wird der Samenspender bis ins Detail gescreent. Er muss seitenlange Fragebögen ausfüllen und Auskunft geben über seinen Gesundheitsstatus, den Gesundheitsstatus der Familienangehörigen bis in die dritte Generation, seinen sozialen Status, über Ausbildung, Beruf und Interessen. Je genauer und besser das Screening, umso höher der Preis für den Samen.

Hat Mann alle Screenings bestanden, so darf er im Masturbatorium der Bank, ausgestattet mit pornografischem Stimulationsmaterial, seine erste Probe abliefern. Die Zahl der Spermien pro Ejakulat wird geprüft. Sie ist in den letzten Jahrzehnten durchschnittlich auf die Hälfte gesunken und ist obendrein bei Masturbation deutlich geringer als beim Geschlechtsverkehr.

Wird sein Samen akzeptiert, so wird ihm ein Jahresvertrag mit Ausfallklauseln angeboten: Er muss mindestens alle zwei Wochen liefern. Sein Gesundheitsstatus wird ständig überprüft. Damit er an der bezahlten Masturbation nicht die Lust verliert, zahlt die Bank nur einen kleinen Teil des Honorars bei Vertragsunterzeichnung aus. Sollten sich gesundheitliche Risiken herausstellen, ist der Vertrag hinfällig.

Wenn er bereit ist, den Käufern seine Identität zu enthüllen, steigt der Preis.

Möglicherweise werden im Einzugsgebiet der Samenbank nun zahlreiche Kinder herumlaufen, die ihm und einander merkwürdig ähnlich sehen. Sie sind Halbgeschwister, ohne es zu wissen. Wenn es der Zufall so will, könnten sie sich ineinander verlieben und so, ohne es zu wissen, Inzest praktizieren.

Die vollständige Auslöschung der Abstammung hat der Deutsche Bundestag 2017 mit dem „Gesetz zur Regelung des Rechts auf Kenntnis der Abstammung bei heterologer Verwendung von Samen" aufgehoben. Es wurde ein bundesweites Samenspenderregister eingerichtet, bei dem Kinder, die ab Juli 2018 gezeugt wurden und über 16 Jahre alt sind, Namen, Geburtstag, Staatsangehörigkeit und (damalige) Adresse ihres genetischen Vaters erfragen können.[67] Alle vorher Gezeugten haben statt einem Vater ein schwarzes Loch in ihrer Identität. Sie werden niemals erfahren können, wer ihr Vater ist.

Die Leihmutter

Solange die Wissenschaft mit ihren Bemühungen, einen künstlichen Uterus zu entwickeln, noch nicht ans Ziel gelangt ist, kann sich für manche der Kinderwunsch nur erfüllen, wenn sie die Gebärmutter einer Frau mieten. Das ist ein weiterer Quantensprung der künstlichen Reproduktion. Nach der Trennung der Sexualität von der Fruchtbarkeit, der Trennung der Fruchtbarkeit vom Sexualakt, der Trennung des Kindes von seiner genetischen Mutter oder seinem genetischen Vater wird nun noch das Kind von seiner biologischen Mutter getrennt und die Mutter vom Kind, das unter ihrem Herzen herangewachsen ist.

Verschiedene Konstellationen sind möglich, die Menschen dazu bringen, eine Leihmutter in Anspruch zu nehmen. Die Szenarien reichen von einem Ehepaar, das aus medizinischen Gründen keine Kinder bekommen kann, über homosexuelle Paare, die aus naturbedingten Gründen kein Kind zeugen können, bis zu Hollywoodstars, die sich und ihrem Körper die Mühe der Schwangerschaft ersparen wollen. Wurde der Embryo aus dem genetischen Material der Auftraggeber hergestellt, ist das Kind immerhin mit seinen Eltern verwandt. Vielleicht wird es nie erfahren, dass es im Labor gezeugt wurde, einer fremden Frau eingepflanzt und von ihr bis zur Geburt ausgetragen wurde. (Allerdings weiß man aus der Psychologie, dass Familiengeheimnisse nur einen geringen Haltbarkeitswert haben.)

Sind beide Gameten des Embryos gekauft und der Bauch gemietet, so gibt es für das Kind keinerlei Verwandtschaft zu den sozialen Eltern, dafür aber vielfältige unsichtbare Verbindungen zu „Eltern", die es niemals kennenlernen und deren Namen es niemals erfahren wird: der Eispenderin, dem Samenspender[68], der Leihmutter und – je nach Gesetzeslage – deren Ehemann.

Ein Leihmutterkind wächst einsam und ungeliebt im gemieteten Uterus heran. Bislang galt der Uterus der Frau als der paradiesische Ort der Geborgenheit, der ins Herz des Menschen eine unstillbare Sehnsucht nach vollkommener Einheit einprägt. Für das Leihmutterkind ist der Bauch der Mutter ein dunkles Verlies, in das kein Strahl der Liebe und Vorfreude fällt, denn die Mutter weiß, dass sie das Kind unmittelbar nach der Geburt fremden Menschen aushändigen muss. Sie muss sich zwingen, keinerlei Beziehung zu dem Kind aufzubauen, das sich in ihr bewegt. Sie muss sich vor freudiger Zuneigung hüten, denn diese würde sich unweigerlich nach der Geburt in großen Schmerz verwandeln.

Kinder, die in einem gemieteten Bauch heranwachsen, verlassen diesen dunklen Ort der Einsamkeit meist, bevor sie ausgereift sind mit Kaiserschnitt; sie beginnen ihr Leben im Brutkasten und nicht selten auf der Intensivstation – mutterseelenverlassen.

Ein natürlich gezeugtes Kind kennt den Herzschlag der Mutter, ihren Geruch, ihre Stimme, die Lieder, die sie ihm vorgesungen hat, den Geschmack der Milch. Das gibt ihm Geborgenheit nach dem Schock der Geburt. Es wird von einem lächelnden Gesicht empfangen. Das Glückshormon Oxytocin überflutet die Mutter, das Baby findet die Brust, drückt sein Näschen in das weiche Fleisch und saugt aus dem Körper der Mutter, was es zum Leben braucht, um dann tief zufrieden in den Schlaf zu sinken. Das Leihmutterkind wird all dies nie erfahren.

Man weiß inzwischen: Von Anfang an ist das ungeborene Kind auf Beziehung, auf Verbundenheit und auf Lernen angelegt und angewiesen.[69] Embryos können hören, schmecken, riechen und fühlen. Der Pränatalforscher Peter Fedor-Freybergh schreibt:

> Das vorgeburtliche Kind trinkt [mit der Mutter] mit, es raucht mit, es liebt mit und hasst mit, es vergnügt sich mit und es leidet mit. Es empfindet ... die Herztöne mit, erschrickt, wenn sie erschrickt ... Sein Leben hängt von ihr und von ihrem Leben ab.[70]

Wie mag es einem Kind gehen, zu dem die Mutter in der Schwangerschaft den emotionalen Kontakt willentlich unterbindet? Welche seelische Grundstimmung wird ihm eingeprägt? Die Einsamkeit im Mutterleib wird zur Verlorenheit, wenn es nach der Geburt nichts findet, was ihm vertraut ist.

Wie wird es der sozialen Mutter gehen, die ihr Kind nicht selber ausgetragen hat? Die Schwangerschaft wäre eine Zeit

Nach der Trennung der Sexualität von der Fruchtbarkeit, der Trennung der Fruchtbarkeit vom Sexualakt, der Trennung des Kindes von seiner genetischen Mutter oder seinem genetischen Vater wird nun noch das Kind von seiner biologischen Mutter getrennt und die Mutter vom Kind.

der Vorbereitung aufs Muttersein, das heißt der völligen Neuausrichtung der Existenz, dessen Zentrum dann nicht mehr das eigene Ich, sondern ein hilfloser Säugling ist. Nun aber sind Mutter und Kind einander fremd. Das Glückshormon Oxytocin wird nicht ausgeschüttet, die Mutterbrust gibt keine Milch. Wie gern wird die Mutter nachts aufstehen, um das weinende Kind zu beruhigen? Wird der „Ammenrapport" funktionieren, das hypersensible Wahrnehmen aller Äußerungen des Kindes? Werden all die Opfer, die eine Mutter bringen muss, durch tiefes Glück ausgewogen?

Vielleicht darf das Kind noch nicht einmal bei den Käufern bleiben, die es in Auftrag gegeben haben, weil in ihrem Herkunftsland Leihmutterschaft verboten ist und sie an der Grenze an der Einreise mit dem Kind gehindert werden – so geschah es einem italienischen Paar, das im Ausland ein Kind mit gekauftem Sperma hatte produzieren lassen. Der Europäische Gerichtshof für Menschenrechte entschied, dass dem Staat das Sorgerecht zustehe, woraufhin das Kind in Obhut genommen und zur Adoption freigegeben wurde.[71] Das Gesetzeschaos ist ebenso groß wie das Abstammungschaos, in welche das rechtlose Kind gestürzt wird.

Die Corona-Pandemie hat noch ein ganz neues Problem mit sich gebracht: Die Kinder wurden bestellt, aber nicht abgeholt, weil die Grenzen geschlossen waren. Im Mai 2020 warteten in der Ukraine Hunderte von Leihmüttern geborene Babys auf Abholung durch ihre Käufer.[72]

Wie geht es der Leihmutter? In der Regel handelt es sich um Frauen aus armen Ländern, die sich aus finanzieller Not dazu entschließen, ihre Fähigkeit zu verkaufen, ein Kind zu empfangen, es mit ihrer eigenen physischen Substanz zu nähren und schließlich unter Schmerzen zu gebären.

Neben der psychischen Belastung ist die Leihmutter zahlreichen überdurchschnittlich hohen Gesundheitsrisiken ausgesetzt, u. a.:

- Hoher Blutdruck mit Schlaganfallrisiko während der Schwangerschaft und danach
- Schwangerschaftsdiabetes
- Präeklamsie mit vorzeitigem Schwangerschaftsabbruch mittels Kaiserschnittes
- Lebensbedrohliche Geburtskomplikationen, Bluttransfusionen, Intensivstation für Mutter und Kind

- Schwere Dammrisse
- Ungeplante Entfernung der Gebärmutter

Was tut eine Frau nicht alles, wenn sie in der Ukraine mit einem durchschnittlichen Jahreseinkommen von 3000 Euro in bitterer Not lebt und ihr in der U-Bahn die Werbung zur Vermietung ihres Bauches mit der Verheißung von 16.000 Euro entgegenleuchtet? Auftraggeber aus reichen Ländern kaufen ihre Dienste. Indien, einst mit 3000 Reproduktionskliniken die Babyfabrik der halben Welt, hat kommerzielle Leihmutterschaft 2019 verboten, Thailand bereits 2015. In der Ukraine und in der Tschechischen Republik boomt das Geschäft.

Leihmutter-Vertrag[73]

Die Frau muss volljährig sein und bereits eigene Kinder geboren haben. Mit der Unterschrift stimmt sie der Befolgung der Direktiven der Agentur und der totalen Kontrolle ihres Lebens während der Schwangerschaft zu. Sie willigt in eine Abtreibung ein, sollten die Ärzte diese für nötig halten oder die potenziellen Eltern sie wünschen. Sie stimmt einer „Mehrlingsreduktion" zu, muss jedoch auf Anordnung der Ärzte Mehrlinge austragen. Sollte sie selbst für eine Abtreibung verantwortlich gemacht werden können oder sich einer Abtreibung widersetzen, muss sie 200 % der Vertragssumme bezahlen.

Den sozialen Eltern muss sie über ihren sozialen und gesundheitlichen Status genauestens Auskunft geben und kann jederzeit von ihnen kontaktiert und kontrolliert werden, ihr selbst ist bei Strafe verboten, irgendwelche Informationen über die Auftraggeber einzuholen.

Sie darf nicht rauchen, keinen Alkohol trinken, muss jedes Medikament, auch Kräutertees und alternative Medizin, von den Agenturärzten genehmigen lassen und den Diätvorschriften Folge leisten. Sie darf in der Vertragszeit ohne Genehmigung weder ihren Wohnort verlassen noch öffentliche Verkehrsmittel benutzen; sie muss physischen und mentalen Stress vermeiden und körperliche Betätigung genehmigen lassen. Sie darf sich nicht die Haare färben. Haustiere müssen entfernt werden. Zuwiderhandlungen werden mit drastischen Geldstrafen geahndet.

Zu Beginn des siebten Monats muss sie ein von der Agentur zugewiesenes Zimmer beziehen und darf sich nicht mehr um ihre eigenen Kinder kümmern.

Sie muss das Kind unmittelbar nach der Geburt den sozialen Eltern oder dem Krankenhauspersonal übergeben und darf nie wieder mit ihm in Kontakt treten.

Die erste Hälfte der Entlohnung bekommt sie mit Abschluss des Vertrages, die zweite Hälfte nach Ausstellung der Geburtsurkunde und des Passes für das Kind. Im Fall einer Fehlgeburt innerhalb der ersten 6 Wochen bekommt sie 3 % der Vertragssumme, zwischen der 22. und 30. Woche 10 %, im Fall der Totgeburt 50 %. Sollte ihr Uterus entfernt werden müssen, bekommt sie 20 % zusätzlich. Ihr Uterus ist also 3.200 Euro wert. Die Auftraggeber müssen medizinische Behandlungen bis einen Monat nach der Geburt bezahlen.

Über die Risiken wird sie aufgeklärt; dabei ist fraglich, inwieweit Frauen mit meist niedrigem Bildungsstand überhaupt verstehen, worauf sie sich einlassen. Die potenziellen Eltern müssen sich verpflichten, Kinder anzunehmen, die Anomalien aufweisen, zu klein sind oder zu wenig Gewicht, genetische Schäden, Erbkrankheiten oder sonstige Entwicklungsstörungen haben.

Sollte die Leihmutter irgendwelche Informationen über den Inhalt dieses Vertrages preisgeben, so muss sie eine Strafe von 200 % der Vertragssumme zahlen und kann rechtlich belangt werden.

Leihmutterschaft als „Liebesdienst"

Die brutale Entwürdigung von Leihmutter und Kind scheint gemindert, wenn eine Frau sich aus Herzensgüte bereitfindet, einem unfruchtbaren Paar zum Kind zu verhelfen.[74]

Die Schwester von Nick, nennen wir sie Susan, selbst Mutter zweier Kinder, konnte nicht mehr mitansehen, wie sehr ihr Bruder darunter litt, dass seine Frau Jane, die zwei Kinder mit in die Ehe gebracht hatte, von ihm keine Kinder bekommen konnte. Ein Jahr lang war der Kühlschrank voll mit Pillen und Spritzen, ein Jahr lang gab es kein anderes Thema als die misslungenen IVF-Versuche und die frühzeitigen Abgänge, welche das Paar in ein Wechselbad von immer neu enttäuschter Hoffnung und immer tieferer Depression stürzte. Susan wollte helfen.

Das Ei einer fremden Frau wurde gekauft, mit dem Samen von Nick befruchtet und Susan eingepflanzt. Sie führte Tagebuch:

3. Woche
Mir ist ständig übel, ich habe Kopfweh und bin müde. Ich muss Hormone, Antibiotika, Aspirin und Folsäure schlucken. Das Schlimmste ist die Depression. Eigentlich bin ich ein fröhlicher Mensch.

8. Woche
Ich bekomme Zwillinge.

11. Woche
Ich würde gerne das Kinderzimmer einrichten, Babysachen kaufen, Kinderwagen ... aber es sind nicht meine Kinder. Bloß keine Gefühle. Ich muss Abstand halten.

15. Woche

Ich sage meinen Kindern, was los ist. Meine Tochter fragt: Mich würdest du aber nicht hergeben – oder? Mein Sohn ist aggressiv und unnahbar. Die Lehrerin fragt, was los sei. Wir sagen nichts.

19. Woche

Ich sehe Händchen und Füßchen im Ultraschall und werde von Schluchzen geschüttelt. Die Vorstellung, aus der Klinik ohne Kinder heimzugehen, ist unerträglich.

25. Woche

Nick fragt mich: „Wie geht es meinen Kindern?" Das gibt mir einen Stich ins Herz. Sie richten das Kinderzimmer ein und kaufen die Going-home-Kleider für die Kinder. Jane stellt ein Kindermädchen ein, weil sie bald wieder arbeiten will.

30. Woche

Ich muss die Elternschaft rechtlich auf Nick und Jane übertragen. Alles sträubt sich in mir, aber ich muss.

33. Woche

Mein Blutdruck ist viel zu hoch. Es droht eine Schwangerschaftsvergiftung, deswegen Kaiserschnitt. Ein riesiges Entbindungsteam steht um mich herum. Es scheint ernst zu sein.

Geburt

Die Kinder sind sehr klein, müssen in den Brutkasten und künstlich ernährt werden. Ich muss zehn Tage im Krankenhaus bleiben. Bin erschöpft und sehr traurig. Nick bringt mich mit der U-Bahn nach Hause. Ich kann nicht aufhören zu weinen. Mir ist, als hätte ich eine Fehlgeburt gehabt und beide Kinder wären tot.

Pro und Contra

Wenn wir als Menschen mit freiem Willen Entscheidungen treffen, pflegen wir das Pro und Contra abzuwägen. Stellen wir uns eine Waage vor. Auf der einen Schale liegen die Kosten der künstlichen Reproduktion, auf der anderen Seite der Gewinn.

Die Kosten

- Entwürdigung des Kindes
- Auslöschung der Abstammung
- Entwürdigung der Gameten-Verkäufer
- Entwürdigung der Leihmutter
- Gesundheitsrisiken für Leib und Seele der Mutter bei der Eiernte, der Einpflanzung, der Geburt
- Langfristige Gesundheitsrisiken für Leib und Seele des Kindes
- Gesundheitsrisiken für Leib und Seele der Leihmutter
- Selektion von Erbgut
- Verbrauch von Embryonen
- Verwaisung von Embryonen
- Einfrieren von Embryonen
- Beziehungschaos
- Kosten um die 50.000 Dollar

Der Gewinn

- Erfüllung des Kinderwunsches in weiniger als 20 % der Fälle

Auf welche Seite neigt sich die Waage? Auf der einen Seite liegt ein Berg von Schäden, Risiken und Entwürdigung, auf der an-

Haben Paare, denen es gelingt mit fremdem Erbgut oder gar einer Leihmutter ein Kind zu produzieren, auch das Glück gekauft? Was werden die Eltern dem Kind sagen, wenn es nach seinem Vater und seiner Mutter fragt und nach und nach die ganze Wahrheit entdeckt?

deren Seite einzig und allein der Kinderwunsch erwachsener Personen. Noch einmal sei betont, wie sehr das tiefe Leid eines Ehepaares nachzufühlen ist, welches die Voraussetzungen von Elternschaft erfüllt und dem Kind alles geben möchte, was ein Kind braucht, das aber kein Kind bekommen kann. Ihre Liebe, die sie einem Kind schenken möchten, möge sie davor bewahren, einem Kind seine natürliche Abstammung zu nehmen.

Haben Paare, denen es gelingt, mit fremdem Erbgut oder gar einer Leihmutter ein Kind zu produzieren, auch das Glück gekauft? Was werden die Eltern dem Kind sagen, wenn es nach seinem Vater und seiner Mutter fragt und nach und nach die ganze Wahrheit entdeckt?

- Warum habe ich keinen Papa?
- Warum habe ich keine Mama?
- Wer ist mein Papa?
- Wer ist meine Mama?
- Warum habe ich zwei Papas? Wer ist der „echte"?
- Warum habe ich drei Mamas? Welche ist „meine"?
- Wie bin ich gezeugt worden?
- Warum wurde ich in Prag geboren oder in Kiev?
- Warum bin ich so oft traurig?
- Warum bin ich so oft krank?

Prof. Ulrich Kutschera, der sich selbst als „atheistischen Evolutionsforscher" bezeichnet, sagt:

> Im Lauf der Evolution der Säuger hat sich, über 150 Millionen Jahre hinweg, die Mutter-Kind-Bindung als stärkstes Band überhaupt herausgebildet. Entzieht man dem Kind somit vorsätzlich die Mutter als Bezugsperson (Homo-Männerpaare) oder versucht, den biologischen Erzeuger (Vater) durch eine Frau zu ersetzen, so ist das eine Verletzung des elementarsten Menschenrechts, das überhaupt existiert.[75]

Der Kinderwunsch darf nicht zur Obsession werden, sodass die Rechte und die Würde des Kindes (und der genetischen Zulieferer) missachtet werden. Kein Mensch hat ein Recht auf ein Kind, aber das Kind hat ein Recht auf seine biologischen Eltern. Diejenigen, welche Kinder künstlich mit fremdem Erbgut produzieren, negieren dieses Menschenrecht und damit die „Ökologie des Menschen". Am 22. September 2011 hat Papst Benedikt XVI. die Abgeordneten des Deutschen Bundestages daran erinnert. Er sagte:

> Es gibt auch eine Ökologie des Menschen. Auch der Mensch hat eine Natur, die er achten muss und die er nicht beliebig manipulieren kann. Der Mensch ist nicht nur sich selbst machende Freiheit. Der Mensch macht sich nicht selbst. Er ist Geist und Wille, aber er ist auch Natur und sein Wille ist dann recht, wenn er auf die Natur hört, sie achtet und sich annimmt als der, der er ist und der sich nicht selbst gemacht hat. Geradeso und nur so vollzieht sich wahre menschliche Freiheit.

5.

Eltern werden

Kinder sind Rätsel von Gott
und schwerer als alle zu lösen,
aber der Liebe gelingt's,
wenn sie sich selber bezwingt.

Friedrich Hebbel

Simona erzählt: Sehnlichst haben wir uns ein Kind gewünscht. Ich habe in meiner Seele Raum geschaffen für ein Kind, ich habe in meinem beruflichen Leben Raum geschaffen und mich entschieden: nicht noch mehr Verantwortung! Nicht noch höher hinauf! Ich will Familie, ich will Kinder. Wir wollen Familie. Wir wollen Kinder.

Ich wusste es schon vor dem Test: Ich bin schwanger!

Wir schauen uns lange an, ohne zu sprechen, wissend, dass nun nichts mehr sein wird wie vorher. Ein erstes Aufleuchten von Freude – gemischt mit Bangen. Wird alles gut gehen?

Eine Weile bleibt es unser Geheimnis. Meine Brüste werden empfindlich. Vollkornreis widersteht mir, ich kann ihn nicht riechen. Lachsbrötchen und Mousse au chocolat, das wär's! Jeden Morgen ist mir schlecht und ich nehme ab. Ich trinke keinen Alkohol mehr, rauchen liegt schon lange hinter mir. Ich arbeite, wie gewohnt, aber der Drive lässt nach. Ist alles nicht mehr so wichtig.

Die Menschen in meiner Umgebung bemerken die Veränderung und wir rücken heraus mit der Nachricht: Ein Kind ist unterwegs. Wem ich auch erzähle, dass ich schwanger bin: Freude strahlt mir entgegen.

Wir schauen uns Bücher und Filme an über die Entstehung des Lebens. Die Bilder der ersten Monate sind etwas irritierend, denn wenn ich „Kind" denke, sehe ich ein Baby vor mir, nicht ein sonderbares Wesen mit einem riesigen Kopf und großen Augenhöhlen. Aber ich will wissen, was da im Verborgenen geschieht.

Schon in der vierten Woche fängt das Herz an zu schlagen, im zweiten Monat beginnt sich das Gehirn zu entwickeln. Alle Organe sind vorhanden und beginnen, ihre Funktion aufzunehmen. Das Kind ist jetzt drei bis vier cm groß, hat schon Zehen und Finger und kann Arme und Beine bewegen. Im Ultraschall sehe ich, dass es am Daumen lutscht. Mir kommen die Tränen. Da ist wirklich ein Baby in meinem Bauch.

Drei große Ultraschalluntersuchungen sind vorgesehen, die erste zwischen der 9. und 12. Schwangerschaftswoche, die zweite zwischen der 19. und 22. Woche und die dritte gegen Ende. Mutter und Baby werden untersucht, ob alles nach Plan läuft.

Wenn man die vielen Flyer liest, die da im Wartezimmer ausliegen, könnte einem angst und bange werden, was alles schiefgehen kann in der Schwangerschaft. Präeklampsie könnte ich haben, eine Schwangerschaftsvergiftung, „die für Mutter und Ungeborenes zur tödlichen Bedrohung werden kann", eine Gestationsdiabetes, Toxoplasmose – ein Parasit könnte mich befallen, der zu einer Früh- oder Fehlgeburt führt. Es scheint, als lauere in jedem Winkel ein Ungeheuer, das mein Kind verschlingen will. Jemand rät mir, keine Rohmilchprodukte mehr zu essen, weil darin Listerien enthalten sein können, die beim Neugeborenen Hirnhautentzündung und Blutvergiftung hervorrufen können. Ich schaue nach, wie hoch das Risiko ist: Laut Robert Koch-Institut gibt es 300 Infektionen pro Jahr, acht Prozent davon bei Babys, das sind 24 im Jahr. 2015 wurden in Deutschland 737 575 Kinder geboren. Bei 0,003 % gab es eine Listerien-Infektion. Also esse ich Käse aller Art.

Muss ich das alles wirklich wissen?

Nach drei Monaten hört allmählich die Übelkeit auf. Langsam wölbt sich der Bauch.

Die Ärztin fragt uns, ob wir das Geschlecht wissen wollen. Wir überlegen: Soll es ein Geheimnis bleiben bis zur Geburt? Oder wäre es schön, wenn wir jetzt schon wüssten, ob es ein Mädchen oder Junge ist, ob wir die Babysachen für ein Mädchen oder für einen Jungen kaufen sollen ... weniger Geheimnis, mehr Beziehung?

Nein, wir wollen es nicht wissen. Wir wollen gespannt sein und uns die riesengroße Überraschung nicht nehmen lassen.

Die Ärztin fragt noch mehr.

Ob ich ein erweitertes Screening haben wolle. Es gehe darum, genetische Anomalien und Erbkrankheiten frühzeitig zu erkennen. Wenn es dafür Anhaltspunkte gebe, könne eine Fruchtwasseruntersuchung durchgeführt werden. Im Fruchtwasser fände sich genetische Information über das Kind.

Um Fruchtwasser zu entnehmen, muss die sichere Umhüllung des Babys mit einer Hohlnadel durchbohrt werden. Bei ca. 1 % der Fälle wird dadurch eine Fehlgeburt ausgelöst, in Deutschland sterben jährlich ca. 700 Kinder bei dieser Untersuchung.[76] Die positive Diagnose kann falsch sein und die negative auch.

Um frühzeitig Trisomie 21 feststellen zu können, gebe es mittlerweile auch den Pränatest. Da müsse nur eine Blutprobe entnommen werden. Man könne mit hoher Sicherheit feststellen, ob das Kind Trisomie 21 habe. Aber sie müsse uns darauf aufmerksam machen, dass auch dieser Test nicht hundertprozentig sicher sei.

Und wenn der Befund positiv wäre, was dann? Die Ärztin sagt, in diesem Fall müsste ich das Kind nicht austragen.

Wie bitte? Ich soll es abtreiben?

Wir brauchen Zeit.

Es ist furchtbar, diese Entscheidung treffen zu müssen. Hätte sie uns doch nicht gefragt! Gäbe es doch bloß solche Tests nicht! Das Kind, das ich endlich empfangen habe, umbringen? Und wenn sich dann herausstellen würde, dass es gesund war? Ein entsetzlicher Gedanke!

Und wenn der Test ergäbe, dass es ein Down-Syndrom-Kind ist?

Plötzlich sind wir mit einer Frage konfrontiert, die viel zu groß für uns ist: Soll das Kind leben oder soll es nicht leben? Wir lesen, wir hören uns um ... An der Bushaltestelle fällt uns eine Mutter mit einem Down-Syndrom-Kind auf. Die beiden reden und lachen miteinander. Wäre es wirklich eine Katastrophe?

Wir recherchieren im Internet und stoßen auf Catherine MacMillan, eine junge Frau, die mit achtzehn Jahren, als sie gerade ihr Musikstudium begonnen hatte, schwanger wurde. Sie fühlte sich in keiner Weise bereit, Mutter zu werden, die Beziehung zum Vater des Kindes war dürftig, sie dachte an Abtreibung. Dann kam in der 26. Woche die Diagnose: „Dandy Walker Syndrom" – dreiviertel des Gehirns seien nicht normal entwickelt.

Für die Ärzte gab es da nur eine Antwort: Schwangerschaftsabbruch, wie sie das nennen – das Kind töten. Catherine solle doch nicht ihr Leben ruinieren!

Aber seit sie das Kind in ihrem Leib spürte, gab es für sie überhaupt keine Frage mehr: Das Kind sollte leben. Für Catherine begann ein Spießrutenlaufen, immerzu musste sie sich für diesen Entschluss rechtfertigen.

Am 31. März 2010 wurde Sara geboren. Sie war schwer behindert. Aber ihr Herz war nicht behindert. Sara war liebesfähig. Sara konnte nicht sprechen, aber sie konnte sich mit den Enten im Teich unterhalten. Sie konnte nicht singen, aber sie

> *Plötzlich sind wir mit einer Frage konfrontiert, die viel zu groß für uns ist: Soll das Kind leben oder soll es nicht leben?*

konnte unbändige Freude an Musik haben. Mit ihrer überbordenden Lebensfreude steckte sie jeden an, der ihr begegnete.

Catherine begann sich für das Lebensrecht behinderter Kinder öffentlich einzusetzen. Sie hielt Vorträge, sie zeigte Fotos von ihrer geliebten und so überaus liebesfähigen Tochter Sara. „Heart lost to heart", beschrieb der Vater von Catherine die Beziehung seiner Tochter zu ihrem Kind.[77]

Als Sara sechs Jahre alt war, fand Catherine ihr Kind eines Morgens völlig unerwartet tot im Bett. Ein Schwert drang ihr durch die Seele.

Der Schmerz war für Catherine ein noch größerer Antrieb, dafür zu kämpfen, dass behinderte Kinder leben dürfen.

Wir schauten uns weiter um und fanden auch Zeugnisse von Eltern, die mit einem behinderten Kind an die absoluten physischen und psychischen Grenzen gekommen sind. Was sollten wir tun?

Wir reden lange, schweigen, legen die Hand auf den Bauch …

Schließlich wird uns klar: Wir wollen trotzdem keine Tests. Wir wollen nicht Herr sein über Leben und Tod. Das ist zu viel für uns. Wir werden das Kind unter keinen Umständen abtreiben. Wenn es behindert wäre, dann nehmen wir es an. Wir sind tief erleichtert, als wir diesen Entschluss gefasst haben. Werden nicht die Bahnhöfe umgebaut, damit sie barrierefrei sind? Gibt es nicht Behindertenklos in öffentlichen Einrichtungen? Staunen wir nicht über die unglaublichen Leistungen von Menschen mit Behinderungen bei den Paralympics? Gibt es nicht ein Diskriminierungsverbot von Behinderten im Grundgesetz? Aber behinderte Kinder umbringen, bevor sie geboren werden, das ist erlaubt. Welche Heuchelei!

Die Frage der Ärztin hat auch etwas Gutes: Wäre das Kind wirklich behindert, so wären wir schon vorbereitet.

Wir warten und sind guter Hoffnung. War das wirklich das Kind, das da sein Füßchen gegen meine Bauchdecke drückt? Bald gibt es keinen Zweifel mehr, das Kind strampelt und dreht sich um. Der Bauch wird groß und größer. Ich trage ein Kind in meinem Leib, einen Menschen, ein großes Geheimnis. Ein sonderbarer Stolz ergreift mich, wenn ich auf der Straße gehe. Ich verberge meinen Bauch nicht. Seht, seht her, ich trage das Leben in mir!

Wir richten das Kinderzimmer ein, stellen das Bettchen auf, in dem schon meine Mutter gelegen hat.

Eine Freundin drückt mir ein Buch in die Hand: Louann Brizendine, *Das weibliche Gehirn*.[78] „Da, lies! Dann weißt du, was mit dir los ist!" Ich staune: All die Veränderungen, die ich an mir wahrnehme, die körperlichen, aber auch die seelischen, haben mit Veränderungen im Gehirn und Hormonhaushalt zu tun. Im Gehirn entstehen neue Schaltkreise für Mutterverhalten. „Das Produkt dieser Veränderungen ist ein motiviertes, höchst aufmerksames, aggressiv beschützendes Gehirn, das die junge Mutter zwingt, anders als früher zu reagieren und im Leben neue Prioritäten zu setzen" (S. 154). Die sonderbaren Gelüste in der Schwangerschaft, die Überempfindlichkeit für Gerüche, das Schlafbedürfnis, der mangelnde Antrieb, die Vergesslichkeit – ich war doch früher so super organisiert! – alles wird ausgelöst von Neurohormonen, die vom Fötus und der Plazenta produziert werden und das Gehirn überschwemmen. Ich erfahre, dass mein Gehirn ab dem sechsten Schwangerschaftsmonat – vorübergehend! – *kleiner* wird. Zwei Wochen vor der Entbindung nimmt es wieder zu. Das Gehirn wird runtergefahren, damit es umgebaut werden kann zum „Muttergehirn".

Der Bauch wächst und wächst. Endlich kann ich aufhören zu arbeiten. Ich räume den Keller auf, nähe Vorhänge fürs Kinderzimmer, bestelle im Internet Hemdchen und Höschen und Windeln. Den Kinderwagen suchen wir gemeinsam aus. Oft sitze ich einfach nur da, lege die Hände auf den Bauch, singe ein bisschen und erzähle dem Kind von der Familie, in die es hineingeboren wird.

Markus arbeitet viel wie eh und je, aber er hat sich zwei Wochen Urlaub genommen für die Zeit der Geburt. Die Bauchdecke wird zunehmend gespannt und immer öfter hart wie ein Brett – eine Vorübung für die Wehen. Kann der Bauch wirklich noch größer werden? Es wird mühsam, die Treppen hinaufzusteigen, die Schuhe zuzumachen oder Einkaufstüten zu tragen. Die Uhr tickt.

Die Geburt

Sonderbar: Ich habe keine Angst vor der Geburt, sie kommt auf mich zu, ist unausweichlich. Ich stimme zu. Das Kind hat kaum mehr Platz, sich zu bewegen, der Geburtstermin ist schon zwei Tage überschritten. Jetzt, jetzt geht es los. Die Wehen kommen in regelmäßigen Abständen. Wir fahren ins Krankenhaus, kennen uns aus. Es gab dort einen Einführungsabend für die Eltern. Eineinhalb Minuten, Pause, eine Minute, Pause ... die nächste Wehe und die nächste, wie Meereswellen, die über mich hinwegrollen. Der Muttermund öffnet sich. Die Fruchtblase platzt. Es gibt nur noch eines: die totale Auslieferung an das, was geschieht, und gleichzeitig mitarbeiten mit aller Kraft. Passivität und Aktivität verschmelzen. Pressen, verschnaufen und wieder pressen und wieder pressen ... Es ist wie ein Orkan, Urgewalt des Lebens, der ich mich ausliefere. Die Hebamme sagt, das Köpfchen wäre schon zu sehen. Noch einmal mit aller Kraft pressen und im nächsten Moment windet es sich mit einer Spiraldrehung heraus, wird von zwei Händen aufgefangen.

„Ein Junge!" – die erste unauflösliche Weichenstellung der Identität. Das Neugeborene schreit und wird sofort in warmes Wasser gelegt. Es entspannt sich, macht die Augen auf ... allmählich hört die Nabelschnur auf zu pulsieren. Der Arzt drückt Markus eine Schere in die Hand, und er schneidet das Kind von der Mutter ab. Wir schauen einander an, ganz tief hinein in die Seele. Das Kind wird mir nackt auf die Brust gelegt. *Mein Kind!* Hat mir jemals etwas mehr gehört als dieses Kind?

Markus bleibt die erste Nacht bei mir, bei uns, in der Klinik. Staunend betrachten wir das große Geheimnis. Wer bist du? Welche Bahn wirst du durchs Leben ziehen? Die Hebamme kommt und legt das Kind an. Es kann saugen, es kommen die ersten Tropfen dicke gelbe Milch, das Kolostrum. Das Kind schläft in meiner Armbeuge ein und ich mit ihm. Irgendwann in der Nacht kommt die Schwester und legt es ins Bettchen neben mir. Bei jedem Tönchen werde ich wach. Ich schaue und schaue, schnuppere an seinem Köpfchen und sauge den Duft ein.

Das Kind im Werden

Ein Kind ist zur Welt gekommen. Die Welt ist reicher geworden um einen Menschen. Mit einem Schlag wurde aus zwei selbstständigen Menschen ein Elternpaar – Mutter und Vater. Ihr Leben hat einen neuen Mittelpunkt, ein winziges, hilfloses Kind, das ganz und gar abhängig ist von ihrer Fürsorge, sodass ihr Leben nun abhängig ist vom Kind. Das Leben hat sie in einen neuen Modus katapultiert. Bis zur Schwangerschaft hat sich alles um das eigene Ich gedreht. Mit dem Augenblick der Geburt drehen sich Vater und Mutter um das neugeborene Kind.

Keine Frage: Es ist anstrengend, einem Säugling ins Leben zu verhelfen. Eine der üblichsten Begleiterscheinungen ist Schlafmangel. Wohl der Frau, deren Mann hinter ihr steht, ihr Raum und Zeit, Anerkennung und Liebe zu geben vermag, sodass sie sich sicher fühlt und sich ganz dem Kind widmen kann. Von Monat zu Monat bekommt der Vater mehr Raum im Leben des Kindes. Auch er bemüht sich, in seinem Berufsleben für die Familie Platz zu machen.

Beim ersten Kind kann sich die Mutter gar nicht vorstellen, wie sie mit zwei Kindern zurechtkommen soll, ist das zweite da, ist sie schon viel gelassener, beim dritten haben die Eltern Routine.

Mit allen Fasern ihrer Existenz wünschen Eltern, dass das Kind gedeihen möge. Obwohl sich die einzigartige Individualität des Kindes noch kaum entfaltet hat, haben sie ein Empfinden von unendlicher Kostbarkeit beim Anblick des Kindes und der Gedanke, es könnte ihm etwas passieren, ist ein Blick in den Abgrund.

Das Kind ist, wie jeder Mensch, einzigartig. Einzigartigkeit ist ein Schöpfungsprinzip. Keine zwei Schneeflocken sind gleich! Aber das Kind ist mehr als einzigartig: Es ist eine

> *Ihr Leben hat einen neuen Mittelpunkt, ein winziges, hilfloses Kind, das ganz und gar abhängig ist von ihrer Fürsorge, sodass ihr Leben nun abhängig ist vom Kind.*

Person. Die Person unterscheidet sich von allen anderen Geschöpfen dadurch, dass sie Würde besitzt und mit Intelligenz, Selbstreflektion und freiem Willen ausgestattet ist; sie kann sich entscheiden, Gutes oder Böses zu tun. Von der seelischen Ausstattung des Kleinkindes, vom Vorbild und der Erziehung hängt wesentlich ab, wie es in seinem Leben von seiner Willensfreiheit Gebrauch machen wird. Welch unerhörte Verantwortung ist in die Hände der Eltern gelegt!

Kleine Kinder können noch nicht reden, aber sie können strahlen und lächeln und selig einschlafen oder weinen und schreien und nicht einschlafen und nicht essen; sie können ihre Eltern zutiefst beglücken oder eine Last sein, welche die Eltern an den Rand ihrer Nervenkraft bringt; sie können mit übersprudelnder Lebensfreude die Welt entdecken oder aggressiv, traurig und teilnahmslos werden; sie können in den ersten Lebensjahren Urvertrauen entwickeln oder die Lebensreise mit einem tiefen Zweifel an sich selbst, den Menschen und der Welt antreten. Nicht alles liegt in den Händen der Eltern, aber doch sehr viel.

Der Mensch beginnt die lange Reise von der Zeugung bis zum Tod in paradiesischer Geborgenheit, schwimmt im Fruchtwasser, bekommt alles, was er braucht durch die Nabelschnur, wird unablässig gewiegt, hört die Stimme der Mutter und nimmt teil an ihren Gefühlen. Ist die Mutter guter Hoffnung und voll freudiger Erwartung, so wird ein sonniger Grundton in seiner Seele angeschlagen, ist sie voller Sorgen, Angst und Stress, wirft dies einen Schatten auf die Seele des Kindes.

Die Geburt ist ein Schock. Mit einem Schlag wird es unter Schmerzen in eine Welt katapultiert, die hell und laut ist und in der seine Grundbedürfnisse nur mit Verzögerung gestillt werden. Es erlebt seinen Körper immer wieder als Quelle von Schmerz. Das neugeborene Kind kann saugen und mit seinen winzigen Händchen einen Finger umklammern. Es kann weinen und schreien. In wenigen Wochen wird es lächeln können. Es ist gänzlich auf liebevolle Fürsorge rund um die Uhr angewiesen. Das Kind wurde ent-bunden und braucht nun nichts nötiger als die körpernahe Bindung an die Mutter. Was gibt dem neugeborenen Kind Sicherheit? Die weiche warme Haut der Mutter, die Brust, aus der die süße Milch strömt, ihre vertraute Stimme, ihr wohliger Geruch, ihr liebevoller Blick, das Getragen- und Gewiegtwerden in ihren Armen, das Schlafen in ihrer fühlbaren Nähe. Durch all das erfährt das Kind über seine Sinne: Mama ist da. Ich bin sicher. Alles ist gut.

Gibt es etwas Ergreifenderes als das erste Lächeln des Kindes? In dem kleinen Geschöpf wohnt eine liebesfähige Seele, die aus den Augen strahlt und das Gesicht mit Glanz überzieht. Ein Mensch! Ein großes Geheimnis. Was wird aus ihm werden? Mutter und Säugling sind ein einzigartiges symbiotisches Duo mit *fine tuning*.

Der äußersten Bedürftigkeit und Abhängigkeit des Säuglings entspricht die biologisch-hormonell gezündete Liebesfähigkeit der Mutter. Das Glücks- und Bindungshormon Oxytocin überschwemmt Mutter und Kind bei der Geburt und beim Stillen. Verliebt schaut die Mutter in das Gesicht des Kleinen und findet, dass es das schönste Kind auf der Welt ist. Sie hört jeden Muckser, selbst im Schlaf, und reagiert sofort. Die Löwenmutter ist geboren, die bereit ist, ihr Kind aus dem Feuer zu retten.

Alles kommt beim kleinen Kind auf sichere Bindung an. Das Baby will und muss leiblich und seelisch 7-mal 24 Stunden liebevoll umsorgt werden, seine Lebens- und Mangeläußerungen bedürfen sofortiger, feinfühliger Reaktion. Wenn das Baby nicht innerhalb von Minuten eine beruhigende Reaktion auf sein Schreien bekommt, fällt es in Existenzangst. Lautstärke, Tonhöhe und Dringlichkeit des Schreiens steigern sich von Minute zu Minute bis zur Panik. Die Mutter kann den emotionalen Zustand ihres Kindes deuten und weiß auch meist, was ihm fehlt: Hunger, Bauchweh, mütterliche Nähe, Schlaf. Sie kann gar nicht anders, als so schnell wie möglich Abhilfe zu schaffen und das Kind zu „stillen". Wenn ihr das nicht gelingt, ist es für sie massiver Stress. All das tut die Mutter, wenn sie nicht selbst geschädigt ist, „von selbst", so wie das Kind „von selbst" lernt und lernt und lernt. Niemand muss es ihr oder dem Kind beibringen.

Das Bedürfnis nach existenzieller Sicherheit ist kein Alleinstellungsmerkmal von Babys, sondern ein Grundantrieb des Menschen bis zum letzten Atemzug. Was tun wir nicht alles, welche Kompromisse gehen wir nicht ein im Tausch gegen materielle Sicherheit und soziale Akzeptanz. Unbekanntes macht

> *Das Kind wurde
> ent-bunden und braucht
> nun nichts nötiger als
> die körpernahe Bindung
> an die Mutter.*

Angst, Bekanntes gibt Sicherheit. Ein Baby braucht die Mutter als sicheren Erfahrungsraum, der sich im natürlichen Umfeld der Familie bald ausweitet auf Vater und Geschwister und Großeltern.

Je sicherer die Bindung ist, mit umso mehr Neugier, Mut und Freude erkundet das Kind die Welt und wagt aus eigenem Antrieb, sich zunehmend weiter von der Mutter zu entfernen. Es braucht die ausziehbare Leine, über die es mit der Mutter bei seinen spielerischen Erkundungen verbunden bleibt und deren Länge es selbst bestimmen kann. Dann muss es keine Energie aufwenden, um sich der Mutter zu vergewissern, und lernt im Fluge.

Nie wieder lernt der Mensch in so kurzer Zeit so viel wie in seinem ersten Lebensjahr. Die Gehirnmasse wächst um 500 Gramm. Psychische Strukturen werden unauslöschbar ins Gehirn eingeprägt.

Lernen wird durch Feedback angetrieben. Zwischen Mutter und Kind besteht ein ständiger Fluss von Mikrokommunikation, den das Kind mit seinen feinen Sensoren aufnimmt. Zustimmung, Freude, Lächeln, Entzücken – Kopfschütteln,

Seufzen, Unmut ... ununterbrochen wird das Kind durch die Reaktion der Mutter in seinen Lebensäußerungen bestätigt. Der berühmte Kinderarzt Prof. Theodor Hellbrügge hat beobachtet:

> Jede, auch die geringste Veränderung im Gesicht der Mutter wird von dem Säugling wahrgenommen und imitiert ... Man kann fast sagen, die erste Sprache geschieht über die visuelle Kommunikation zwischen Mutter und Kind.[79]

Das Kind braucht die beständige Bestätigung durch die Mutter und die feinfühlige Reaktion auf seine überwältigenden Affekte, die es selbst noch nicht beherrschen kann. Die „Affektregulation" geschieht durch die sofortige, tröstende Reaktion der Mutter. Das Wort „Trost" ist verwandt mit dem altnordischen „traust" und dem englischen „trust" und bedeutet „Sicherheit, Zuversicht, Mut, Hilfe und Schutz geben", woraus dann das sichere Fundament des Urvertrauens erwächst.

In der Geborgenheit und ständigen Kommunikation mit der Mutter sprießen die Synapsen im Gehirn. Das Gehirn des Säuglings ist vor allem Potenz, aus der sich durch die frühkindlichen Erfahrungen allmählich feste Strukturen und Funktionsweisen entwickeln. Fehlt es an Liebe, gibt es, wie die Wissenschaft durch bildgebende Verfahren zeigen kann, regelrechte Leerstellen im Gehirn.[80]

Niemand zeigt dem Kind, wie Umdrehen, Krabbeln, Laufen geht. Niemand verlangt, dass es sich anstrengt und mit Schweißperlen auf der Stirn versucht, einen Gegenstand zu ergattern oder Stufen zu erklimmen. Jeder Fortschritt wird bejubelt, nicht nur von den Eltern, sondern von allen, mit denen in Zeiten des Smartphones die Freude am Werden des kleinen Menschenkindes so leicht geteilt werden kann. Großeltern,

Tanten, Onkel, Paten, Freunde werden mit Fotos und Videos beglückt: Hurra, es kann krabbeln! Hurra, es kann stehen! Victoria, Victoria, der kleine weiße Zahn ist da! Schließlich, so um den ersten Geburtstag, der erste Schritt. Welch große Tat! Das Leben bricht sich Bahn. Das Leben selbst ist am Werk und wir können es am kleinen Kind *in actu* wahrnehmen. Wenn ein Kind bekommt, was es braucht, dann beglückt es seine Umwelt mit seinem Lachen, seiner ungezähmten Lebensfreude, seiner Kreativität, dem Strahlen in seinen Augen, dem Glanz auf seinem schlafenden Gesicht, der urteilslosen, vollständigen Annahme der Menschen und der Welt, dem Wunder der erwachenden Intelligenz, seinen Wortschöpfungen und seinen Liebeserklärungen. Ein Kind auf dem Schoß zu haben, das sich der körperlichen Nähe vollkommen entspannt hingibt, ist Balsam für die Seele. Wenn die Mutter mit dem Herzen nah am Kind ist, dann wird die Welt auch für sie neu. Niemand nimmt sie so vollständig an wie ihr eigenes Kind. Dies kann ein Weg der Heilung für die Mutter sein.

Bald kommt das erste Wort. Beim Ausatmen werden die Lippen zweimal aufeinandergelegt und das Wort Ma-Ma ist da. Und wenn die Luft mit etwas mehr Kraft ausgestoßen wird, dann ist es Pa-Pa. Mit zwei Jahren beginnt das Kind zu sprechen, Mädchen früher als Jungen, mit drei Jahren kann es ganze Sätze bilden. Welch ein Spaß sind die kreativen Wortschöpfungen des Kindes für die Familie!

Erst allmählich entwickelt sich das Zeitgefühl. Im ersten Jahr kennt das Kind ausschließlich das Jetzt. Wenn jemand weg ist, ist er für immer weg. Erst allmählich bildet es sich von dem, was es sieht, eine Vorstellung und erst allmählich, im Laufe des zweiten Lebensjahres, wird diese Vorstellung im Gehirn gespeichert, sodass ein Wiedererkennen möglich wird. Es weiß

*Wenn ein Kind bekommt,
was es braucht, dann
beglückt es seine Umwelt
mit seinem Lachen,
seiner ungezähmten
Lebensfreude,
seiner Kreativität.*

dann, dass die Mutter, die den Raum verlassen hat, wiederkommen wird.

Das Kind entdeckt nun, dass es etwas bewirken kann, das Licht einschalten oder die Spieluhr in Gang setzen oder einen Turm bauen. Es lernt, sich im Raum zu orientieren, seinen Körper immer mehr zu beherrschen, sich als eigene Person zu erfahren, die zu dem, was ihm angeboten wird, Ja oder Nein sagen kann. Es entsteht ein Gefühl der „Selbstwirksamkeit". Wird ein Kind in seinen Lernschritten nicht ständig positiv bestätigt – normalerweise durch das freudige Aufleuchten im Gesicht der Mutter –, dann erlahmt seine Motivation, es erlebt nicht das beglückende „Ich kann!", sondern entwickelt ein Grundgefühl von Nicht-Genügen.

So wie das Stehen auf den eigenen Beinen ein Quantensprung in der Entwicklung ist, so das erste „Ich" im dritten Lebensjahr. Das Kind fängt an, seinem freien Willen Geltung zu verschaffen. Es muss Nein sagen, um als eigenständige Person mit seinem eigenen Ich in der Welt zu stehen; die berühmte „Trotzphase" setzt ein. So wie das Kind *von sich aus* gelernt hat, zu krabbeln, zu laufen und zu sprechen, so muss es nun die Symbiose mit der Mutter auflösen, um sich als eigenständige Person zu erfahren. Dann ist das Kind auch plötzlich in der Lage, sein großes und kleines Geschäft auf dem Topf zu machen. Eltern brauchen Geduld, sehr viel Geduld, statt der Versuchung zur Machtausübung nachzugeben. *Zeit haben* ist die unabdingbare Voraussetzung der Liebe; so wie Wasser durch ein Rohr fließen muss, so strömt Liebe durch das Medium Zeit.

Eltern bleiben

Ist die Frau nach ein paar Jahren ins Muttersein hineingewachsen, so kommen schon bald und unerwartet die ersten Signale, die die Mutter auffordern, den Beschützertrieb wieder etwas einzuschränken, nicht wie ein Helikopter über dem Kind zu kreisen, vielmehr zu hören und zu lauschen, was im Kind zur Entfaltung kommen möchte. Den Vater groß und stark sein lassen im Leben des Kindes; die Einflüsse von außen nicht ausschließen, aber ihnen das Kind doch nicht schutzlos ausliefern – ein überaus schwieriger Balanceakt. Elternsein ist eine ständige und immer tiefere Übung des Loslassens, die nie aufhört. Loslassen von eigenen emotionalen Bedürfnissen, von eigenen Vorstellungen, was das Kind tun und lassen soll, von den scheinbar selbstverständlichen Ansprüchen an Nähe, von der Überzeugung zu wissen, was gut für das Kind ist, und von der Forderung, dass es das auch tut – ein nie endender Läuterungsprozess der Liebe.

Ständig müssen Entscheidungen getroffen werden: Impfen, Kinderkrippe, Kindergarten, zurück in den Beruf, Schule,

Freunde, Medien, Smartphone ... Wie schwer ist das alles in einer übergriffigen Gesellschaft, in der das Elternrecht mehr und mehr mit Füßen getreten wird! Eh man sich versieht, ist die Pubertät da. Nun wird es ernst mit dem Ablösen. Alle großen Fehler, die man gemacht hat, alle Verletzungen des Vertrauens des Kindes, etwa durch elterliche Machtausübung, rächen sich nun.

Aber auch dann, wenn Eltern keine großen Fehler gemacht haben, kann es schwierig werden. Vehement und ungetrübt von Weisheit, sucht das Kind sein Eigenes. Der junge Mensch, nun kein Kind mehr, geht aus dem Haus zur Ausbildung, zum Studium, schließlich in den Beruf. Aus Hänschen wird Hans. Liebesbeziehungen beginnen – ungeordnet, wie sie heute sind.

Der Fokus der Existenz der Mutter muss wieder verlegt werden, weg von den Kindern, zurück zum Eigenen. Gut, wenn man als Mutter die neue Lebensphase mit Energie und Freude ergreifen kann. Und doch bleiben die Antennen immer auf den Kindersender eingestellt.

Kleine Kinder, kleine Sorgen, große Kinder, große Sorgen. Irgendwann müssen Eltern begreifen, dass es vorbei ist mit dem Erziehen, ein für alle Mal. Auch die Sorgen tun den Kindern nicht gut, was sie brauchen, ist Zuversicht und Vertrauen, dass sie es schon gut machen werden. Wohl den Eltern, die ihre Sorgen in Gebet verwandeln können!

Schließlich, vielleicht, Heirat und Hochzeit. Der Sohn, die Tochter „verlässt Vater und Mutter und sie werden ein Fleisch". Selbst wenn der Eheschließung eine jahrelange Liebesbeziehung vorausgegangen ist, wird nun doch alles anders. Das neue „Wir" von Sohn und Schwiegertochter oder Tochter und Schwiegersohn hat nun eine feste Außenhaut. Die Eltern rücken endgültig an die Peripherie.

Elternsein ist eine ständige und immer tiefere Übung des Loslassens, die nie aufhört – ein nie endender Läuterungsprozess der Liebe.

Welches Glück, wenn ein Enkelkind geboren wird! Es setzt im Familiensystem Liebe frei, die riesengroße Freude, dass das Leben wieder ganz neu beginnt. Das Kind ist wie ein Magnet im Herzen der Familie, das die nach außen strebenden Kräfte wieder nach innen richtet. Bilder und Nachrichten über die Errungenschaften des Kindes werden herumgeschickt und wirken wie ein Bewässerungsstrom mit Lebensfreude. Für die Großeltern, insbesondere die Großmutter, beginnt die nächste Phase des Loslassens. Sie muss lernen, mit Ratschlägen sparsam zu sein. Die Weitergabe von Mutterkompetenz über die Generationen ist nicht mehr gefragt. Junge Mütter informieren sich aus Büchern, bei Ärzten und im Internet. Schweigen, Schenken und Schlucken ist die Devise erfahrener Großmütter.

All das sind Lektionen der Liebe, die jeder zu lernen hat im Eltern-Curriculum des Lebens. Wenn die Bindung am Anfang tief und unauflöslich im Herzen vor Anker gegangen ist, dann gibt es kein Ausweichen: Entweder Wachsen in der

Liebe, Wachsen in der Selbstlosigkeit, Wachsen im Verzeihen – oder Wachsen von Unglück, Traurigkeit und Depression. Der Kampfplatz ist die Familie. Es gibt kein Modell, welches uns von diesem Kampf entbinden könnte. Es gibt nur immer wieder die Entscheidung für die Liebe.

6.

Die Kinderkrippe – Sozialismus 2.0

Die Entwertung der Mutterschaft ist Diskriminierung der wichtigsten, der unaufgebbarsten Aufgabe zum Überleben als Gemeinwesen und zur Hoffnung auf Zukunft. Sie ist Vernichtung seiner zentralen Kernzelle und damit ein selbstmörderischer Plan.

Christa Meves

Im Juni 2019 veröffentlichte UNICEF, das Kinderhilfswerk der Vereinten Nationen, eine Rangliste der „Kinderfreundlichkeit" der 31 reichsten Länder. Die Kriterien für Kinderfreundlichkeit sind: Dauer der Elternzeit bei vollem Gehalt und bezahlbare Kinderbetreuung „von der Geburt bis zur Einschulung". Zwischen dem Ende der Elternzeit (UNICEF fordert sechs Monate) und dem Beginn einer bezahlbaren Kinderbetreuung („ab der Geburt") soll es keine Lücken geben, damit „Kinder sich bestmöglich entwickeln können". UNICEF-Exekutivdirektorin Henrietta Fore sagt:

> Keine Phase ist wichtiger für die Entwicklung des Gehirns – und somit die Zukunft von Kindern – als die frühe Kindheit. Wir brauchen Regierungen, die Eltern dabei unterstützen, ein Umfeld zu schaffen, in dem Kinder sich gut entwickeln können.[81]

Wie wahr! Keine Phase im Leben des Menschen ist prägender für den Rest seines Lebens als die ersten drei Jahre. Deswegen brauchen wir in der Tat Regierungen, die Eltern dabei unterstützen, ein Umfeld zu schaffen, in dem Kinder sich gut entwickeln können.

Aber können sich Kinder gut entwickeln, wenn die Mütter bereits im ersten Lebensjahr ihres Kindes in die Erwerbsarbeit zurückkehren und die Säuglinge ab sechs Monaten in

Bis zur global orchestrierten Krippenoffensive der Politik galt kollektive Fremdbetreuung von Kleinkindern unter drei Jahren in westlichen Ländern als ein kommunistischer Irrweg zur Schaffung des sozialistischen Menschen.

kollektive Fremdbetreuung kommen? Die Verfügbarkeit von Kinderkrippen ist für das Kinderhilfswerk der Vereinten Nationen das entscheidende Kriterium für die „Familienfreundlichkeit" eines Landes. UN, EU und die Regierungen der meisten wohlhabenden Länder sind sich einig: Kinder gehören ab dem Säuglingsalter in fremde Betreuerhände. Dem widersprechen Bindungsforscher, Gehirnforscher, Kinderärzte, Kinderpsychologen und Sozialwissenschaftler. Sie weisen nach: Die Kinder können durch zu frühe Fremdbetreuung psychisch und physisch langfristig geschädigt werden.

Bis zur global orchestrierten Krippenoffensive der Politik galt kollektive Fremdbetreuung von Kleinkindern unter drei Jahren in westlichen Ländern als ein kommunistischer Irrweg zur Schaffung des sozialistischen Menschen. Dieser sollte sich widerstandslos ins Kollektiv einordnen und so zum Träger der kommunistischen Revolution werden. Bindung an die Familie war dafür das größte Hindernis. Bereits im *Kommunistischen Manifest* von 1848 wurde die Zerstörung der Familie als Bedingung für die Schaffung der klassenlosen Gesellschaft propagiert. Die Eingliederung der Frau in den Produktionsprozess und die möglichst frühe staatliche Kollektivierung der Kinder war der Schlüssel für die Verwirklichung des sozialistischen Utopias.

Hundertfünfzig Jahre später haben die westlichen Länder nachgezogen. Das Vokabular hat sich verändert. Es geht nicht mehr um die „klassenlose Gesellschaft" des totalitären Arbeiterstaates, sondern um die „Vereinbarkeit von Familie und Beruf", um „frühkindliche Bildung", um „Chancengleichheit". Dafür wurde das Wort „Krippe" in Beschlag genommen – ein genialer Schachzug derer, die heute die Familie als größtes Hindernis für das postmoderne Gleichheitsparadies betrachten, denn das Wort „Krippe" weckt selbst in einer entchristlichten Kultur noch weihnachtliche Gefühle familiärer Geborgenheit.

Die Krippenoffensive

In Deutschland war es Ursula von der Leyen, Familienministerin von 2005 bis 2009, die die flächendeckende Einrichtung von Kinderkrippen mit Unterstützung von SPD, Linken, Grünen und Wirtschaftsverbänden – ohne Widerstand der Kirchen durchsetzte.

Verkauft wurde das Projekt als „Wahlfreiheit" für die Mütter. Klar: Wenn es keine Krippen gibt, können Mütter ihr Kind nicht in die Krippe geben. Aber wenn der Krippenplatz vom Staat mit mindestens 1000 Euro pro Kind und Monat subventioniert wird und die Mutter für häusliche Betreuung leer ausgeht, dann ist die Wahlfreiheit nichts als Sand, der den Frauen in die Augen gestreut wird. Wahlfreiheit bestünde nur, wenn auch Mütter, die zu Hause bei ihren kleinen Kindern bleiben, eine angemessene staatliche Unterstützung bekämen. Aber das Betreuungsgeld wurde als „Herdprämie" diffamiert und vom Bund nicht realisiert. Die machtlosen Stimmen, die vor diesem Großexperiment mit der nächsten Generation warnten, wurden und werden lächerlich gemacht und ausgegrenzt.[82]*

In wenigen Jahren wurden Hunderttausende von Kinderkrippen aus dem Boden gestampft. Um Nägel mit Köpfen zu machen und die Kommunen zur Einrichtung von Kinderkrippen zu zwingen, schaffte Ursula von der Leyen 2013 einen Rechtsanspruch auf einen Krippenplatz.

Der „Rechtsanspruch" ist die Trumpfkarte, um Maßnahmen durchzusetzen, die tief in die gesellschaftliche Ordnung eingreifen. Es braucht in einem Dorf nur *eine* Mutter einen Krippenplatz verlangen und die Gemeinde ist genötigt, eine Krippe zu bauen. Damit sie finanzierbar wird, muss sie dann dafür sorgen, dass die Krippe voll wird.

Der Erfolg: 2007 lag die Betreuungsquote der Unterdreijährigen bei 15 Prozent, das sind 320.000 Kinder, 2017 bei 33 Prozent, das sind 760.000 Kinder. (Die Quote variiert zwischen alten und neuen Bundesländern um bis zu 30 Prozent.) 2018 waren es bereits 790.000 Kinder.[83] Die geballte politische und mediale Macht hat es geschafft, innerhalb von zehn Jahren mehr als ein Drittel aller Mütter von kleinen Kindern dazu zu bringen, ihr Kind, das sie neun Monate lang in ihrem Leib getragen haben und auf dessen körperliches und seelisches Wohlbefinden sie mit allen Fasern ihrer Existenz eingestellt sind, morgens an einer Tür abzugeben und nach vier, sechs oder acht Stunden wieder zu holen.

Natürlicherweise beschützen Mütter ihre kleinen Kinder, wenn ihnen Gefahr droht. Das ist keine Frage des Mutes, sondern des Instinkts. Den lebenssichernden Instinkt zu schwächen, ist das Werk des jahrzehntelangen feministischen Trommelfeuers gegen die Mutter.

Wie konnte das gelingen? Zwei Faktoren sind besonders hervorzuheben: die feministische Abwertung der Mutterschaft und der Arbeitskräftemangel in der Wirtschaft.

Natürlicherweise beschützen Mütter ihre kleinen Kinder, wenn ihnen Gefahr droht. Das ist keine Frage des Mutes, sondern des Instinkts. Den lebenssichernden Instinkt zu schwächen, ist das Werk des jahrzehntelangen feministischen Trommelfeuers gegen die Mutter. Der radikale Feminismus, ausgerufen von Simone de Beauvoir („Raus aus der Sklaverei der Mutterschaft!"), kämpft gegen den Mann, gegen die Mutter, gegen das Kind und für ein „Menschenrecht" auf Abtreibung. Die ehelose, kinderlose, sexuell vielfältige Frau, die unbedingt per Quote in die Chefetagen möchte, redet von Gleichheit, will aber Macht. Das geht nicht zusammen mit Schwangerschaft, Stillen, Fürsorge für ein kleines Menschenkind – eine Aufgabe, für welche die biologische Mutter von der Natur ausgerüstet ist wie niemand sonst. Der „Frauenbefreiung" verdanken es Frauen, dass sie nur etwas gelten, wenn sie für ihre Arbeit entlohnt werden. Für Kinder zu sorgen, gilt nicht als Arbeit. Die Mutter, die es tut, bekommt keine Anerkennung, keine finanzielle Entlastung und keine angemessene Anrechnung auf die Altersversorgung, obwohl sie das Wichtigste überhaupt tut: Sie schenkt Kindern das Leben, die nicht nur die Renten der immer älter werdenden Bevölkerung erarbeiten werden, sondern von denen die Zukunft der gesamten Gesellschaft abhängt, von ihrer schieren Existenz, von der Entfaltung ihrer Fähigkeiten und ihren charakterlichen Eigenschaften.

Auf diesem feministisch durchpflügten Boden konnten die Samen der Krippenpropaganda leicht aufgehen:

- Du musst dich selbst verwirklichen.
- Nur durch bezahlte Arbeit bist du etwas wert.
- Kinder und Beruf sind vereinbar, wenn du dein Kind in die Krippe gibst.
- Kleine Kinder brauchen Bildung.
- Professionelle Betreuerinnen können es besser als du.

Wirklich? Sehen wir näher hin.[84]* Das zentrale Existenzproblem der meisten westlichen Länder ist die demografische Krise. Es werden weit weniger Kinder geboren, als für den Erhalt der bestehenden Bevölkerung notwendig sind. Die Alterspyramide ist im Begriff, sich in einen Pilz zu verwandeln – der Anteil der alten Menschen nimmt immer mehr zu, der Anteil der jungen Menschen nimmt ab. Das Berlin-Institut für Bevölkerung und Entwicklung macht mit drastischen Worten auf den Wandel aufmerksam: „In einigen Landkreisen dürften im Jahr 2035 auf eine Geburt vier Beerdigungen kommen. Vielerorts dürften sich die Bewohner künftig somit eher beim Leichenschmaus begegnen als bei der Einschulung ihrer Enkel."[85] Der demografische Wandel führt zu einem Arbeitskräftemangel in der Wirtschaft, der durch Masseneinwanderung unzureichend qualifizierter Arbeitskräfte nicht behoben werden kann – von der Auflösung der überlieferten Kultur ganz zu schweigen. In dem viel beachteten FAZ-Artikel *Die dunkle Seite der Kindheit* erläutert Kinder- und Jugendarzt Dr. Rainer Böhm die Interessenlage der Wirtschaft:

> Die deutsche „Krippenoffensive" geht wesentlich auf die massive politische und publizistische Lobbyarbeit von Wirtschaftsverbänden zurück, die angesichts der demografischen Entwicklung versuchen, Arbeitskraftreserven auch unter jungen Eltern zu mobilisieren. So wird etwa in Publikationen wirtschaftsnaher Institute versucht, den Begriff „Familienfreundlichkeit" wesentlich über das Angebot an Krippenbetreuungsplätzen zu definieren.[86]

Frauen für einige Jahre aus der betrieblichen Produktivität zu entlassen und ihnen den Arbeitsplatz zu sichern, kommt teuer. Also müssen sie dazu gebracht werden, etwas zu tun, was ihrem Wesen widerspricht: sich von dem kleinen Kind, mit dem sie schwanger waren und das sie geboren haben, losreißen, es in fremde Hände geben und so schnell wie möglich in die Erwerbsarbeit zurückkehren. Das stopft ein wenig das demografische Loch, spart den Arbeitgebern Kosten und schlägt sich positiv bei Steuereinnahmen und Sozialabgaben nieder. Wie macht man der Mutter das schmackhaft?

1. Man wertet die Mutter und die Arbeit der Mutter ab und redet ihr ein, dass „Selbstverwirklichung" im Beruf ihr höchstes Glück sei. „Was, du arbeitest nicht?" oder „Was machen Sie beruflich?" sind die üblichen Fragen an eine Mutter, die rund um die Uhr alles gibt, um für ihre Kinder zu sorgen. Sie braucht seelische Standfestigkeit, um bei solchen Fragen kein Minderwertigkeitsgefühl zu bekommen.

2. Man suggeriert ihr die „Vereinbarkeit von Familie und Beruf", wenn sie ihre Kinder so schnell wie möglich nach der Geburt in die Krippe gibt. In Wahrheit wird ein Hyperstress-System etabliert, das massenhaft krank macht. Dies soll laut Krippenpropaganda sogar die Geburtenrate erhöhen – eine sonderbare Logik: Wenn du dich nach der Geburt möglichst schnell von deinem Kind trennen kannst, dann wird das ein Anreiz für dich sein, weitere Kinder zu bekommen. Der Demograf Herwig Birg spottet: „Wahrscheinlich ist die statistische Korrelation zwischen der Geburtenrate und der Zahl der Störche höher als der behauptete Zusammenhang mit der Frauenerwerbsquote."[87]

3. Man setzt die Eltern, die sich gegen staatliche Früherziehung entscheiden, finanziell unter Druck: Die Krippe wird mit ca. 1000 Euro Steuergeldern monatlich subventioniert. Wenn die Mutter Erwerbsarbeit macht, erwirbt sie Rentenansprüche. Betreut sie ihr Kleinkind selbst, bekommt sie nach einem Jahr Elterngeld gar nichts.[88*] Mit oder ohne Krippe sind die meisten Familien auf zwei Einkommen angewiesen, denn im reichen Deutschland sind Familien ab drei Kindern statistisch armutsgefährdet. 25 % aller Familien mit drei und mehr Kindern und 42 % der Alleinerziehenden müssen mit weniger als 60 % des mittleren gesellschaftlichen Einkommens auskommen.[89]

Durch die kollektive Fremdbetreuung kleiner Kinder soll „Chancengleichheit" oder „Chancengerechtigkeit" hergestellt werden. Das Familienministerium sagt:

> Alle Kinder sollen die gleichen Chancen haben, zu entdecken, was in ihnen steckt, und ihre Talente zu entfalten. Die frühe Förderung von Kindern in der Kinderbetreuung leistet einen wichtigen Beitrag zur Chancengerechtigkeit. Und sie soll zu gleichwertigen Lebensverhältnissen beitragen: in Ost und West, auf dem Land und in Städten, in wohlhabenden und ärmeren Regionen.[90]

Das Bundesamt für Statistik stößt ins gleiche Horn:

> Eine gute Kinderbetreuung und damit eine frühe Förderung für alle Kinder gehören zu den zentralen Zukunftsaufgaben in Deutschland. Sie sind wichtige Faktoren für die Entwicklung und auch die Chancengleichheit der Kinder. Ein bundesweit bedarfsgerechtes und qualitativ gutes Angebot an Betreuungsplätzen zu schaffen – insbesondere für Kinder unter drei Jahren – ist gemeinsames Ziel von Bund, Ländern und Kommunen.

„Gute Kinderbetreuung", „frühe Förderung", „zentrale Zukunftsaufgabe", „Chancengleichheit", „bedarfsgerecht", „qualitativ gut" – wer kann diesem Füllhorn an Verheißungen widerstehen, das der Staat über den Eltern auszugießen verspricht?

Familienministerin Franziska Giffey, die gerne die gesetzliche *Kita-Pflicht* ab 3 Jahren durchsetzen möchte, hat 2019 das „Gute-Kita-Gesetz" eingeführt. 5,5 Milliarden Euro erhalten die Länder vom Bund bis 2022 und können von diesen nach Bedarf Gebrauch machen. Es dürfte davon nicht viel in die Qualitätsver-

> *Durch kollektive Fremdbetreuung kleiner Kinder entsteht nicht Chancengleichheit, vielmehr eine existenzielle Chancenungleichheit zwischen Kindern, die in familiärer Geborgenheit und liebevoller Fürsorge bei Mutter und Vater aufwachsen, und jenen, die ihre Mutter bereits als Kleinkind entbehren müssen.*

besserung fließen, denn die Milliarden sollen auch dafür verwendet werden, Familien, die Sozialleistungen beziehen, ganz von Kita-Beiträgen zu befreien. Das Ministerium sagt, 1,2 Millionen Kinder hätten darauf einen Anspruch. Allein dadurch entsteht ein Bedarf, der die 5,5 Milliarden um ein Vielfaches übersteigt.

Für den Betreuungsschlüssel und die tägliche Betreuungsdauer werden keine Qualitätskriterien festgelegt. Personalmangel wird durch Hilfskräfte und Praktikantinnen ausgeglichen – oder auch nicht, dann muss eine Betreuerin halt auch mal mit zehn Kleinkindern zurechtkommen. Körperliche Nähe, Augenkontakt, Ansprache und sofortige Reaktion auf die Bedürfnisse des Säuglings ist beim besten Willen unmöglich.

Am 1. März 2018 wurden bundesweit 790.000 Kinder unter drei Jahren (37 % aller Kinder dieses Alters) und 2,4 Millionen Kinder zwischen drei und sechs Jahren (93 %) in einer Kindertagesstätte betreut. Um die 3.190.000 Kinder kümmern sich 621.000 Betreuer und Betreuerinnen, damit kommen 5,1 Kinder auf eine Betreuerin – die hohen Krankheitsausfälle und die Urlaubszeiten sind darin nicht berücksichtigt.[91]

Das Gute-Kita-Gesetz soll die Krippendichte ausbauen und ein „bedarfsgerechtes Angebot für Eltern in Schichtarbeit durch längere Öffnungszeiten der Kitas" schaffen – die Tagesstätten sollen also zu Nachtstätten erweitert werden. Durch solche Maßnahmen wird keine Kita gut, vielmehr wird die Schädigung der Kinder durch den Ausbau staatlicher Kleinkindbetreuung weiter vorangetrieben.

Durch kollektive Fremdbetreuung kleiner Kinder entsteht nicht Chancengleichheit, vielmehr eine existenzielle Chancenungleichheit zwischen Kindern, die in familiärer Geborgenheit und liebevoller Fürsorge bei Mutter und Vater aufwachsen, und jenen, die ihre Mutter bereits als Kleinkind entbehren müssen.

Bindung statt Bildung

Was brauchen Kinder, um gut lernen zu können? Jeder kann diese Frage aus eigener Erfahrung beantworten, ganz ohne sich in wissenschaftliche Lerntheorien zu vertiefen. Wir brauchen das Gefühl, sicher und geborgen und angenommen zu sein. Niemand kann dieses Gefühl in den ersten drei Jahren so gut vermitteln wie die Mutter: dasselbe Gesicht, dieselbe Stimme, derselbe Geruch, die zärtliche Berührung, ihr ständiges Dasein und ihre unmittelbare Reaktion – mit einem Wort: *Bindung an eine Person*. Notfalls, in der Not der Entbehrung der eigenen Mutter, kann es auch eine andere Person sein, sofern sie stabil und liebevoll verfügbar ist.

Die renommierten Bindungsforscher Sir Richard Bowlby (UK), Allan Shore (USA) und Steve Biddulph (Australien) und viele andere weisen wissenschaftlich nach: Je sicherer sich das Kind fühlt, umso neugieriger und mutiger erkundet es die Welt und umso früher erweitert sich der Kreis der Personen, zu denen es Vertrauen hat. Sichere Bindung in der Kleinkindzeit schafft Urvertrauen. Ohne sichere Bindung kein Urvertrauen, ohne Urvertrauen eine tiefe, lebenslange Labilität auf dem Grund der Persönlichkeit.

KLEINE KINDER BRAUCHEN BINDUNG, NICHT BILDUNG

Bildung und Erziehung sind überhaupt erst möglich, wenn das Gehirn im vierten Lebensjahr eine gewisse Reifestufe erlangt hat (Ausbildung des präfrontalen Cortex), und diese Reife erlangt es dann am besten, wenn es sich geborgen und geliebt weiß. Ist das nicht Fall, so ändert sich sogar die physische Beschaffenheit des Gehirns: Der Hippocampus, welcher die Lern- und Gedächtnisprozesse steuert, ist bei Teenagern, die frühzeitig und ganztags in Fremdbetreuung gegeben wurden, kleiner als bei Kindern, die von ihren Eltern betreut wurden.[92] Der in der DDR aufgewachsene Psychiater Hans-Joachim Maaz, der die verheerenden seelischen Auswirkungen der frühen, ganztägigen, kollektiven Krippenbetreuung aus eigener Erfahrung und Forschung kennt, schreibt:

> Entwicklungspsychologie, Bindungsforschung, Säuglingsforschung, Hirnforschung sind sich in einer zentralen Erkenntnis einig, dass die Qualität der frühen Beziehungsgestaltung mit dem Kind entscheidend für dessen Persönlichkeitsentwicklung ist. Das gestattet die gesicherte Aussage, dass es bei der Betreuung von Kindern nicht um Erziehung, sondern um Beziehung gehen muss. Kinder unter 3 Jahren können nicht erzogen werden.[93]

Sie können auch noch keine Beziehung zu anderen Kindern ihres Alters aufnehmen. Das Kind hat, wenn es nach UNICEF-Empfehlung mit einem halben Jahr in die Krippe kommt, noch keine Selbstwahrnehmung, kein Zeitgefühl, kann noch nicht sprechen oder gar „ich" sagen. Wie sollte es dann zu einem anderen Kind in Beziehung treten können? Das kleine Kind braucht eine feste Bezugsperson, im Normalfall die eigene Mutter, ein vertrautes Umfeld und Menschen, die auf seine Schmerzäußerungen reagieren, mit ihm sprechen und seine Errungenschaften wahrnehmen und beklatschen.

Um den Übergang vom sicheren Zuhause in Seh-, Hör-, Riech- und Tastweite der Mutter (und des Vaters und der Geschwister und der Oma und dem Opa und der Katze) abzufedern, gewährt man dem Kind eine Eingewöhnungszeit, die von einigen Tagen bis zu einigen Wochen dauern kann. Das Kind soll mit der Mutter die neue Umgebung kennenlernen und sich möglichst schnell an eine Erzieherin „binden". Das tun aber die wenigsten kleinen Kinder. Sie weinen, schreien, klammern, wimmern. „Da muss das Kind eben durch!" ist der Satz, der Eltern suggerieren soll, das wäre ganz normal und würde sich geben. Aber es gibt sich nicht, außer das Kind resigniert, weil niemand auf seine Leidensäußerungen reagiert. Jeden Morgen muss das Kind erneut durch den Trennungsschmerz.

Es muss nun mit den anderen Kindern um die Aufmerksamkeit und den Körperkontakt mit der Betreuerin kämpfen, auf den es existenziell angewiesen ist. Ist es ein Kind, das hübsch und sympathisch ist, das sich holt, was es braucht, oder ein introvertiertes, das schnell aufgibt? Gibt es überhaupt eine konstante Bezugsperson für das Kind? Betreuerinnen wechseln, gehen in Urlaub und werden – wie die Kinder – häufig krank. Für ein Kleinkind, das erst im zweiten Lebensjahr allmählich ein Zeitgefühl entwickelt, heißt das, nicht nur die eigene Mutter ist weg, sondern auch die Ersatzperson. Das Kind kann in ein Gefühl hoffnungsloser Verlassenheit stürzen.

Kleine Kinder bekommen nicht, was sie brauchen, wenn sie unter drei Jahren in kollektive Fremdbetreuung gegeben werden. Ihr Urvertrauen bekommt einen Knacks. Wie tief und wie groß der Knacks sein wird, hängt von vielen Faktoren ab, auch von der „Resilienz" des Kindes. Sicher ist, dass kein Kind zwischen null und drei Jahren von sich aus die Mutter verlassen und durch fremde Erzieherinnen und eine Gruppe gleichaltriger fremder Kinder ersetzen würde, wenn es gefragt würde. Aber es wird nicht gefragt und es kann nicht für seine existenziellen Bedürfnisse eintreten. Es kann nur weinen, schreien, nicht schlafen, nicht essen, nicht spielen, schlagen, beißen, apathisch werden, mit traurigen leeren Augen vor sich hinschauen und krank werden.

Methodisch seriöse Studien[94] über die langfristige Auswirkung frühkindlicher Fremdbetreuung zeigen Folgen, die sich niemand wünschen kann:

- Kinder, die vor ihrem dritten Lebensjahr außerfamiliär betreut wurden, zeigen im Jugendalter vermehrt Verhaltensauffälligkeiten.
- Je länger ein Kind pro Tag in der Krippe war, umso aggressiver wird es. Das ist weitgehend unabhängig von der Betreuungsqualität. Mit 15 Jahren neigen die Kinder vermehrt zu impulsiv-risikoreichem Verhalten.[95]
- Krippenkinder haben im Jugendalter
  - ein höheres Risiko, Straftaten zu begehen
  - sind öfter krank
  - haben weniger Lebenszufriedenheit
  - fallen bei früher vielstündiger Krippenbetreuung durch Aggressionen, Ungehorsam, Unbeherrschtheit und Gewalttätigkeit auf.[96]
- Kinder, die keine Bindungsperson finden, wenden sich wahllos Erwachsenen zu, um sich ein wenig körperliche Geborgenheit zu holen. Die natürlichen Schutzimpulse des Kindes vor Grenzüberschreitungen durch Erwachsene werden so außer Kraft gesetzt – in Zeiten des massenhaften sexuellen Missbrauchs ein alarmierendes Symptom.[97]

Sicher gebundene Kinder haben hingegen große Vorteile im Leben:

- Sie haben eine größere Fähigkeit zur Selbststeuerung, rasten bei Widrigkeiten nicht sofort aus und können leidvolle Situationen besser ertragen.
- Sie können langfristige Ziele verfolgen, d. h. sie können auf die sofortige Befriedigung von Bedürfnissen verzichten, um ein größeres Ziel zu erreichen.
- Sie sind weniger anfällig für Drogen.
- Sie erreichen ein höheres Bildungsniveau.

Kleine Kinder bekommen nicht, was sie brauchen, wenn sie unter drei Jahren in kollektive Fremdbetreuung gegeben werden. Ihr Urvertrauen bekommt einen Knacks.

- Sie neigen weniger zu Fettleibigkeit.
- Sie sind belastbarer und anpassungsfähiger bei der Bewältigung zwischenmenschlicher Probleme.
- Sie können nahe Beziehungen länger aufrechterhalten.[98]

Die Sprachentwicklung ist auf Bindung angewiesen. Nur der Mensch hat die Fähigkeit, die Welt in Begriffen zu symbolisieren und mittels hochkomplexer, immer in Entwicklung begriffener Sprache mit anderen zu kommunizieren. Wer die Sprachentwicklung eines Kindes miterlebt, kann über dieses Wunder nur staunen.

Das Kind lernt das Sprechen von der Mutter. Bereits in den ersten Wochen fängt das Baby an, Laute zu bilden und diese Laute seiner Mutter von den Lippen abzulesen. Es fühlt sich sicher, wenn es ihre Stimme nach der Geburt wiedererkennt und durch die Sicherheitsleine der „Ammensprache" mit ihr in ständiger Verbindung bleibt. (Die nuancenreiche Ausdrucksfähigkeit in der *Muttersprache* kann in einer gelernten Fremdsprache so gut wie nie erreicht werden.) Bedingung für das Erlernen differenzierter sprachlicher Ausdrucksfähigkeit ist, dass die Mutter da ist und mit ihm spricht. In der Krippe liegt die direkte Zuwendung mit Körper- und Augenkontakt in der Regel bei maximal dreißig Minuten am Tag. Das Kind ist in einer Gruppe von Gleichaltrigen, die ebenfalls nicht sprechen können und ebenfalls ihre Mutter entbehren, und es herrscht ohrenbetäubender Lärm.

So ist es nicht erstaunlich, dass immer mehr Kinder bereits mit Sprachstörungen in den Kindergarten und die Grundschule kommen. 16 % aller Jungen und Mädchen zwischen 0 und 17 Jahren haben Sprach- und Sprechstörungen; bei den Fünfjährigen sind 42 % der Jungen und 30 % der Mädchen betroffen.[99] Soziale Ursachen, vor allem auch die Bildschirmnutzung (s. Kapitel 11), sind dabei weitaus häufiger als medizinische. In den vergangenen zehn Jahren hat sich nach Angaben der AOK die Zahl der diagnostizierten Entwicklungsstörungen bei Kindern zwischen fünf und sieben Jahren um 26,5 Prozent erhöht. 82 % betreffen die Sprech- und Sprachentwicklung.[100] Fast jeder vierte Erstklässler erhält Sprachtherapie.[101]

Der Hirnforscher Prof. Manfred Spreng warnt:

Ist nach der Geburt der so wichtige Aufbau und Erhalt der kommunikativen Bindung zwischen Mutter und Kind nicht ausreichend und lang genug gegeben, kann die Imitationsfähigkeit des Säuglings und Kleinkindes nicht voll zur Geltung kommen und es kommt durch Misserfolge frühkindlicher Lernprozesse zu Apathie (learned helplessness = gelernte Hilflosigkeit, eine Art frühkindlicher Resignationshaltung oder gar Depression).[102]

Dauerstress und Cortisol

Krippenkinder leiden unter Dauerstress, der sie psychisch und körperlich krank macht. Es gibt ein hochkomplexes Stresshormonsystem, welches, ausgehend vom Hypothalamus und der Hypophyse in der Nebennierenrinde, das Stresshormon Cortisol produziert. Der akute Cortisolspiegel kann leicht durch Speichelproben getestet werden (der langfristige durch Haarproben). In Rattenexperimenten wurde festgestellt, dass bei chronischer hoher Cortisol-Ausschüttung durch Dauerstress die Gedächtnisleistung und Lernfähigkeit abnahmen, weil das Gehirn keine Ruhephasen hatte, um sich regenerieren zu können. Das ist beim Menschen nicht anders.

Das normale Cortisol-Tagesprofil zeigt eine Erhöhung beim Aufwachen, einen kontinuierlichen Abfall während des Tages, bis es während der Nacht ganz absinkt und zur Ruhe kommt. Bei Krippenkindern dreht sich dieses normale Profil um: Der Cortisolspiegel hat morgens den niedrigsten Wert und steigt während des Tages an. Er geht auch in der Nacht nicht mehr in den Ruhezustand.

Dies ist keine vorübergehende Störung, die sich an krippenfreien Tagen oder im Urlaub wieder legen würde. Krippenkinder weisen bis zum Teenagealter noch einen erhöhten Cortisolspiegel auf, und zwar umso höher, je länger sie als Kleinkind außerhalb der Familie betreut wurden.

Die ständige Hyperaktivität des Stresshormonsystems kann zu dauerhaften Veränderungen im Gehirn führen, welche die Lern- und Gedächtnisleistung herabsetzen und in einen depressiven Zustand führen. Sie kann aber auch einen Trauma ähnlichen Zustand herbeiführen: Der Cortisolspiegel ist dann dauerhaft zu niedrig. Prof. Serge Sulz, Leiter des Centrums für Integrierte Psychotherapie (CIP), sagt in einem

Krippenkinder leiden unter Dauerstress, der sie psychisch und körperlich krank macht.

Vortrag mit dem Titel *Kinderkrippe als toxischer Dauerstress für Kinder*:

> Das ist das Ergebnis des völligen Sichaufgebens, des Erlebens von Unentrinnbarkeit und der Chancenlosigkeit jeglichen Handelns. Stress wird zwar erlebt, aber die (normalen) Kampf- oder Fluchthandlungen werden nicht mehr durch Cortisol angestoßen.[103]

Das sind dann die „pflegeleichten" Kinder, die sich „gut eingewöhnt" haben. Die *Wiener Krippenstudie* hat ergeben: Kinder, die im Alter von unter zwei Jahren in die Krippe kommen, zeigten nach fünf Monaten qualitativ durchschnittlicher Krippenbetreuung Cortisol-Tagesprofile vergleichbar mit den Werten, die in den 1990er-Jahren bei zweijährigen Kindern in rumänischen Waisenhäusern gemessen wurden.[104]

Das Kind ist in der Krippe einem getakteten Tagesablauf unterworfen. Zu festgesetzten Zeiten müssen die Kinder gleichzeitig essen, spielen, an die frische Luft, schlafen oder im Minutentakt gewickelt werden. Welche Betreuerin hat bei einer Gruppe von fünf oder mehr Kindern Zeit, auf die Bedürfnisse der einzelnen Kinder einzugehen, wie sehr sie das auch will? Dass sie es nicht kann, zehrt an ihren Kräften und macht sie unzufrieden. In einer Studie über die pädagogische Grundsituation in Kinderkrippen heißt es:

> Ein „unangepasstes" Verhalten, das beispielsweise durch Weinen, Schreien oder Trotzen, ausdruckslose Mimik, Zurückgezogenheit, zielloses Umherwandern, Vermeiden von Augenkontakt, Nicht-spielen-Können, Desinteresse an Spiel- und Spaß- sowie sonstigen Alltagsangeboten, aber auch durch das Verdrängen oder Verletzen von anderen Kindern wie auch von sich selbst, geäußert wird, stellt den Versuch dar, Kontakt zur Erziehungsperson aufzubauen. Das Kind versucht mit allen ihm verfügbaren Mitteln, auf sich aufmerksam zu machen, um dem genetisch programmierten Erfordernis einer sicheren Bindung nachzukommen. Häufig endet diese Art der Beziehungssuche jedoch abrupt. Da der Krippenalltag beeinträchtigt würde und die Gruppengrößen eine intensive Auseinandersetzung mit Einzelnen schlichtweg nicht zulassen, müssen die Erzieher eingreifen und versuchen, das „störende" Verhalten des Kindes schnellstmöglich zu unterbinden. Dass das Verhalten des Kindes eine Reaktion auf die mangelnde Fürsorge durch die Erzieher ist und ein unbedingtes existenzielles Bindungsbedürfnis ausdrückt, wird dabei übersehen.[105]

Wie stark ein Kind auf den „toxischen Dauerstress" in der Krippe (und im Kindergarten, s. Kapitel 8) reagiert, ist von vielen Faktoren abhängig. Die wichtigsten sind: die familiäre Situation (Bindung, Erziehungsverhalten, Vernachlässigung); das Alter des Kindes bei der Trennung von der Mutter; der Betreu-

*Der Lärmpegel in
Kinderkrippen ist so hoch,
dass der Arbeitgeber den
Erzieherinnen Gehörschutz zur
Verfügung stellen müsste*

ungsschlüssel; die Verfügbarkeit einer konstanten Bindungsperson in der Krippe und die Betreuungsdauer.[106]

Viele Kinder sind ganztägig in der Krippe. Morgens werden
sie früh aus dem Schlaf gerissen, abends warten sie, völlig erschöpft, auf ihre Mama. Sie haben ggf. mehrere Schichtwech-
sel der Betreuerinnen erlebt. Der Schmerz der Kinder, die als
letzte abgeholt werden, ist herzzerreißend. Wenn sie allein auf
ihrem Stühlchen sitzen und warten und warten und warten,
fürchten sie, dass sie für immer vergessen wurden. Wenn Mutter oder Vater endlich kommen, sind sie völlig erschöpft, wie
auch die Eltern nach ihrem Arbeitstag. Ihr Cortisolpegel wird
auch in der Nacht nicht mehr abfallen.

Nicht nur für die Kinder, sondern auch für die Betreuerinnen, ist der Krippenalltag hoch belastend. Sie können beim besten Willen den Anforderungen der Kinder und der Eltern nicht
gerecht werden und stehen selbst unter Dauerstress. Alle Eltern
wissen, wie schwer es ist, das Weinen und Schreien und Trotzen
von kleinen Kindern auszuhalten. In einer Krippe weinen meistens mehrere Kinder gleichzeitig, die Betreuerin hat gar nicht

die Möglichkeit, sich jedem Kind zuzuwenden. Wird sie liebevoll bleiben können oder schimpfen, drohen und strafen?

Der Lärmpegel in Kinderkrippen ist so hoch, dass der Arbeitgeber den Erzieherinnen Gehörschutz zur Verfügung stellen müsste, heißt es in einem Bericht über *Gesundheit in Kindertageseinrichtungen*.[107] Dies sei Mitursache zahlreicher psychosomatischer Beschwerden der Erzieherinnen. Ihnen fehle oft die Möglichkeit, sich auch nur kurzfristig aus der lärmintensiven Gruppenarbeit zurückzuziehen. Es treten die üblichen Stresssymptome auf: (Angespanntheit, Gereiztheit), psychosomatische Beschwerden (Magen-Darm- und Kreislaufprobleme, Kopfschmerzen) sowie bei länger andauernden Belastungen auch Arbeitsunzufriedenheit, Depressivität und das Burn-out-Syndrom. Als Belastungen werden weiter genannt „Konflikte mit den Eltern" und „zu geringe Anerkennung".

So reagieren erwachsene, ausgebildete Erzieherinnen auf den Krippenalltag. Kein Gedanke daran, wie es den Kindern geht, deren feine Öhrchen sich noch an die laute Welt gewöhnen müssen und die überhaupt keine Möglichkeit haben, sich aus „der lärmintensiven Gruppenarbeit" zurückzuziehen.

Jede Mutter weiß, welcher Stress es ist, auch nur für zwei Vorschulkinder zu sorgen, wie sehr es an den Nerven zehrt, wenn ein Kind weint und schreit, wenn es unzufrieden ist, nicht schläft, schlecht isst oder krank ist. Wie soll eine Krippenbetreuerin, die einen schlecht bezahlten Job macht und keine innere Bindung zu den Kindern hat, mit fünf oder mehr kleinen Kindern zurechtkommen, die in einen vorgegebenen Rhythmus gepresst werden müssen?

Erzieherinnen klagen darüber, dass sie Druck von den Eltern bekommen. Wenn etwas schief läuft mit dem Kind, dann müssen die Betreuerinnen daran schuld sein. Eltern wollen oft gar nicht so genau wissen, wie es in der Krippe zugeht und wie es ihrem Kind geht. Manche Erzieherinnen würden ein Kind, dem es nicht gut geht, am liebsten mit seiner Mutter wieder nach Hause schicken, aber dann bekämen sie Druck von der Leitung. Sie werden angehalten, den Eltern eher Schönes vom Tag zu berichten, um sie nicht zu beunruhigen.

Kinder zu erziehen, ist eine ständige charakterliche Herausforderung. Auch Mutter und Vater sind durchaus nicht immer liebevoll, geduldig und einfühlsam, aber normalerweise lieben sie ihr Kind, freuen sich an ihm, sind bereit, Opfer zu bringen. Die Mutter lebt in den ersten Jahren in einer feinfühligen, symbiotischen Einheit mit dem Kind. Soll wirklich eine fremde Person in diese intimste aller Beziehungen eindringen? Was hat sie für einen Charakter? Welche Wunden hat sie selbst in ihrer Seele aus ihrer Kindheit? Im Kontakt mit den unerfüllbaren Bedürfnissen der kleinen Kinder werden diese Wunden aufreißen. Keine noch so gute Ausbildung kann das verhindern.

Ist es verwunderlich, dass sowohl Kinder wie Erzieherinnen ständig von Infektionskrankheiten heimgesucht werden? Dauerstress bewirkt eine Schwächung des Immunsystems. Eine dänische Studie von 140.000 Kindern im Alter von 0–5 Jahren ergab, dass Krippenkinder etwa doppelt so häufig wegen akuten Atemwegsinfektionen stationär behandelt werden mussten wie Familienkinder.[108]

Und wie geht es den Eltern nach einem Arbeitstag, wenn sie das Kind abholen? Berufsarbeit ist kein Zuckerschlecken. Auch die Mutter (oder der Vater) ist gestresst. Eigentlich braucht sie jetzt einen erholsamen Feierabend. Aber sie nimmt ein trauriges, erschöpftes Kind in Empfang, das auf alle möglichen Weisen seine Unzufriedenheit zum Ausdruck bringt. Weder Mutter noch Kind sind in einer Verfassung, dass die wenige gemeinsame Zeit „quality time" sein kann, denn das kleine

Kind braucht quantity time, 24/7. Freude am Kind bei so viel Stress? Wie soll die Mutter, die ihr Kind viele Stunden am Tag nicht sieht, ihr Kind wirklich kennenlernen und die seismografische Feinfühligkeit zu ihm entwickeln? Sie und das Kind sind überfordert. Da kann sie leicht der Zweifel an ihrer mütterlichen Kompetenz beschleichen: Ob es die ausgebildete Erzieherin vielleicht doch besser kann als ich?, fragt sich die überanstrengte Mutter.

Niemand kann es im Normalfall so gut mit dem eigenen Kind wie die Mutter. Aber dafür braucht sie Zeit und Raum und seelische und materielle Sicherheit. Es ist eine politische Entscheidung zum Schaden der ganzen Gesellschaft, ihr diese nicht für die Kleinkindzeit zu gewähren und stattdessen das sozialistische System der Fremdbetreuung mit Milliarden zu subventionieren.

Am Institut von Prof. Sulz wurde eine Kinderkrippenampel mit 38 Kriterien für die Abschätzung des Krippenrisikos für Kinder entwickelt: Rot: Schadet Kindern. Gelb: Bedenklich. Grün: gut.[109] Fazit: 93 % der Kinderkrippen schaden den Kindern.

Viele Faktoren bestimmen, wie groß die Entbehrungen sind, die das Kind in der aufgezwungenen Fremde erleiden muss. Jeder Monat, den es später in die Krippe kommt, reduziert die Wahrscheinlichkeit seelischer Schäden. Und jede Stunde, die es kürzer in der Krippe ist, ebenfalls.[110]

Die Autoren raten: Keine Krippe in den ersten zwei Lebensjahren. Keine Ganztagskrippe in den ersten drei Lebensjahren. Keine Krippe mit mehr als zwei, höchstens drei Kindern pro Erzieherin! Keine wechselnden Bezugspersonen. Das heißt: Wenn die normale familiäre Situation – Mutter und ein oder zwei Geschwister – simuliert werden kann, dann trägt das Kind keinen Schaden davon, aber vielleicht wird es zu der Betreuerin „Mama" sagen. Will das eine Mutter?

Niemand kann es im Normalfall so gut mit dem eigenen Kind wie die Mutter. Aber dafür braucht sie Zeit und Raum und seelische und materielle Sicherheit.

Zu bedenken ist außerdem: Wenn sich das Kind unter günstigen Umständen an die Betreuerin gebunden hat, muss es sich wieder von ihr trennen, wenn es in den Kindergarten kommt. Ein dreijähriges Kind hat dann bereits zwei Trennungen von seinen wichtigsten Bezugspersonen durchlitten, die im Unbewussten seelische Narben hinterlassen: Kann ich jemandem vertrauen? Werde ich verlassen, wenn ich mich an jemanden binde? Wirst auch du mich verlassen? Das Urvertrauen ist beschädigt.

Die negativen Folgen frühkindlicher Fremdbetreuung treffen ganz besonders die Kinder von Alleinerziehenden. Rund 60 Prozent von ihnen sind Sozialhilfeempfängerinnen. Selbstverständlich müssen sie arbeiten und ihr Kind in die Krippe geben. Man bedenke: Eine alleinerziehende Mutter hat sich von ihrem Partner bald nach der Geburt des Kindes getrennt – eine traumatische Erfahrung für sie und das Kind. Nun muss sich das kleine Kind auch noch von der Mutter trennen und das oft ganztags, denn die Mutter muss Geld verdienen. Das Risiko für psychische Störungen bei Kindern von Alleinerziehenden ist, wie nicht anders zu erwarten, erheblich höher als bei Kindern, die bei Mutter und Vater aufwachsen. Es besteht die Gefahr, so das Ergebnis einer Studie, „dass sich das erhöhte Risiko für psychische Auffälligkeiten von Kindern Alleinerziehender und das Risiko bei außerfamiliärer frühkindlicher Betreuung nicht nur addiert, sondern eventuell sogar potenziert"[111].

Kinderkrippen sind ein institutionalisiertes Hyperstress-System für Kinder, Erzieherinnen und Eltern, das allen schadet. Michael Hüter, Kindheitsforscher und Autor, sagt:

Wenn wir die wissenschaftlichen Forschungserkenntnisse aus Neurobiologie, Psychologie, Anthropologie und Soziologie – aus der gesamten Kindheitsforschung, die wir derzeit haben –, berücksichtigen und ernst nehmen würden, müsste jede Krippe sofort geschlossen werden.[112]

Frühkindliche, kollektive Fremdbetreuung ist ein System, das die Herzen abstumpft: die Herzen der Kinder, deren Leid nicht gehört wird, das Herz der Mutter, die nicht auf ihr feinfühliges Radarsystem hören kann, und das Herz der Erzieherinnen, die bei bestem Willen die Mutter nicht ersetzen können. Das bedeutet: Die Erfahrung der Liebe am Anfang des Lebens wird brüchig. Im Kind entsteht ein tiefer Zweifel, ob es in dieser Welt willkommen ist, ob es den Menschen vertrauen kann, ob es sich überhaupt etwas zutrauen kann.

Aus Kindern werden Leute. Womit wird der Jugendliche das seelische Loch füllen, wenn er in die Pubertät kommt? Die Welt bietet ihm Alkohol, Drogen, Computerspiele, Internet, Handy und Sex an. Wird er stark genug sein, sich davon nicht verführen zu lassen und sich eigene Ziele setzen können? Wie

Kinderkrippen sind ein institutionalisiertes Hyperstress-System für Kinder, Erzieherinnen und Eltern, das allen schadet.

wird er sich als Erwachsener verhalten? Wird ihn ein tiefes Gefühl innerer Schwäche und Entbehrung in politische Radikalisierung treiben? Wird er sich in der Ehe binden wollen und können und ein guter Vater oder eine gute Mutter werden?

Die Persönlichkeitsschwächung eines Großteils der jungen Generation hat gesamtgesellschaftliche Konsequenzen. Eine internationale Arbeitsgruppe um den Ulmer Forscher Prof. Christian Bachmann hat erstmals die gesamtgesellschaftlichen Folgekosten untersucht, die entstehen, wenn Kinder keine gute Bindung zu den Eltern haben und in antisoziales Verhalten abrutschen. Der Titel der englischen Studie lautet: *The cost of love: financial consequences of insecure attachment in antisocial youth.* Eigentlich müsste es heißen: Die Kosten *fehlender* Liebe, denn die Studie zeigt die enormen Kosten, die für Wirtschaft und Gesellschaft durch unsichere Bindung bei antisozialen Jugendlichen entstehen.[113]

Und auch dies ist zu bedenken: Eltern werden alt. Dann sind sie die Bedürftigen, die nun selbst liebevolle Zuwendung brauchen. Jetzt ist es an den Kindern, Opfer zu bringen, um die Einsamkeit, Krankheit oder Demenz ihrer alten Eltern zu lindern. Warum sollten sie das tun, wenn das Liebesband in der frühen Kindheit zerrissen wurde? Werden sie das Fremden überlassen, die wie die Krippenbetreuerinnen vom Staat bezahlt werden?

Machen wir uns keine Illusionen: In einer post-christlichen Gesellschaft werden Euthanasie und Sterbehilfe – so wie schon jetzt in Belgien, den Niederlanden, Luxemburg, der Schweiz und Deutschland – zur Normalität, ja zu einem Akt vermeintlicher „Nächstenliebe" werden. Das Bundesverfassungsgericht hat für den neuen Geschäftszweig Hilfe zur Selbsttötung am Aschermittwoch 2020 alle juristischen Steine aus dem Weg geräumt.[114] Wer, wenn nicht die eigenen Kinder, wird die Eltern davor beschützen?

Wenn in der Kindheit, insbesondere in den ersten drei Jahren, ein festes Band zwischen Eltern und Kind geknüpft wurde, dann besteht die Chance, dass es auch in den Zerreißproben, die das Leben unweigerlich mit sich bringt, halten wird.

Kinderkrippen sind ein institutionalisiertes Hyperstress-System, das allen schadet: den Kindern, den Eltern, den Familien, der ganzen Gesellschaft. Deswegen:

SCHAFFT DIE KRIPPEN AB!

Das ist eine gänzlich unrealistische Forderung? Ja! Aber das soll kein Hindernis sein, die Forderung zu erheben. Alle großen kulturellen Errungenschaften haben mit gänzlich unrealistischen Forderungen begonnen. Die Zerstörung der Familie hat keine Zukunft. Starke Familien schaffen Zukunft.

7.

Stress und Sex im Kindergarten

Ein Hügel war's, wo ich im Gras
Zur Sommerzeit am liebsten saß
Als frohes Kind allein;
Weit um mich her die grüne Au'
Und über mir nur tiefes Blau
Und goldener Sonnenschein.

Julius Sturm

W as für ein schöner Name: *Kindergarten*. Ein Garten ist ein Ort des Friedens und der Erbauung, in dem ein Gärtner dafür sorgt, dass die Pflanzen alles bekommen, was sie brauchen, um aufzublühen und den Menschen zu erfreuen.

Was der Garten für die Blumen ist, sollte der Kindergarten für Kinder sein. Das jedenfalls war die Idee des Erfinders des Kindergartens, Friedrich Fröbel (1782–1852), ein Schüler des großen Pädagogen Johann Heinrich Pestalozzi. Ihnen ging es um eine naturgemäße Erziehung des Kindes, damit sich „die Kräfte des Kopfes (intellektuelle Kräfte), des Herzens (sittlich-religiöse Kräfte) und der Hand (handwerkliche Kräfte) in Harmonie entfalten". Lange vor den Bindungsforschern erkannte Fröbel die besondere Bedeutung der „Lebenseinigung" zwischen Mutter und Kind „in den Armen und auf dem Schoße der Mutter". Er schrieb „Mutter- und Koselieder", auf dass in der innigsten aller menschlichen Beziehungen der Strom zärtlicher Liebe fließe. Sie sind noch heute eine Fundgrube für Kindergärtnerinnen.

Das Zentrum seiner Pädagogik war das Spiel, denn er wusste:

> Ein Kind, das mit Ausdauer und ganzer Hingabe spielt, bis es erschöpft ist, wird ein zielstrebiger Erwachsener, der fähig ist, für sein eigenes Wohl und das von anderen Opfer zu bringen.[115]

Stress und Sex im Kindergarten

Das Kind lernt, indem es spielt. Mit geringen Hilfsmitteln spielt es in der Fantasie nach, was es erlebt – was die Großen tun, was sich in der Familie abspielt, was es ersehnt, was es erschreckt –, das Spiel ist für das Kind der Aneignungsprozess der Welt. Mühelos erschaffen Kinder die für sie wichtige Realität in Symbolen. Ein Kind, das sich sicher und geliebt fühlt, kann lange allein spielen und in Tränen ausbrechen, wenn es zur Einhaltung von Essens- oder Schlafenszeiten aus seiner selbst erschaffenen Welt herausgerissen wird.

Schaut man einem Kind in der Geborgenheit der häuslichen Umgebung beim Spielen zu, so sieht man, was es heißt, wenn jemand von innen geleitet ist.[116*]

Das Kind folgt den eigenen inneren Impulsen, verweilt bei dem, was sein Interesse weckt, taucht ein in seine Fantasiewelt. Wenn es das Glück hat, dass nicht ständig Radio oder Fernseher laufen, sind die Außenreize reduziert. Das seelisch gesunde Kind ist ein innengeleiteter Mensch, ein *free spirit*, ein freier Geist, der sich souverän in seiner Welt bewegt. Es ist für sein erwachsenes Umfeld, das durch Pflichten, Zwänge, Anpassung und Außensteuerung geprägt ist, eine lebendige Injektion von Freiheit.

Mit dem vollendeten dritten Lebensjahr ist ein gewisses Plateau erreicht: Beide Gehirnhälften sind voll funktionsfähig, das Kind sagt „ich" und signalisiert damit eine erste Stufe des Selbstgefühls als Person, es kann deswegen auch andere Personen als eigenständig wahrnehmen und in Kommunikation mit ihnen treten; es kann in der Regel seine Ausscheidungsorgane beherrschen; es hat ein gewisses Zeitgefühl entwickelt, sodass es Stunden des Getrenntseins von den primären Bezugspersonen als nicht bedrohlich einordnen und akzeptieren kann – kurzum, das Kind ist kindergartenreif, sofern es denn in den

*Das seelisch gesunde Kind
ist ein innengeleiteter Mensch,
ein free spirit, ein freier Geist,
der sich souverän in
seiner Welt bewegt. Es ist für
sein erwachsenes Umfeld,
das durch Pflichten, Zwänge,
Anpassung und Außensteuerung
geprägt ist, eine lebendige
Injektion von Freiheit.*

ersten drei Lebensjahren im Schonraum des häuslichen Umfeldes mit elterlicher Nähe gesättigt wurde.

Nun brauchen Kinder wirklich andere Kinder zum Spielen,
insbesondere die dreißig Prozent der Kinder, die als Einzelkin-
der aufwachsen. Mama kann, wenn das jüngste Kind so weit
ist, wieder halbtags arbeiten und das Kind bekommt, so hoffen die Eltern, vielfältige Anregungen, damit die zarte Knospe
Kind aufblühen kann bis zur Schulreife mit sechs Jahren. Wird
es im Kindergarten den Freiraum haben, um seine Spielfähigkeit weiterzuentwickeln? Sie ist eine entscheidende Voraussetzung für seine Schulfähigkeit.

Stress – der Feind des Spiels

Immer größer werden die Klagen über die Defizite der Schulanfänger und immer reduzierter die Spielfähigkeit der Kinder. (Zu den verhängnisvollen Auswirkungen des Medienkonsums siehe Kapitel 11.) Die Spielforschung zeigt, dass Kinder, die intensiv spielen können, besser mit ihren Gefühlen zurechtkommen (Affektkontrolle), besser mit anderen Kindern und Erwachsenen kommunizieren (soziale Kompetenz), bessere motorische Fähigkeiten haben, sich besser konzentrieren und besser lernen können.[117]

Die Parole, „Kinder brauchen Bildung", mit der bereits den Eltern von Kindern unter drei Jahren suggeriert wird, sie hätten nicht genügend Kompetenz für ihr kleines Kind, bestimmt immer mehr den Kindergartenalltag. Auf die Entwicklungsdefizite der Schulanfänger reagiert die öffentliche Kindergartenpädagogik mit Bildungsangeboten und -anforderungen. Das erzeugt Stress. Es gibt keinen größeren Feind des Spiels als Stress.

Im vertrauten Umfeld mit mehreren Geschwistern aufwachsen (nur noch 12 % der Familien haben drei Kinder und nur 4 % vier oder mehr Kinder), Herumtollen in der Natur, mit Nachbarskindern auf der Straße spielen, unverplante Zeit, Stille, Rückzugsmöglichkeiten, Essen und Schlafen im eigenen Rhythmus – das war einmal.

Entsprechen die heutigen Kindergärten noch dem Ideal eines geschützten Gartens, in dem das zarte, so verletzbare Pflänzchen Kind, das es mit drei bis sechs Jahren immer noch ist, gedeihen kann? Der Stress für Krippenkinder unter drei Jahren ist für sie traumatisch, aber auch für Kinder zwischen drei und sechs Jahren ist Stress „toxisch", vermindert die Lernfähigkeit und die kindliche Lebensfreude, führt zu psychischen

Störungen. „Gestresste Kinder lernen nicht", sagt Kinderarzt Herbert Renz-Polster, der diesen Satz gerne über jeden Kindergarten und jede Schule schreiben würde.[118] Sie lernen nicht, weil sie nicht die Muße haben, selbstbestimmt zu spielen. Stress äußert sich bei Kindern in Verhaltensauffälligkeiten und körperlichen Symptomen. Die Unfallkrankenkasse Baden-Württemberg stellt fest, dass schon „kleine Kinder heute mehr denn je unter Termin- und Leistungsdruck stehen. Pädagogische Fachkräfte berichten fast einhellig, dass Kinder heute unruhiger, aggressiver und insgesamt auffälliger seien als noch vor ein paar Jahren."[119] Die erfahrene Erzieherin Ilona Böhnke sagt:

Was Kindergartenkinder jede Woche leisten müssen, wäre bei Erwachsenen verboten. Der Tagesablauf der Kinder ist vollkommen durchgetaktet und das bei enormer Lautstärke und Hektik, die bei einer Gruppe von 25 Kindern Dauerzustand ist. Die Kinder müssen funktionieren, in den verschiedenen „Bildungsbereichen" Leistung erbringen. Wenn sie abgeholt werden, sind sie entweder total müde und fertig oder total überdreht. Kindheit, wie wir sie uns vorstellen, die gibt es nicht mehr.[120]

Ein Hauptstressfaktor ist der ständige Lärm. „Stille ernährt, der Lärm verbraucht", ist ein Ausspruch von Reinhold Schneider, welches der Verein Nestbau e. V. als Motto seiner Homepage voranstellt. Dort heißt es:

Selbst wenn alle Kinder einer Gruppe friedlich spielen, so ist der Geräuschpegel zu keiner Zeit mit dem aus dem häuslichen Umfeld zu vergleichen. Kinder sind nie leise. Hinzu kommen Ermahnungen und Erklärungen der Erzieher/innen, lautes Rufen und häufig auch Schreien und Weinen. Das ist sehr anstrengend und beeinflusst zudem auch die Sprachentwicklung: Die eigentlich wichtigen Sprachreize und Anregungen können aus der geräuschvollen Umwelt nur unzulänglich oder gar nicht gefiltert werden. Im Ergebnis sprechen die Kinder sehr undeutlich und verwaschen oder wenig.[121]

Wie sollen Kinder da ihrem eigenen Schlafbedürfnis und Schlafrhythmus folgen können? Ausreichender, tiefer und ungestörter Schlaf ist für die gesunde Entwicklung des Kindes unabdingbar. Fehlt er, kann der Stress nicht abgebaut werden und es kommt zu einer verminderten Produktion von Wachstumshormonen mit bedenklichen Folgen für die körperliche Entwicklung und die Ausreifung des Gehirns, sagt Gehirnforscher Dr. Manfred Spreng.[122]

Ein Recht auf Sex?

Die Bedürfnisse des Kindes kreisen um Essen, Schlafen, Spielen, liebevolle Zuwendung – sie kreisen nicht um Sex. Warum muss das gesagt werden? Weil im Zuge der „sexuellen Befreiung", die seit dem Durchbruch von 1968 immer weiter vorangetrieben wird, ein Recht des Kindes auf Sexualität proklamiert wird, welches Eltern und Erzieher angeblich zu erfüllen hätten.

Die sexuell befreiten Studenten von 1968 wollten auch die Kinder zum Sex befreien und forderten und praktizierten Sex vor Kindern, Sex mit Kindern, Sex unter Kindern. Die Partei *Die Grünen* setzte sich in den 1980er-Jahren für die Legalisierung von Sex zwischen Erwachsenen und Kindern ein.[123]* Daraus wurde nichts, aber aus der Sexualisierung der Kinder in Kindergarten und Schule durch staatliche Zwangsverordnung wurde viel. Die Sexualrevolutionäre von 1968 hatten freie Bahn. Außer der weitsichtigen Christa Meves stellte sich ihnen kaum jemand entgegen. Sie entlarvte die Sexualrevolutionäre bereits in den Siebzigerjahren und warnte unermüdlich vor den verhängnisvollen Folgen.[124] Die Kirchen hätten die Lehre von der Berufung zur ganzheitlichen Liebe verkünden und entschlossen Widerstand leisten müssen, aber sie taten es nicht und tun es nicht bis zum heutigen Tag.

Einer der wichtigsten Vorkämpfer der Kindersexualisierung war Helmut Kentler, der 1970 in seinem Buch *Sexualerziehung*[125] für Vorschulkinder empfiehlt:

- Masturbieren ab der Kleinkindzeit
- Aufweichung des Inzesttabus zwischen Eltern und Kindern
- Unterstützen von sexuellen Spielen im Kindergarten- und Schulalter

Helmut Kentler (1928–2008) war Experte und Gutachter in Gerichtsprozessen. Zur „Resozialisierung" überwies er straffällig gewordene Jungen in die Obhut pädophiler Männer, von denen sie dann sexuell missbraucht wurden. Kentler vertrat öffentlich die Meinung, dass dies ihrer Persönlichkeitsentwicklung dienlich wäre.

Kentler war kein Einzeltäter, sondern wirkte in einem breiten politisch-gesellschaftlichen Netzwerk, welches tief in die Elite Deutschlands hineinreichte und von der einflussreichen Humanistischen Union gestützt wurde. Der päderastische Sumpf des Eliteinternats Odenwaldschule war ein Ausfluss davon.

Von 1976 bis zu seiner Emeritierung 1996 war der professionelle Kinderverderber Professor an der Technischen Universität Hannover. Diese hat 23 Jahre später, im September 2019, einen Forschungsbericht über sein Wirken veröffentlicht. Im Geleitwort spricht Prof. Epping, Präsident der Universität, von „Schuld, die besonders schwer auf den beteiligten Institutionen und möglichen Mitwissern lastet. Die Leibniz Universität Hannover distanziert sich von der Bagatellisierung sexueller Gewalt an Kindern unter dem Deckmantel der Wissenschaft und verurteilt dieses Unrecht aufs Schärfste."[126]

Im Juni 2020 veröffentlichte die Universität Hildesheim eine weitere Studie zum Wirken Kentlers in der Berliner Kinder- und Jugendhilfe.[127] Die Forscher kommen zu dem Ergebnis, „dass es nicht nur um die Zeit zu Beginn der 1970er Jahre ging, sondern sich diese Form der Kindeswohlgefährdung in öffentlicher Verantwortung [!] und Kentlers Wirken letztlich auf drei Jahrzehnte Kinder- und Jugendhilfe in Berlin bezog".

Die amtliche Organisation von homosexuellem Kindesmissbrauch dauerte also bis ins dritte Jahrtausend und beschränkte sich keineswegs nur auf Berlin, sondern durch Kooperation u. a. mit Gerold Becker (Odenwaldschule) und „Heimerziehungsreformer" Martin Bonhoeffer auf das gesamte Bundesgebiet.

Gelehriger Schüler von Helmut Kentler ist Uwe Sielert, von 1992 bis 2017 Professor für Sexualpädagogik an der Christian-Albrechts-Universität zu Kiel. Bei Wikipedia wird Helmut Kentler als „väterlicher Freund" von Uwe Sielert bezeichnet[128], ebenso in einer hymnischen Festschrift von Frank Herrath. Er ist Koautor des *Aufklärungsbuch(es) Lisa & Jan für Kinder und ihre Eltern*, welches im Beltz Verlag erschienen ist und seit einem viertel Jahrhundert auf dem Markt ist.[129] Das Buch ist mit farbigen Bilder von Frank Ruprecht illustriert:

*Umgeben mit der Aura
fortschrittlicher „Wissenschaft"
betreibt dieses staatlich
geförderte, alles durchdringende
Netzwerk den radikalen
Kulturbruch durch die staatliche
Zwangssexualisierung
von Kindern.*

Beim Menschärgerdichnicht-Spielen spreizt ein Mädchen seine Scheide vor den Blicken eines anderen Mädchens, das die Hand am Genital hat. Ein Junge masturbiert mit Teddybär im Arm. Sechs Erwachsene und vier Kinder tummeln sich nackt am Swimmingpool. Ein Junge schaut auf die entblößte Scheide eines Mädchens. Zwei nackte Kinder umarmen sich. Ein Junge hat die Hand am Penis eines anderen Jungen. Mutter schaut lächelnd beim Masturbieren von Sohn und Tochter in der Dusche zu. Kind beobachtet Eltern beim Koitus.

Die Festschrift von Frank Herrath trägt den Titel: *Wie man ein Pädagogikfeld bestellt*[130] . Der erste Satz lautet:

Die Sexualpädagogik in der BRD ist von Helmut Kentler und Uwe Sielert geprägt worden.

Bisher scheint diese jahrzehntelange Kooperation des „Papstes" der Sexualpädagogik in Deutschland mit einem Befürworter und Organisator des (homo)sexuellen Missbrauchs von Kindern in der politischen und medialen Öffentlichkeit niemanden zu stören – zu tief sind die Verstrickungen.

In schöner Offenheit beschreibt Frank Herrath das von Sielert geschaffene Netzwerk der Sexualpädagogik: Gründung des Instituts für Sexualpädagogik in Dortmund; Gründung der Gesellschaft für Sexualpädagogik (gsp), ständiger Mitarbeiter der Bundeszentrale für gesundheitliche Aufklärung (angestellt von 1989 bis 1992), für die er zahlreiche Broschüren verfasste, mit denen das Land geflutet wurde und wird.

Dieses Netzwerk reicht weit über Deutschland hinaus. 2009 wurde die Sexualpädagogische Allianz gegründet, ein Zusammenschluss der einschlägigen Berufsverbände in Deutschland (gsp), Österreich (Plattform sexuelle Bildung, Ausbildung in Schloß Hofen, Vorarlberg), Schweiz (sedes), Südtirol (Plattform für Sexualpädagogik).

Es gelang Uwe Sielert, die Inhalte der Sexualerziehung in Kindergarten und Schule und die Ausbildung von Sexualpädagogen nach den Prinzipien seines Ziehvaters Kentler zu prägen. Umgeben mit der Aura fortschrittlicher „Wissenschaft" betreibt dieses staatlich geförderte, alles durchdringende Netzwerk den radikalen Kulturbruch durch die staatliche Zwangssexualisierung von Kindern.[131]

Die Kentler/Sielert-Saat hat, wie Herrath sagt, das gesamte Feld der Sexualpädagogik bestellt – bis zum heutigen Tag. Antje Elsbeck ist erfahrene Erzieherin und langjährige Leiterin eines Kindergartens der Arbeiterwohlfahrt in Nordrhein-Westfalen. Sie hat eine Ausbildung am Institut für Sexualpädagogik absolviert. In einem Interview, das in *Das Kita-Handbuch* veröffentlicht wurde, sagt sie:

> Sexualität gehört dazu. Kinder entkleiden sich beim Doktorspiel ... Wir sagen ihnen, dass in die Scheide oder in den Penis keine Gegenstände gesteckt werden sollen, weil sich die Kinder damit verletzen können. Das ist ja eine Sorge der Eltern ... Wenn Kinder im Flur spielen und sich ausziehen wollen, achten wir auch darauf, dass sie das nicht unbedingt zu Zeiten tun, wenn Besucher wahrscheinlich sind ... Ich sage den Eltern, dass wir den Kindern in der Rollenspielecke nicht verbieten, sich umzuziehen und nackt zu spielen.[132]

Sexualerziehung im Kindergarten ist für Antje Elsbeck Bestandteil der Sozialerziehung und Persönlichkeitsbildung. Kinder sollen ihren eigenen Körper wahrnehmen und akzeptieren und Ängste und Hemmungen ablegen.

> Mit unserer Raumgestaltung schaffen wir den Kindern Möglichkeiten, ungestört zu spielen. Wir bieten ein geborgenes Umfeld (Kuschelecken, Decken, Nischen, gedämpftes Licht). Den Kindern stehen viele Materialien zur Verfügung, die unter dem Aspekt der Sexualerziehung förderlich sind (Verkleidungsutensilien, Arztkoffer, Massagebälle, Rollen, Schwämme, Federn, Musik, Spiegel, Sinnesmaterialien usw.).

Wo man sich auch umsieht, sei es bei den Organisationen Zartbitter oder Amyna oder pro-familia oder Arbeiterwohlfahrt oder Sozialdienst katholischer Frauen oder Donum Vitae oder Caritas oder Diakonie – alle arbeiten auf dem Fundament einer hedonistischen Auffassung von Sexualität. Sie reduziert die

Sexualität auf körperliche Lust, zerstört die natürliche Schamgrenze und zerbricht damit die Einheit der Person, die nicht
nur einen Körper hat, sondern auch ein Herz, das sich nach
Liebe, Treue und Familie sehnt. Diese de-moralisierte und de-
moralisierende Auffassung von Sexualität, wie sie das Institut
für Sexualpädagogik in Deutschland, Schweiz, Österreich und
Italien seit über vierzig Jahren lehrt, wurde in enger Kooperation mit dem Staat zur Grundlage der Sexualerziehung in Kindergarten und Schule.

- Alles ist erlaubt, was Lust bereitet.
- Kinder haben ab der Geburt „ein Recht auf Sexualität".
- Kinder müssen ab dem Kindergarten in Wort und Tat mit
  der „sexuellen Vielfalt" (LGBTIQ) vertraut gemacht werden.

Was das heißt, erläutert Uwe Sielert in der Beilage *Elterninfor-
mation* zum Buch *Lisa & Jan:* „Kinder entdecken diese Lust selbstverständlich an sich selbst, wenn sie auch zuvor [!] von den Eltern [!] lustvoll gestreichelt wurden; wenn sie gar nicht wissen,
was Lust ist, werden auch die sexuellen Spielereien fehlen."

„Sexuelle Spielereien" werden leicht zu sexuellen Übergriffen von Kindern an Kindern. In einem konfessionellen Kindergarten in einer hessischen Großstadt entdeckte eine Mutter
zufällig, dass es in dem von ihr sehr geschätzten Kindergarten
einen Raum gibt, in dem die Kinder sich nackt ausziehen dürfen.[133] Die Eltern waren darüber nie informiert worden. Auf
Nachfrage wurde der Mutter erklärt, dass dies zum sexualpädagogischen Konzept gehöre.

- Es sei wichtig, dem natürlichen Wunsch der Kinder, sich
  nackt auszuziehen und einander sexuell zu entdecken, zu
  entsprechen.

- Der Raum sei bewusst über eine gewisse Zeit unbeaufsichtigt, damit die Kinder sich ungestört fühlen (auch die Gardinen dürften zugezogen werden).
- Die Kinder dürften anschauen, „was sie haben", aber sollten sich nicht anfassen.
- Es wäre besser, dies geschehe in einem geschützten Raum und nicht auf der Toilette.
- So könnten die Kinder lernen „Nein" zu sagen, dies gehöre zur Präventionsarbeit.

Die Mutter, die zufällig zwei nackte Buben in einem Raum des Kindergartens entdeckt hatte, sprach mit der Mutter des jüngeren Kindes. Es stellte sich heraus, dass es vom Älteren dazu überredet worden war, sich auszuziehen, denn er wollte seinen „Po küssen" und „an seinem Penis lutschen".[134]*

Das ist die Praxis der „emanzipativen Sexualpädagogik" oder der „Sexualpädagogik der Vielfalt", die sich in Deutschland und den meisten westlichen Ländern durchgesetzt hat.

Mit der Sexualisierung der Kinder, beginnend im Kindergarten, erhebt sich ein neues Problem, nämlich die praktische Unterscheidung zwischen „Doktorspielen" und „sexuellen Übergriffen". Übergriffe sollen nicht sein, denn „viele Mädchen und Jungen erleben nicht nur sexuelle Gewalterfahrungen durch Erwachsene, sondern auch durch gleichaltrige oder ältere Kinder als Ohnmachtserfahrung".[135] Deswegen werden mit den Kindern Regeln vereinbart, u. a. diese:

- Jedes Mädchen/jeder Junge bestimmt selbst, mit wem sie/er Doktor spielen will.
- Mädchen und Jungen streicheln und untersuchen einander nur so viel, wie es für sie selber und die anderen Kinder schön ist.

Es ist ein unerträglicher Übergriff in die Elternrechte, wenn das Kind sich nun mit „Regeln für Doktorspiele" auseinandersetzen muss und ihm Gelegenheit gegeben wird, diese in Kuschelecken bei gedämpfter Musik und gedämpftem Licht auszuüben.

- Niemand steckt einem anderen Kind etwas in den Po, in die Scheide, in den Penis, in den Mund, in die Nase oder ins Ohr.

Mit der Verpflichtung auf Regeln klappt es nicht bei Kindern. Es klappt auch nicht bei den Erwachsenen mit der Zähmung des Sexualtriebes durch Gesetze, wie der massenhafte sexuelle Missbrauch von Kindern zeigt.

In einem katholischen Montessori-Kindergarten in Köln kam es im Februar 2019 zu wiederholten Übergriffen von einem fünfjährigen Mädchen und Jungen auf kleinere Kinder: Sie steckten ihnen Stöcke in Vagina und Anus. Zwölf Kinder von acht Familien waren betroffen – begreiflich, dass die Eltern das Vertrauen in die Erzieherinnen verloren hatten. Es gab heftige Konflikte mit dem Ergebnis, dass die zwölf Kinder die Kita verlassen mussten, während die fünfjährigen „Täter" in eine andere Gruppe versetzt wurden.[136] Die meisten Eltern dürften ihre Kinder in der Erwartung in den Kindergarten schicken, dass sie dort vielfältige und altersgerechte Anregungen bekommen. Die meisten Kinder dürften aus Familien kommen, die ihren Kindern das von erwachsener Sexualität unbelastete Aufwachsen ermöglichen, ihr Schamgefühl achten und Fragen der Kinder nach dem Woher von Babys altersgerecht beantworten. Es ist ein unerträglicher Übergriff in die Elternrechte, wenn das Kind sich nun mit „Regeln für Doktorspiele" auseinandersetzen muss und ihm Gelegenheit gegeben wird, diese in Kuschelecken bei gedämpfter Musik und gedämpftem Licht auszuüben.

Da klingt es geradezu zynisch, wenn dies als „Prävention" bezeichnet wird. Durch die systematische Zerstörung des Schamgefühls werden die Kinder für pädophile Übergriffe bereit gemacht. Kinder leiden heute massenhaft an mangelnder Zuwendung und Geborgenheit in den zerbrochenen Familien. Durch Sexualisierung im Kleinkindalter können sie nicht mehr unterscheiden, wann eine Berührung Ausdruck von wohlwollender Zuneigung eines Erwachsenen ist oder der heimtückische Versuch, ein Kind für den sexuellen Missbrauch gefügig zu machen.

Ein neues Einfallstor für den sexuellen Missbrauch ist das Spielkonzept *Original Play*. Weil Kinder so oft den Vater entbehren, der mit ihnen herumtollt, bieten sich nun fremde Männer an, dies im Kindergarten nachzuholen, indem sie sich mit den Kindern „herumwälzen, aufeinander reiten, kuscheln oder anderweitig physisch aktiv werden".[137] In einigen Bundesländern wurde *Original Play* inzwischen verboten, weil es als Gelegenheit zu sexuellen Übergriffen genutzt werden kann.[138*]

Vor nicht allzu langer Zeit gab es noch die Rede von „unschuldigen Kindern"; damit war gemeint, dass sie den Raum der Sexualität noch nicht betreten hatten, in dem der Mensch so leicht schuldig werden kann, wenn er nicht gelernt hat, den Sexualtrieb zu beherrschen, sodass die Sexualität zum ganzheitlichen Ausdruck der Liebe zwischen zwei Personen wird.

Früher, vor der „sexuellen Befreiung", wurde der kindliche Lebensraum geschützt vor sexuellen Worten, Bildern und Witzen, um den Kindern ein unbeschwertes Aufwachsen zu ermöglichen. Heute wird das Schamgefühl von Erwachsenen verletzt, wenn sie hören, womit Kinder in Bild, Wort und Ton bereits im Kindergarten konfrontiert werden.

Inklusion

Inklusion ist eine schöne Idee: Alle sollen dazugehören, niemand soll zurückgelassen werden (UN-Jargon: *Leave nobody behind*), allen soll durch die Herstellung von (Chancen-)Gleichheit Gerechtigkeit widerfahren.

Der vom Leben vorgesehene Ort der Inklusion ist die Familie. Als Glieder an einem Stamm leben hier Erwachsene und Kinder unter einem Dach, vielleicht sind auch die Großeltern nicht fern. Die Familie lebt mit und von den Unterschieden zwischen Geschlecht, Alter, Charakter, Begabungen, Interessen und Meinungen und kann sie ertragen, weil die Zugehörigkeit nicht infrage gestellt wird. Das Gleichgewicht in einer Familie ist immer angefochten und muss immer wieder neu gesucht werden; das verlangt von allen Beteiligten inneres Wachstum.

Der vom Leben vorgesehene Ort der Inklusion ist die Familie.

Im gesamtgesellschaftlichen Verfallsstadium der Familie geht der Zusammenhalt oft dauerhaft verloren. Aber die Sehnsucht nach Inklusion, nach Dazugehören, bleibt. Nun macht sich der Staat anheischig, für Inklusion zu sorgen: Inklusion von geistig, psychisch und körperlich Behinderten in die normale Schule, auch von Migrantenkindern ohne Sprachkenntnisse. Der mögliche menschliche Gewinn der Inklusion hat einen hohen Preis: Die einen können nur Misserfolge haben, das Lernniveau der anderen wird gesenkt.[139]

Es geht aber in Kindergärten und Schulen nicht nur um Inklusion von Behinderten und Migranten, sondern um die Inklusion der „Vielfalt sexueller Identitäten". Was mit dem Ticket „Inklusion" alles bewerkstelligt werden kann, zeigen die Bemühungen der rot-rot-grünen Regierung von Berlin um „Barriereabbau in Bezug auf die Vielfalt von Geschlechtern und Familienformen" im Kindergarten.

Im Frühjahr 2018 veröffentlichte die Berliner Senatsverwaltung für Bildung, Jugend und Familie eine 140 Seiten starke „Handreichung für pädagogische Fachkräfte in der Kindertagesbetreuung". Sie trägt den Titel: *Murat spielt Prinzessin, Alex hat zwei Mütter und Sophie heißt jetzt Ben*, als Autor firmiert „Queer Format". Der Titel macht deutlich, was die Kinder lernen sollen: Es ist normal, in Ordnung und okay, wenn ein (islamischer) Junge gerne Prinzessinnenkleider anzieht, Alex zwei lesbische Mütter hat und Sophie ihr Geschlecht wechselt. Das alles soll von den pädagogischen LGBTIQ-Fachkräften unterstützt werden, um die „bunte Vielfalt" der „geschlechtsvarianten Kinder" im Alter von drei bis sechs Jahren zu fördern, selbst dann, wenn die Kinder daran kein Interesse haben, denn es kann ja sein, dass sie sich „später einmal lesbisch, schwul oder bisexuell identifizieren".[140]

Wer's nicht glaubt, sehe sich im Internet die verqueeren Argumentationen und Fallbeispiele an, die in der pädagogischen Handreichung des Berliner Senats präsentiert werden.

Nicht nur in Kindergärten unter rot/grünem Kuratel wie in Berlin werden Kindergartenkinder mit den vielfältigen „sexuellen Orientierungen" – schwul, lesbisch, bisexuell, transsexuell – bekannt gemacht und zu deren Akzeptanz erzogen. Allerorten bekommen sie Bilderbücher, in denen der Prinz den Prinzen heiratet und Familien mit zwei Vätern oder zwei Müttern als ganz normale Familienvarianten, die Familie von Vater, Mutter, Kindern hingegen als Auslaufmodell dargestellt werden. Die halbierte Familie (Alleinerziehende), die Stieffamilie (Patchwork) und die „Familie" mit zwei gleichgeschlechtlichen „Eltern" (Regenbogenfamilie) sind in Wirklichkeit zerbrochene Familien, in denen sich Zerwürfnisse ereignet haben, die allen Beteiligten nachhaltigen Schmerz bereiten, am meisten den Kindern. Stellt man die zerbrochenen Familien, in denen sie leben müssen, als „normal" dar, dann hat ihr Schmerz keinen Platz mehr und kann nicht mehr ausgedrückt werden – außer in psychischen oder körperlichen Symptomen. Davon sprechen die Statistiken am Anfang dieses Buches.

Die Geschlechtsidentität der Mädchen und Jungen zu destabilisieren, und das in einem Alter, in denen Kinder gerade im Begriff sind, sich mit ihrem Geschlecht zu identifizieren, in

> *Die Geschlechtsidentität der Mädchen und Jungen zu destabilisieren, und das in einem Alter, in denen Kinder gerade im Begriff sind, sich mit ihrem Geschlecht zu identifizieren, in dem ein Mädchen so werden will wie Mama und ein Junge so wie Papa, ist ein schweres Vergehen an den Kindern.*

dem ein Mädchen so werden will wie Mama und ein Junge so wie Papa, ist ein schweres Vergehen an den Kindern.

In Bilderbüchern werden „androgyne" Kinder abgebildet, von denen das betrachtende Kind nicht weiß, ob es ein Mädchen oder Junge ist. Eine Fee kommt vom Himmel herabgeschwebt und sagt: „Nur du weißt, was du wirklich bist." (Im Internet findet sich eine reiche Auswahl von *Transgender Bilderbüchern für die Kleinsten.*)

Partizipation

Das bevorzugte Mittel der Inklusion ist die *Partizipation*. Krippen- und Kindergartenkinder sollen an allen Entscheidungen der Einrichtung beteiligt werden: Essen einkaufen, Hygiene, Bekleidung, Mobiliar, Gestaltung von Außenräumen, Erstellung von Regeln und Verfassungen.

Dafür macht sich die Bertelsmann-Stiftung stark. Die Kita sei die Kinderstube der Demokratie.[141] Hier müssen die Kleinen von ein bis sechs Jahren lernen, ihr „Recht" auf Mitentscheidung gegen die Erwachsenen durchzusetzen. Denn: „Demokratiebildung in Kitas erfolgt, wenn Kinder das Recht und die Macht haben (und dabei unterstützt werden), bei den Angelegenheiten, die sie betreffen, mitzuentscheiden und mit zu handeln."[142] Die Erwachsenen werden aufgefordert, Macht an die Kinder abzugeben, indem sie die Kinder über ihre Rechte aufklären, verlässliche Beteiligungsgremien einführen, Beschwerden ermöglichen und herausfordern. Als Autor firmiert ein Sozialpädagoge namens Rüdiger Hansen vom Institut für Partizipation und Bildung, das wie die Gesellschaft für Sexualpädagogik ebenfalls in Kiel angesiedelt ist.

Bei dem Kongress Kinderrechte in München im Februar 2019[143] berichteten Frau Dr. Elke Möller-Nehring, Kinder und Jugendpsychiaterin, und Frau Elisabeth Suntinger, Kindergartenleiterin – beide Mütter von drei Kindern –, über die neuen Vorschriften, die ihnen von den staatlichen Behörden für den Kindergarten gemacht werden. Das „Beteiligungs- und Beschwerderecht" muss in der „Verfassung" der Kita verankert sein, sonst gibt es keine Förderung. „Verfahrenswege und Zuständigkeiten bei der Beschwerdestimulation [!], Beschwerdeannahme, Beschwerdeanalyse und der Erfolgskontrolle sollen in der Einrichtung transparent dargestellt werden." Die Re-

*Das Partizipationsmodell
ist nichts anderes als das
neue „demokratische" Mäntelchen
für die antiautoritäre Erziehung,
welche in den Kinderläden
der 68er-Generation praktiziert
wurde und die Kinder
nachhaltig schädigte.*

geln und Verfassungen sollen mit den Kindern erstellt werden. Es soll Kinderparlamente geben, Kinderrat, Gruppenräte, Vollversammlungen, Abstimmungen und die Wahl von Delegierten.[144]

In einer Kita-Verfassung heißt es: „Kinder sollen selbst entscheiden können, ob, wann und von wem sie gewickelt werden. Die pädagogischen Mitarbeiterinnen und Mitarbeiter behalten sich das Recht vor zu bestimmen, dass und wann ein Kind gewickelt wird, wenn aus ihrer Sicht dem Kind oder anderen durch die Ausscheidungen des Kindes akute gesundheitliche Gefahren drohen."[145]

Kleinkinder werden aus ihrem Habitat Familie herausgerissen, bevor sie Kontrolle über ihre Schließmuskeln haben, dürfen dann aber entscheiden, ob, wann und von wem sie gewickelt werden wollen in Kitas und Kindergärten, in denen in der Regel viel zu wenige Betreuerinnen für viel zu viele Kinder zuständig sind. Ist dieser ideologische Blödsinn noch zu überbieten?

Das Wickelkind will von seiner Mama oder seinem Papa gewickelt werden, und zwar dann, wenn es die Windel voll hat, begleitet von zärtlichen Liebkosungen und Späßchen, über die es sich ausschüttet vor Lachen. Aber nach den Grundbedürfnissen des Kindes fragt niemand. Was es wirklich braucht, wird ihm genommen; stattdessen wird ihm als Ersatz „Mitentscheidung" angeboten, die weder wünschenswert noch praktikabel ist.

Die Kinderpsychiaterin und Kindergartenleiterin legten dar, dass Kinder damit vollständig überfordert sind. Durch die Fiktion von demokratischen Entscheidungsprozessen verletzen die Erzieher ihre Fürsorgepflicht. Das Kind lernt, dass sein eigener Wille über allem steht, es kreist nur noch um seine eigenen Wünsche, sodass der normale kindliche Egoismus zur Charakterstruktur verfestigt wird. Kinder müssen zur Gemeinschaftsfähigkeit und zum Bedürfnisaufschub erzogen werden, die für ein erfolgreiches Leben wesentlich sind. Das ist nur in einer stabilen, vertrauensvollen Beziehung zu einer verlässlichen Bezugsperson möglich, die feinfühlig auf die Bedürfnisse des Kindes eingeht, ihm aber auch abverlangt, sich zu fügen, Dienste für die Gemeinschaft zu übernehmen und auf andere Rücksicht zu nehmen.

Das Partizipationsmodell ist nichts anderes als das neue „demokratische" Mäntelchen für die antiautoritäre Erziehung, welche in den Kinderläden der 68er-Generation praktiziert wurde und die Kinder nachhaltig schädigte. Es ist eine Erziehung zur Aufsässigkeit, welche die Kinder in ihrem noch langen Leben, die Eltern, die Lehrer und die ganze Gesellschaft ausbaden müssen. Aldous Huxley, der die gar nicht *Schöne neue Welt* prophetisch vorausgesehen hat, sagt:

Allzu viel Freiheit und Verantwortung empfinden viele Kinder als eine qualvolle und sogar ihre Kräfte übersteigende Belastung. Kinder lieben Sicherheit, sie lieben es, Halt im Rahmen unumstößlicher moralischer Gesetze und sogar Anstandsregeln zu finden.[146]

Erwachsene können ihre Macht gar nicht abgeben, denn die Kinder haben keine Macht über Erwachsene außer die, zu rebellischen Tyrannen zu werden, die den Eltern und sich selbst das Leben verleiden. Sie werden durch Entwurzelung, Stress, Sexualisierung und Partizipation in solch destruktives Verhalten hineingetrieben.

Eltern und Erzieher dürfen ihre Macht selbstverständlich nicht missbrauchen durch Strafen, die die Würde des Kindes verletzen und ihm Angst machen vor dem übermächtigen Erwachsenen, dem dunklen Keller, der verbalen und körperlichen Demütigung. Wenn die Eltern und Erzieher nicht selbst die Tugend der Selbstbeherrschung und der liebevollen Fürsorge für kleine, abhängige, zerbrechliche Menschen gelernt haben, wird kein Kinderparlament sie dazu bringen können.

Welche Freude ist es, gut erzogene Kinder zu erleben, die mit einem Band der Liebe an ihre Eltern gebunden sind, zu ihnen aufschauen, auf sie hören, bitte und danke sagen, im Hintergrund bleiben können, wenn die Erwachsenen miteinander sprechen, sich bei Tisch anständig benehmen und mit innerer Freiheit mit den Erwachsenen kommunizieren können.

Eltern, die nicht wollen, dass ihr Kind ständig unter Stress steht, in Wort, Bild und Tat sexualisiert und zur Aufsässigkeit erzogen wird, sollten sich den in Aussicht genommenen

Kindergarten genau anschauen und sich nicht scheuen, ganz konkret zu fragen, wie es mit Doktorspielen, Ausziehen, Kuschelecken, Masturbation, Transgender, Inklusion sexueller Identitäten und Partizipationsmodellen steht. Vielleicht haben Eltern Glück und finden einen kindgerechten Kindergarten in ihrer Nähe, möglicherweise einen konfessionellen oder privaten, sofern sie sich diesen leisten können. Aber auch da Vorsicht: Wo „christlich" draufsteht, ob katholisch oder evangelisch, ist in sexualpädagogischer Hinsicht noch lange nicht christlich drin. Es hilft nichts, Eltern müssen die unangenehmen Fragen stellen, selbst wenn sie diese für übertrieben und unnötig halten. Am besten tut dies nicht die Mutter, sondern der Vater, dessen Aufgabe es ist, seine Familie zu schützen.

Kindergarten zu Hause

Es gibt noch eine andere Möglichkeit: das Kind nicht in den Kindergarten schicken, solange die Kindergartenpflicht ab drei Jahren noch nicht gesetzlich erzwungen wird.

Eine Gruppe von Eltern, die sich dazu entschlossen hat, führt als Gründe für „ein Leben ohne Kindergarten" an:[147]

- Kein Stress! Entspannt mit den Kindern leben
- Unmittelbares Eingehen auf die Bedürfnisse der Kinder
- Kinder trösten können
- Den Biorhythmus der Kinder beachten. Kein Kampf ums Aufstehen
- Rückzugsmöglichkeiten für das Kind, Ruhepausen nach Bedarf
- Das Zuhause als Schutzraum für unbeschwertes Spielen und Lernen
- Selbstbestimmtes Spiel, Förderung der Konzentrationsfähigkeit

- Viel Zeit im Freien, Natur im Lauf der Jahreszeiten erfahren
- Altersgemäße Dienste im Haushalt übernehmen
- Kein Kämpfen um Anerkennung in der großen Gruppe von Gleichaltrigen
- Entwickeln von sozialer Kompetenz durch das Vorbild älterer Geschwister
- Altersgerechte Beantwortung von Fragen zur Sexualität
- Keine Indoktrination mit Gender-Ideologie
- Keine Verführung zu sexuellen Handlungen
- Individuelle Entwicklungsmöglichkeit ohne vergleichende Beurteilung
- Liebevolle, stabile Beziehungen, statt wechselnde, bezahlte Betreuer
- Vermittlung von familieneigenen Werten, Bräuchen, Traditionen und Glauben

Oft lassen die Umstände und die finanziellen Verhältnisse eine solche Lösung nicht zu. Aber die Option kommt im Bewusstsein der Eltern meist gar nicht vor, weil das Kind ja „gebildet" werden muss, weil ausgebildete Erzieherinnen es besser können als die Mütter und Väter und weil das Kind „andere Kinder braucht". Eltern, die erkannt haben, dass ihre kleinen Kinder vor allem *sie* brauchen, die liebevolle Mutter und den liebevollen Vater, sind nicht allein, sie werden andere Eltern finden, mit denen sie ein soziales Netz aufbauen können zur eigenen Unterstützung, aber auch zur Schaffung eines sozialen Umfeldes für die Kinder. Für die Opfer, die Eltern für das Wohl ihrer Kinder bringen, werden sie durch die lebendige, liebevolle, lebenslange Beziehung zu den Kindern reich belohnt.

Noch ein Wort zur Erziehung

Nach Immanuel Kant ist der Mensch das einzige Geschöpf, das erzogen werden muss. Das Kind kennt am Anfang nur die eigenen Bedürfnisse: Hunger, Durst, Schlaf, die Nähe der Mutter. Es ist ganz und gar „egoistisch". Mindestens ein Jahr lang müssen diese Bedürfnisse beim Baby rund um die Uhr sofort erfüllt werden, wenn es nicht in Existenzangst fallen soll. Aber schon im zweiten Lebensjahr beginnt es, an das „Nein" der Eltern zu stoßen, und muss auch lernen, Grenzen zu akzeptieren, was es anfangs noch willig tut. Im dritten Lebensjahr kommt, zum Leidwesen unerfahrener Eltern, die berühmte Trotzphase: Das Kind sagt Nein, ganz unvernünftig und lautstark und anhaltend.

Ununterbrochen balancieren verantwortliche Eltern zwischen Bedürfnisbefriedigung und Grenzziehung. Wohl dem Kind, dessen Eltern (oder Betreuer) nicht der Versuchung zur Machtausübung erliegen, sondern stattdessen dem Kind *Zeit* geben, sich den Anforderungen zu fügen. Ein Kind, das Urvertrauen entwickeln konnte, liebt seine Eltern, erwartet Gutes von ihnen und ist grundsätzlich bereit, den Eltern zu folgen.

Jordan Peterson beschreibt in seinem Buch *12 Rules for Life,* wie er eine geschlagene Stunde mit seinem zweijährigen Sohn darum kämpfte, dass er ordentlich aß. Der Vater gewann den Kampf durch die Investition von Zeit und Entschlossenheit. Das Kapitel ist überschrieben: „Lass deine Kinder nichts tun, was dazu führt, dass du sie nicht magst."

Eltern mögen keine Kinder, die sich im Supermarkt brüllend auf den Boden werfen, ein Restaurant zusammenschreien, Tischdecken herunterreißen, beißen und schlagen und jede Alltagskommunikation zum Machtkampf machen.

Wozu soll das Kind erzogen werden? Es soll ein guter Mensch werden, nicht wahr? „Ein zielstrebiger Erwachsener,

Ein Kind, das Urvertrauen entwickeln konnte, liebt seine Eltern, erwartet Gutes von ihnen und ist grundsätzlich bereit, den Eltern zu folgen.

der fähig ist, für sein eigenes Wohl und das von anderen Opfer zu bringen", wie Fröbelt sagt.

Fröbelt benutzt ein Wort, das gänzlich aus der Mode gekommen ist: *Opfer*. Selbst für das *eigene* Wohl ist es nötig zu lernen, Opfer zu bringen, denn nur so können Ziele erreicht werden. Ist ein Mensch in der Lage, jetzt auf etwas Kleineres zu verzichten, um in der Zukunft etwas Größeres zu gewinnen? Ist er fähig zum Belohnungsaufschub, um ein Ziel zu erreichen?

Einer der berühmtesten psychologischen Persönlichkeitstests ist der sogenannte Marshmallow-Test: Vierjährigen Kindern wurde eine Süßigkeit in Reichweite gestellt und ihnen gesagt, wenn sie auf den sofortigen Genuss verzichten könnten, würden sie später zwei Marshmallows bekommen. Dreizehn Jahre später wurden die Kinder, die jetzt junge Erwachsene waren, wieder befragt und es zeigten sich erstaunliche Ergebnisse: Die Kinder, die mit vier Jahren zur Impulskontrolle fähig waren und nicht sofort nach der Süßigkeit gegriffen hatten, waren erfolgreicher in Schule und Ausbildung, konnten sich besser konzentrieren, waren intelligenter, selbstbewusster und zuversichtlicher, hatten mehr soziale Kompetenz, konnten besser mit Rückschlägen und Stress umgehen, waren seltener drogenabhängig. Im Alter von 25 und 30 Jahren waren sie weniger oft übergewichtig, hatten ein höheres Bildungsniveau und konnten besser Beziehungen aufrechterhalten.[148]

Ich vermute, dass alle Eltern sich wünschen, dass ihre eigenen Kinder zu denen gehören, die in der Lage sind, Belohnungen aufzuschieben, denn sie wollen ja all die schönen Eigenschaften für ihr Kind, die diese Grundfähigkeit mit sich bringt. Das müssen sie als kleine Kinder zu lernen beginnen, denn was Hänschen nicht lernt, lernt Hans nimmermehr. Sicher gebundene Kinder, die sich geborgen und geliebt fühlen, können das sehr viel besser, denn sie befinden sich nicht in einem chronischen Mangelzustand, der sie immerzu nötigt, nach etwas zu greifen, in der vergeblichen Hoffnung, so das Loch in ihrer Seele zu füllen.

Selbstbeherrschung ist nötig, um die Tugend der Mäßigung üben zu können. Spätestens in der Pubertät, wenn sich das Kind elterlichen Direktiven als unzugänglich erweist, klopfen die großen Versuchungen an die Tür: Alkohol, Rauchen, Drogen, Internetspiele, Handy, Sex, Pornografie. Wohl dem Jugendlichen, der die Fähigkeit zum Maßhalten, zum Verzicht, zum Neinsagen gelernt hat. Und wohl dem Vater, dem es gelungen ist, dem heranwachsenden Sohn als Ratgeber zur Seite zu stehen.

Mäßigung ist eine der vier Kardinaltugenden; die anderen drei sind Klugheit, Gerechtigkeit und Tapferkeit. Kardinaltugenden nennt man sie deswegen, weil sie Knotenpunkte des sittlich guten Lebens sind, die im Alltag Entscheidungen zum Guten ermöglichen. Wären nicht alle Eltern stolz auf ihre Kinder (und sich selbst), wenn sie Maß halten könnten, klug, gerecht und tapfer wären?

8.

Sexuelle Vielfalt in der Schule

*Die Zerstörung des Schamgefühls
bedeutet Auflösung jeder geschlechtlichen
und ehelichen Ordnung, ja jeder
gemeinschaftlichen Ordnung überhaupt.*

Dietrich Bonhoeffer

W as wünschen sich junge Menschen für ihre Zukunft? „Eine vertrauensvolle Partnerschaft" und „ein gutes Familienleben". Das sagen 90 % der Befragten bei der jüngsten Shell-Jugendstudie von 2019.[149] Fast siebzig Prozent wollen selbst Kinder haben und mehr als die Hälfte bevorzugt sogar „das klassische Versorgermodell", demnach die Mutter bei ihrem zweijährigen Kind zu Hause bleibt und der Vater Vollzeit arbeitet. Einmal mehr wird damit bestätigt, was alle Jugendbefragungen ergeben: die Sehnsucht der jungen Generation nach einer stabilen Partnerschaft und nach Familie.

Und was wünschen sich die meisten Eltern für ihre Kinder? Sohn oder Tochter widmen sich voller Energie ihrer Ausbildung, lernen die Welt kennen, bauen gute Freundschaften auf, verfolgen engagiert Interessen, heiraten und beglücken ihre Eltern mit Enkelkindern. So erweist sich das Leben langfristig als tragfähig, horizontal durch den Bund zweier Menschen und die Vernetzung ihrer Familien, vertikal durch die Verbindung von Vergangenheit, Gegenwart und Zukunft.

Eltern dürften sich nicht wünschen, dass ihr Sohn oder ihre Tochter ab vierzehn Jahren von einer sexuellen Beziehung in die nächste taumelt, frühzeitig Mutter oder Vater wird oder ein Kind abtreibt, ihnen eine gleichgeschlechtliche Person als Partner*in präsentiert oder einen anonymen Samenspender als Vater ihres Enkelkindes. Sie wünschen sich auch

> *Die Erziehung zu einer „Sexualität der Vielfalt" zerstört die Vision und macht die junge Generation unfähig, ihr eigenes Lebensziel zu erreichen.*

nicht, dass ihr Sohn zu einer „Frau" wird oder ihre Tochter zu einem „Mann". Auch wenn sich viele unter dem pausenlosen medialen Trommelfeuer zur Akzeptanz der diversifizierten Geschlechtlichkeit nötigen lassen, entspricht es doch gewiss nicht ihrem Wunsch für die Zukunft ihres Kindes.

Die „Befreiung" des Sexualtriebes aus dem sozialen Schutzraum der Ehe von Mann und Frau hat zur Folge, dass sich die Wünsche der jungen Menschen und deren Eltern immer häufiger *nicht* erfüllen. Ein entscheidender Hebel ist die Gender-Indoktrination und Sexualisierung der Kinder und Jugendlichen, die, wie beschrieben, bereits im Kindergarten einsetzt und sich durch die gesamte Schulzeit fortsetzt.

Eine „vertrauensvolle Partnerschaft" bedeutet treue Bindung. Geht ein Partner fremd, ist das Vertrauen gebrochen. Sagt er oder sie: Heute bin ich treu, aber morgen vielleicht nicht mehr, nagt im Untergrund der Zweifel und das Vertrauen kann nicht wachsen. Die ultimative „vertrauensvolle Partnerschaft" entsteht durch das volle, große, lebenslange Ja in der Ehe. Wir starren auf die Scheidungsquoten und glauben kaum mehr, dass das möglich ist; aber es sind immer noch mehr als fünfzig Prozent der Ehepaare, die dieses Versprechen halten. Wenn Wunsch und Wirklichkeit der jungen Generation zusammenkommen sollen, ist es erforderlich, dass junge Menschen lernen, ihre Sexualität so zu kultivieren, dass sie zum personalen Ausdruck von Liebe wird, und sie damit fähig werden, das zu leben, was sie sich im Herzen wünschen: stabile Partnerschaft und Familie. Die Fähigkeit, das bedingungslose Ja zu einer Person des anderen Geschlechts durchtragen zu können, erfordert eine ganzheitliche Erziehung und Vorbereitung zur Ehe, Vaterschaft und Mutterschaft, auf dass sich die Sexualität in ihrer beglückenden Kraft entfalten kann. Dazu muss die Vision von Ehe und Familie als erstrebenswertes Ziel in der Gesellschaft erhalten bleiben. Die Erziehung zu einer „Sexualität der Vielfalt" zerstört die Vision und macht die junge Generation unfähig, ihr eigenes Lebensziel zu erreichen.

Die Einfalt der Lust

Heute flattert über der Welt die Regenbogenfahne der Gender-Ideologie. Sie behauptet: Es gebe ein „soziales Geschlecht", welches unabhängig sei von dem bei der Geburt „zugeschriebenem" biologischen Geschlecht. Zwischen der Bipolarität von Mann und Frau bestehe *gender fluidity*, also ein fließender Übergang für jene, die sich weder als Mann noch als Frau fühlen, was zu einer „Vielfalt sexueller Identitäten" führe. Jeder könne sein Geschlecht frei wählen und nach Belieben wechseln (transgender). Die „sexuelle Orientierung" – sei sie schwul, lesbisch, bisexuell, transsexuell oder queer – müsse vor Diskriminierung gesetzlich geschützt werden. Auch Homo- und Transsexuelle hätten ein „Menschenrecht" auf Ehe und Kinder. Es gebe viele Arten von Familie, die Vater-Mutter-Kinder-Familie versinke hinter dem Horizont der Geschichte.

Durch die Gesetzgebung wird in vielen westlichen Ländern diese Auffassung vom Menschen gesellschaftliche Wirklichkeit. Am 10. Oktober 2017 entschied das Bundesverfassungsgericht[150], es müsse außer „männlich" und „weiblich" auch noch die Kategorie „divers" im Personenstandsregister eingeführt werden. Diese höchstrichterliche Entscheidung war das Ergebnis eines abgekarteten Spiels zwischen den Verfassungsrichterinnen Susanne Baer, ehemalige Direktorin des Gender-KompetenzZentrums an der Humboldt-Universität, der Verfassungsrichterin Gabriele Britz und der Prozessbevollmächtigten Friederike Wapler.[151] Die Neudefinition des Menschen als „divers" wurde in den Folgejahren von weniger als 200 Personen in Anspruch genommen. Dennoch sind Unternehmen nun verpflichtet, Stellenanzeigen für männliche, weibliche und „diverse" Bewerber auszuschreiben.

Zweihundert Professorinnen lehren an deutschen Universitäten Gender-Hirngespinste, also Theorien, denen die Verankerung in der Wissenschaft und in der Wirklichkeit abhandengekommen ist. Die künstlichen Sprachgebilde sind inzwischen in den amtlichen Sprachgebrauch und die gesetzlichen Regelungen eingegangen. So sprechen fortgeschrittene Zeitgenossen nicht mehr von Frauen, sondern von „Menschen mit Uterus", weil ein bärtiger Transgender-Mann, also eine mit Testosteron vollgepumpte Frau, einen schwangeren Bauch haben kann und „er" diskriminiert würde, wenn man Schwangerschaften auf Frauen begrenzen würde, die ihr biologisches Geschlecht bejahen.

Wenn mannfrau sein/ihr Geschlecht selbst wählen und verändern kann, dann kann er/sie/divers selbstverständlich auch seine/ihre/diverse „sexuelle Orientierung" frei wählen, ob und wie er/sie/divers sein/ihr/diverses sexuelles Begehren mit einem Mann, einer Frau, mit beiden oder mit diversen Geschlechtern befriedigen will.

Diese neuen Freiheiten der Selbstbestimmung gehören zu den „Werten", die von der UN und EU durchgesetzt und widerstrebenden Nationen, etwa in Afrika, mittels wirtschaftlicher Erpressung aufgezwungen werden.[152] Wer an „traditionellen Rollenbildern", den sogenannten „Stereotypen", der christlichen Sexualmoral und der Vater-Mutter-Kind-Struktur von Familie festhält, der denkt „biologistisch", er ist „homophob" oder „transphob", er „diskriminiert" und verbreitet „Hass"; deswegen wird er ausgegrenzt, gekündigt, juristisch verfolgt und zu Geld- und Gefängnisstrafen verurteilt.[153]

Sonderbarerweise haben es sich viele Gerichte und gesetzgebende Körperschaften zur Aufgabe gemacht, die vermeintlichen Interessen kleiner und kleinster Minderheiten vor „Diskriminierung" zu schützen, auch wenn sie damit die existenziellen Grundlagen einer demokratischen Gesellschaft gefährden, nämlich die Familie als „natürliche Grundeinheit der Gesellschaft" (Allgemeine Erklärung der Menschenrechte, Art. 16,3).

Um die Auflösung der geschlechtlichen Identität des Menschen und der darauf gegründeten gesellschaftlichen Strukturen zu erreichen, muss der Mensch umgeformt werden; je jünger er ist, umso nachhaltiger sind die Eingriffe in seine seelische und neuronale Entwicklung. Das Mittel der Wahl ist die Sexualisierung ab dem Kindergarten. Die „Heteronormativität" soll überwunden, homo-, bi- und transsexuelle Lebensformen sollen gefördert, die Familie mit heterosexuellen Eltern

Um die Auflösung der geschlechtlichen Identität des Menschen und der darauf gegründeten gesellschaftlichen Strukturen zu erreichen, muss der Mensch umgeformt werden; je jünger er ist, umso nachhaltiger sind die Eingriffe in seine seelische und neuronale Entwicklung.

und leiblichen Kindern soll „entnaturalisiert" werden durch die gezielte Verwirrung der „stereotypen" Geschlechtsidentität von Jungen und Mädchen.

Die Bildungspläne der Schulen sind mit unterschiedlicher Radikalität der Sexualität der Vielfalt verpflichtet; sie werden oft von Lobbygruppen der LGBTIQ-Bewegung ausgearbeitet (z. B. bei der Erstellung eines Aktionsplanes gegen Homophobie für das Land Schleswig-Holstein), die dann auch gleich Zugang zu den Schulen bekommen, um den Kindern die Lust des nicht-heterosexuellen Lebens zu vermitteln, ihnen beim „coming out" zur Seite zu stehen und sie mit der LGBTIQ-community zu vernetzen.

In allen Programmen staatlicher Sexualerziehung werden Kinder lange vor der Pubertät zu Verhütungsexperten ausgebildet. In gemischten Klassen Kondome über Plastikpenisse zu ziehen, gehört zum Standardprogramm. Der Hauptzweck solcher Übungen ist nicht die Vermittlung von Fertigkeiten, welche ein Jugendlicher bei Bedarf gewiss auch ohne schulische Unterweisung meistern würde, sondern die Durchbrechung der Schamgrenze und die Vermittlung der Botschaft: Geschlechtsverkehr für Jugendliche ist okay und „safe". Wenn nicht, gibt es die „Pille danach" oder die Abtreibung; pro-familia wird diesen „Zellhaufen" diskret liquidieren.

Einen Überblick über die „neo-emanzipative Sexualpädagogik" bietet das Buch *Sexualpädagogik der Vielfalt*, erschienen 2008 im renommierten Juventa-Verlag.[154] Es handelt sich um eine „dekonstruktive Pädagogik", welche „seit ihrer Grundlegung durch Helmut Kentler 1970 eine gesellschaftskritische Befreiung des Menschen aus seiner sexuellen Unmündigkeit" anstrebt. Es soll „ein konsequentes Mitdenken und -benennen von vielfältigen Möglichkeiten der sexuellen Präferenzen (hetero-, homo-, bi-, poly- und pansexuell) sowie der verschiedenen Lebensweisen (Paar, Single, Familie, Wahlfamilie, Wohngemeinschaft etc.) praktiziert werden" (S. 19).

Praktiziert wird im Unterricht in gemischten Klassen durch imaginative Übungen, Rollenspiele, Sprechen über sexuelle Erfahrungen und sexuelle Praktiken wie Oral-, Analsex, erogene Zonen und wie sie am besten zu stimulieren sind, etwa mittels Vibrator, Vaginalkugeln, Latex, Lederpeitsche, sadomasochistischer Performance, pornografischen Darstellungen. Das Buch hat den Untertitel: *Praxismethoden zu Identitäten, Beziehungen, Körper und Prävention für Schule und Jugendarbeit.*

Es müsste den Titel tragen: Praxismethoden zur Verführung von Kindern und Jugendlichen zu allen Arten persönlichkeitszerstörender sexueller Aktivität in Schule und Jugendarbeit. Die Autoren Stefan Timmermanns, Elisabeth Tuider, Mario Müller, Petra Bruns-Bachmann gehören oder gehörten zum Vorstand der von Uwe Sielert gegründeten Gesellschaft für Sexualpädagogik (gsp), welche das Qualitätssiegel „Q" (q wie queer) als europaweite Anerkennung der Berufsbezeichnung „Sexualpädagoge" verleiht. Einige der Autoren sind gleichzeitig Mitglieder des Instituts für Sexualpädagogik in Dortmund, Prof. Dr. Timmermanns gehört außerdem der Global Alliance for LGBT Education an. Es besteht eine enge Kooperation mit der Bundeszentrale für gesundheitliche Aufklärung.

Es handelt sich also bei den Autoren nicht um exotische Außenseiter, welche den Schülern durch „postmoderne Entgrenzungen" Perversionen als optionale Formen der Lustbefriedigung schmackhaft machen. Vielmehr gehören sie zu den Strategen und Aktivisten des sexualpädagogischen Netzwerks, welchem es gelungen ist, die schulische Sexualerziehung in ihre Gewalt zu bringen. Sie segelt unter der Fahne „Wissenschaft": Ihre Vertreter bekleiden Professorenstellen, kreieren Ausbildungsgänge und Gütesiegel, ihre Werke werden von angesehenen pädagogischen Verlagen (u. a. Beltz, Juventa) veröffentlicht, sie werden von der Politik als *die* Experten zu Rate gezogen. So ist es ihnen gelungen, sogar in die kirchlichen Schulen und Kindergärten einzudringen. Wenn sich Schulen und Erziehungseinrichtungen „katholisch" nennen, so ist das nicht länger eine Garantie für christliche Erziehung. Die Wahrscheinlichkeit, dass Kinder mit traumatisierenden Inhalten konfrontiert werden, ist in Schulen mit hohem Migrantenanteil am geringsten, denn mit Muslimen möchte man sich nicht anlegen.

In einem Rechtsgutachten zur „Verfassungs- und Gesetzmäßigkeit der Erziehung von Schulkindern an öffentlichen Schulen in Schleswig-Holstein zur Akzeptanz sexueller Vielfalt" stellt Prof. Dr. Christian Winterhoff fest:

Insbesondere im Bereich der Sexualerziehung ist der Staat zur Zurückhaltung und Toleranz verpflichtet. Die Schule muss jeden Versuch einer Indoktrinierung der Schüler mit dem Ziel unterlassen, ein bestimmtes Sexualverhalten zu befürworten oder abzulehnen. Sie hat das natürliche Schamgefühl der Kinder zu achten und muss allgemein Rücksicht nehmen auf die religiösen oder weltanschaulichen Überzeugungen der Eltern, soweit sie sich auf dem Gebiet der Sexualität auswirken. Vor diesem Hintergrund erweist sich schulischer Unterricht mit dem Ziel, die Schüler zur Akzeptanz jeglicher Art von Sexualverhalten zu erziehen, als verfassungswidrig. Staatliche Vorgaben für die schulische Sexualerziehung, die Hetero-, Bi-, Homo- und Transsexualität als gleichwertige Ausdrucksformen von Sexualität vorgeben, verstoßen gegen das verfassungsrechtliche Indoktrinationsverbot. Im Falle eines indoktrinierenden und damit verfassungsrechtlich unzulässigen Sexualerziehungskonzepts besteht ein Befreiungsanspruch für die Kinder bzw. Eltern mit anderer Werteorientierung.[155]

Aber wen kümmert's? Hier und dort gibt es ein taktisches Zurückweichen angesichts öffentlichen Widerstands – den Anfang machte die Petition des Gymnasiallehrers Gabriel Stängle 2013 gegen den Bildungsplan der grünen Regierung von Baden-Württemberg, die in kürzester Zeit von 200.000 Personen unterzeichnet wurde. Es folgten zwischen 2014 und 2017 mehrere Demonstrationen der *Demo für alle*.[156] Tausende besorgte Eltern gingen mehrmals friedlich auf die Straße, um sich gegen die Zwangssexualisierung ihrer Kinder zu wehren, und mussten dabei von mehreren Hundertschaften Polizei vor hasserfüllten, gewaltbereiten Gegnern geschützt werden. Jeder Widerstand gegen die sexuelle Indoktrination der Schüler wird von den Medien entweder totgeschwiegen oder in die Dunkelecke Ewiggestriger gestellt, die den Zug in die Postmoderne verpasst haben.

Die Sexualrevolutionäre haben Rückendeckung von Regierungen, staatlichen Institutionen (Bundeszentrale für gesundheitliche Aufklärung), Medien, Parteien und ihren Stiftungen, den internationalen Organisationen UN und EU und ungezählten NGOs (International Planned Parenthood Federation, ILGA).

Der globale Angriff auf die Integrität der Jugend

Die Grundannahme der Sexualpädagogik ist die Auffassung, dass ein Kind ein sexuelles Wesen sei, das von Anfang an ein Recht auf sexuelle Betätigung und Lusterfahrung habe, nicht anders als die Erwachsenen. Welches Dokument zur *Comprehensive Sexual Education* (CSE) man auch in die Hand nimmt, sie wollen alle nur das eine: den neuen, sexualisierten Gender-Menschen, ohne geschlechtliche und familiäre Identität. Der Gender-Mensch kann sein Geschlecht wechseln, er/sie/divers reduziert die Sexualität auf körperliche Lust, kennt keine sittlichen Grenzen sexueller Aktivität, verhindert die Fortpflanzung durch Verhütung und Abtreibung und sieht in der Ehe von Mann und Frau und der Familie ausgediente Modelle patriarchaler Herrschaft.

Die *Standards für Sexualerziehung in Europa*, 2010 herausgegeben vom WHO-Regionalbüro für Europa und der BZgA[157], sind ein „Rahmenkonzept für politische Entscheidungsträ-

Welches Dokument zur Comprehensive Sexual Education (CSE) man auch in die Hand nimmt, sie wollen alle nur das eine: den neuen, sexualisierten Gender-Menschen, ohne geschlechtliche und familiäre Identität.

ger, Bildungseinrichtungen, Gesundheitsbehörden, Expertinnen und Experten". Es schmückt sich mit den Namen mächtiger Herausgeber, ist aber in Wirklichkeit ein unverbindliches Papier, das Eingang in die schulischen Konzepte gefunden hat und diese (schein)legitimiert.[158]* Am Ende findet sich eine lange Liste von Organisationen, Personen, Literatur und Websites, welche die *Standards* unterstützen, verbreiten und in konkrete Unterrichtspläne umsetzen.

Die *Standards* stellen die altersgemäße „sexuelle Bildung" in einer übersichtlichen Tabelle dar. Daraus einige Auszüge:

- 0–4 Jahre: Vergnügen und Lust bei der Berührung des eigenen Körpers, Entdecken der eigenen Genitalien, frühkindliche Masturbation, lustvolle Erfahrung körperlicher Nähe, Erforschen von Nacktheit.

- 4–6 Jahre: Vergnügen und Lust beim Berühren des eigenen Körpers, frühkindliche Masturbation. Angemessene Sexualsprache. Sexuelle Gefühle (Nähe, Lust, Erregung) als Teil allgemein menschlicher Gefühle. Gleichgeschlechtliche Beziehungen. Unterschiedliche Arten von (Familien-)Beziehungen. Sich bei Problemen an Vertrauenspersonen wenden. Bewusstsein der eigenen Rechte.
- 6–9 Jahre: Information über Menstruation und Ejakulation. Grundbegriffe der Empfängnisverhütung. Vergnügen und Lust bei Masturbation. Sex in den Medien. Sexualsprache verwenden. Verständnis für „akzeptablen Sex". Sexuelle Rechte von Kindern.
- 9–12 Jahre: Erste sexuelle Erfahrungen. Lust, Masturbation und Orgasmus. Unterschied zwischen Geschlechtsidentität und biologischem Geschlecht. Verständnis und Respekt für sexuelle Vielfalt. Geschlechtskrankheiten, HIV, ungewollte Schwangerschaft. Sexuelle Rechte.
- 10–15 Jahre: Unwirksame Verhütung. Schwangerschaften (auch bei gleichgeschlechtlichen Beziehungen). Schwangerschaftsabbruch. Geschlechtsidentität und sexuelle Orientierung einschl. Coming-out und Homosexualität. Lust, Masturbation, Orgasmus.
- 15 Jahre: Kritische Haltung zu kulturellen Normen hinsichtlich des menschlichen Körpers. Transaktionaler Sex (Prostitution), Anerkennung unterschiedlicher sexueller Orientierungen und Identitäten. Sexuelle Rechte. Das Recht auf Schwangerschaftsabbruch.

Das Wort Ehe kommt im ganzen Dokument nicht vor. Vaterschaft und Mutterschaft nur einmal im Zusammenhang mit Verhütung und Schwangerschaftsabbruch zur Verhinderung von Elternschaft.

Es gibt nur noch ein Prinzip, welches den Spielraum sexueller Aktivitäten begrenzen soll: das Konsens-Prinzip. Tu nur das, wozu dein/e Partner/in zustimmt! Dass das Konsens-Prinzip nicht greift, zeigen die Zahlen über sexuellen Missbrauch: 20 % der Frauen und 5–10 % der Männer seien laut UN als Kinder sexuell missbraucht worden. Dabei nehmen die sexuellen Übergriffe unter Kindern und Jugendlichen dramatisch zu. Haben all die Täter nie gehört, dass sexuelle Akte der Einvernehmlichkeit bedürfen, oder sind sie zu süchtigen Sklaven ihres Sexualtriebs geworden?

Niemals ist vom Verbot von Sex zwischen Erwachsenen und Kindern die Rede. Das Kind soll nur lernen, Nein zu sagen, wenn ihm etwas nicht gefällt. Das ist der Inhalt der Präventionsprogramme, welche Kinder mit sexuellen Abartigkeiten konfrontieren, vor denen sie sowohl in der Vorstellung wie der Realität geschützt werden sollten. Diese Programme haben eher den gegenteiligen Effekt. Ein sexualisiertes Kind, dessen Schamgefühl systematisch gebrochen wurde[159*], hat kein Warnsystem für sexuelle Übergriffe. In Wahrheit könnte das Kind nicht besser auf pädophilen Missbrauch vorbereitet werden als durch die lustfixierte Sexualerziehung – das erklärte Ziel von Helmut Kentler, dem Vater der Sexualpädagogik.

Was ermächtigt die Weltgesundheitsorganisation (WHO) und den deutschen Staat dazu, das moralische Fundament von Ehe und Familie und damit der gesamten Gesellschaft zu zertrümmern und so die menschlichen Voraussetzungen für die Lebensvision der nächsten Generation zu zerstören, nämlich „gute Familienbeziehungen"? Nichts ermächtigt sie dazu außer die Macht selbst. Die Mächtigen dieser Erde, die United Nations, die Europäische Union, die globalen Wirtschaftsunternehmen, die Internetgiganten, die Milliardenstiftungen von Soros, Gates und Rockefeller und weltumspannende NGOs wie International Planned Parenthood Federation, sie alle wollen „die sexuellen und reproduktiven Rechte" für die Jugend dieser Welt durchsetzen.

Während die *Standards* auf Europa zielen, richtet sich die *International technical guidance on sexuality education* (Internationale technische Anleitung zur Sexualerziehung) weltweit auf alle Kinder und Jugendlichen zwischen fünf und achtzehn Jahren.[160] Verantwortlich zeichnet die UNESCO, zusammen mit UNICEF, UNAIDS, UN WOMEN und WHO; IPPF wird nicht als Herausgeber genannt, aber zwanzigmal zitiert. Die Inhalte der 140 Seiten langen *Technischen Anleitung* sollen in der Gesetzgebung, der Lehrerausbildung, den Schulen und in außerschulischen Einrichtungen implementiert werden. Das Wort „technisch" soll den Eindruck erwecken, es ginge um wertneutrales know how zur „Förderung von Gesundheit und Wohlergehen", ohne „sexuelles Verhalten, sexuelle Orientierung, Genderidentität und Gesundheitsstatus zu bewerten" – homo, bi, trans, anal und oral – alles darf das autonome Individuum bewertungslos wählen. In Wirklichkeit geht es um die Auflösung der identitätsbildenden Traditionen, Werte und sozialen Normen, wie sie in allen Kulturen als Fundament der Familie bestehen.

Die Inhalte der *Technischen Anleitung* sind die gleichen wie bei den *Standards*: Kinder haben ein Recht auf Sexualität und „korrekte Informationen". Sie sollen ab fünf Jahren selbst entscheiden, wer wann und wo ihren Körper berühren darf, „denn jeder verdient es, seine eigenen Entscheidungen zu treffen". Sie sollen sich als Vorschulkinder für Menschenrechte einsetzen und „unfaire Gender-Rollen identifizieren", bevor sie dann ab 15 Jahren für die „peer-education" rekrutiert werden, d. h. Gleichaltrige oder Jüngere in Sachen Sexualität unterweisen. Schwangerschaft erscheint ausschließlich als „ungewollt" im

Kontext von Geschlechtskrankheiten und HIV; so wird die emotionale Abwehr schwerer Gesundheitsrisiken durch promiskuitiven Sex im Gehirn mit Schwangerschaft verknüpft.

Die Veruntreuung der Sprache

Es ist nicht einfach, im Bewusstsein der Menschen den Maßstab für gut und böse umzukehren, sodass sie für gut halten, was sie vorher für schlecht hielten, und für schlecht, was sie vorher für gut hielten. Dazu bedarf es ausgefeilter Methoden des *social engineering*.

Das wichtigste Werkzeug ist die Veruntreuung der Sprache. Begriffe werden ausrangiert, entleert, pervertiert, geächtet, verboten, willkürlich neu erfunden. Die Sprache, die allein dem Menschen gegeben ist und ihn befähigt, zu denken und sich seiner selbst bewusst zu werden, dient dann nicht mehr der Verständigung über Wahrheit, sondern wird zu einem Mittel der bewussten Täuschung und Manipulation, um den anderen im wahrsten Sinne des Wortes hinters Licht zu führen. Die Begriffe werden zu Nebelkerzen, die über das Böse, das sie bewirken sollen, einen Schleier des Guten werfen.

1. Begriffe, welche tradierte Werte zum Ausdruck bringen, werden schlecht geredet und ausrangiert. Beispiel: Tugend, Treue, Verzicht, Opfer, Keuschheit, Reinheit.
2. Begriffe, welche positiv besetzt sind, werden nach Belieben mit neuem Inhalt gefüllt und so instrumentalisiert. Beispiel: Freiheit, Menschenrechte, Vielfalt.
3. Neue Begriffe werden erfunden, um die neue Ideologie zu transportieren. Beispiel: Gender, reproduktive Rechte.

4. Neue Begriffe werden eingeführt, um den Gegner zu diffamieren. Beispiel: Homophobie, Transphobie, hate speech.

Die manipulative Verfälschung von Begriffen sei an einem dritten Dokument gezeigt, dem *IPPF Framework for Comprehensive Sexuality Education (CSE) – From choice, a world of possibilities*[161] (IPPF Leitlinien für die Sexualerziehung – Von der Wahlfreiheit, eine Welt der Möglichkeiten). Zur International Planned Parenthood Federation gehören 151 Mitgliedsorganisationen und Vertretungen in 180 Ländern, IPPF hat also erhebliche Macht, ihre Programme weltweit zu implementieren. Bereits das englische Wort „comprehensive" ist eine Täuschung. Es bedeutet „umfassend". Genau das brauchen wir, eine Sexualerziehung, die den ganzen Menschen umfasst, seinen Leib, sein Herz und seinen Geist – das Begehren des Körpers nach sexueller Befriedigung, die Sehnsucht des Herzens nach Liebe und den Geist als Sitz der Vernunft und des Willens. In dieser Spannung steht der Mensch und er kann seine Sehnsucht nach dauerhafter Liebe nur erfüllen, wenn die Sexualität von Vernunft und Willen gesteuert wird. Das paradoxe Ergebnis der „sexuellen Befreiung" ist, dass der Körper sich des Geistes des Menschen bemächtigt und ihn zum Sklaven seines Sexualtriebes macht. Die Folgen: Pornografiesucht, massenhafter sexueller Missbrauch von Kindern, Menschenhandel und Prostitution.

„Choice", Wahlfreiheit, ist der zweite Köder, der dem vermeintlich autonomen Individuum eine „Welt der Möglichkeiten" verheißt. Jeder Mensch ersehnt Freiheit, denn in der selbstbestimmten Entscheidung verwirklicht sich seine Würde. Aber das Leben setzt der freien Willensentscheidung prinzipiell und ununterbrochen Hindernisse entgegen. Der religiöse Mensch erkennt, dass es eine göttliche Ordnung gibt,

*Die Sprache wird zu
einem Mittel der bewussten
Täuschung und Manipulation,
um den anderen im
wahrsten Sinne des Wortes
hinters Licht zu führen.*

und erlebt, dass das Einfügen in diese Ordnung zwar Verzicht verlangt, ihn aber dauerhaft in die Fülle des Lebens führt. Der Mensch der Postmoderne, der sich selbst zum Gott gemacht hat, rennt gegen diese Hindernisse an. Wäre es nicht wunderbar, in einer Welt unbegrenzter Möglichkeiten zu leben und, so verheißt es IPPF, „Kontrolle über den eigenen Körper und das eigene Schicksal" zu haben"? Das Wasser dieser Sehnsucht leitet IPPF auf die Mühlen ihres weltweiten Abtreibungsnetzwerkes.

Die „Wahlfreiheit", ein Kind im Mutterleib zu töten, wird mit einem weiteren Code-Wort an die Frau und die Jugend gebracht: „Reproduktive Gesundheit und Dienstleistungen" (reproductive health and services). Im Verschleierungsjargon der UN und EU ist damit der flächendeckende Zugang zu Verhütungsmitteln, Abtreibung und Sexualerziehung in den Schulen gemeint, unter Anwendung „höchster Gesundheitsstandards". Aber die Verheißungen erweisen sich einmal mehr als Angelhaken für die Strategien der Sexualrevolutionäre, die das Gegenteil von dem bewirken, was sie versprechen.

Safe sex gibt es nicht. Promiskuitiver Sex hat zu einer Epidemie von sexuell übertragbaren Krankheiten geführt – ein Viertel aller weiblichen, sexuell aktiven US-amerikanischen Teenager ist davon befallen.[162] Ebenso wenig kann die Schwangerschaft als unerwünschte Nebenwirkung von Sex zuverlässig verhütet werden, vielmehr wird neue Kundschaft für die Abtreibungsindustrie produziert.

Ein besonders sprechendes Beispiel für die strategische Begriffsverwirrung sind die „Stufen der Toleranz" von Olsson, die im *Framework* von IPPF dargestellt werden. Die Treppe nach oben führt von der Toleranz zur Akzeptanz, zur Wertschätzung, zum wechselseitigen Verstehen bis zur Feier der Vielfalt (*celebration of diversity*). Die Treppe nach unten führt von minus Toleranz zur Ablehnung, zur Homophobie, zur Diskriminierung, zur Stigmatisierung, zu Hass und Gewalt.

Es scheint, dass Herr Olsson noch nie eine Pro-Life-Demonstration miterlebt hat, denn dann würde er sehen, dass die Beschützer des Lebens friedlich und respektvoll sind, während ihre Gegner sie mit hasserfüllten Parolen beschimpfen und von starken Polizeiaufgeboten an gewaltsamen Ausschreitungen gehindert werden müssen.

Haben sich die Sexualrevolutionäre erst einmal als „Wissenschaftler" etabliert und Zugang zu den Kindergärten und Schulen gefunden, dann geht es darum, in die Herzen der Kinder einzudringen. Im Kindergarten ist das einfach. Kleine Kinder sind Wachs in den Händen der Erzieher, lernen durch Vorbild und Nachahmung und haben keinerlei Möglichkeit, zu einem eigenen Urteil zu gelangen. Widersprüche zwischen Elternhaus und Kindergarten führen zur Verwirrung und Desorientierung, etwa wenn ihnen in Bilderbüchern oder der Realität zwei Frauen oder zwei Männer als „Eltern" begegnen oder sie „Sophie" plötzlich „Ben" nennen müssen. Bei älteren Kindern, die im Kindergarten eventuell schon durch „Partizipation" zur Einklagung ihrer „Rechte" erzogen wurden, muss geschickter vorgegangen werden. Die meist von außen zugezogenen Sexualpädagogen treten als Experten auf, die kompetenter sind als die Lehrer und die Eltern. Gleichzeitig präsentieren sie sich den Schülern als Freund, Vertrauensperson und Anwalt gegenüber den strengen Eltern mit ihren überholten Moralvorstellungen. Sie instrumentalisieren den frühzeitig stimulierten Sexualtrieb der Kinder und Jugendlichen für ihre kulturrevolutionären Ziele. Dies sind die Methoden:

- Darstellung permissiver Sexualität als Normalität und Mainstream: Alle machen es so.
- Erzeugung von Anpassungsdruck in der Gruppe
- Brechung des Schamgefühls durch Hantieren mit Plastik-Penissen, Plüsch-Vagina, Kondom, Verbalisierung sexueller Vorgänge im Klassenverband und sexuell ausgerichteter Rollenspiele und Körperübungen
- Detaillierte Darstellungen sexueller Handlungen in Wort, Bild und Film
- Darstellung von Geschlechtskrankheiten und Schwangerschaft als unerwünschte Nebenwirkungen von Sex
- Ausblendung von Ehe und Familie durch Nicht-Erwähnen
- Darstellung der Zerfallsformen der Familie als gleichwertig
- Peer-education: Ausbildung und Einsatz Gleichaltriger zur Sexualaufklärung[163]*

Niemand lasse sich verwirren durch die Propaganda, welche die Sexualerziehung als modern, aufgeklärt, „wissenschaftlich" und jugendfreundlich darstellt und ihre Gegner als ewiggestrige Fundamentalisten diffamiert. Die Sexualisierung von Kindern und die Destabilisierung ihrer Geschlechtsidentität ist ein Angriff auf die sittlichen Grundlagen der Person, der Familie und der Gesellschaft mit (un)absehbaren Folgen. Den Kindern wird die unbeschwerte, heitere Kindheit geraubt, indem sie in den sittlichen Morast der hypersexualisierten Gesellschaft eingetaucht werden. Die Erziehungsautorität der Eltern wird untergraben durch die Brechung des Schamgefühls und die Aufstachelung zur Einforderung von „Kinderrechten". Die Leistungsfähigkeit von Kindern wird geschwächt, wenn sie frühzeitig mit Beziehungsdramen und schweren seelischen Enttäuschungen zu kämpfen haben.[164] Die intellektuelle und seelische Indoktrination bis hin zur Förderung des „coming-out", ja des Geschlechtswechsels, vereitelt ihre eigene Zukunftsvision einer glücklichen Familie.

Die als Wissenschaftler auftretenden Sexualpädagogen mögen Studien vorweisen, welche zeigen, dass Familien stabiler, Kinder glücklicher, psychische Störungen geringer, die Leistungsfähigkeit höher, die Anfälligkeit für Drogen und Kriminalität geringer werden, wenn Kinder ab dem Babyalter auf sexuelle Lusterfahrungen programmiert werden. Sie können es nicht, denn solche Studien gibt es nicht.

Der neue Hype: Transgender

Plötzlich ist das Thema Transgender in aller Munde. Der Geschlechtswechsel ist zu einem Hype unter Jugendlichen geworden, insbesondere bei pubertierenden Mädchen. Kinderpsychiater Alexander Korte, Oberarzt der Kinderpsychiatrie am Klinikum der Stadt München, sagt, die Fälle von Kindern, die sich mit ihrem biologischen Geschlecht nicht identifizie-

*Die Sexualisierung von
Kindern und die Destabilisierung
ihrer Geschlechtsidentität
ist ein Angriff auf die sittlichen
Grundlagen der Person, der
Familie und der Gesellschaft mit
(un)absehbaren Folgen.*

ren können, hätten sich seit 2013 verfünffacht.[165] In Großbritannien gab es im Jahr 2010 97 Kinder und Jugendliche, die bei einem einschlägigen Zentrum um Hilfe baten, 2017/18 waren es 2519. Das Fachwort für diese psychische Störung ist Genderdisphorie. Vor zwanzig Jahren gab es weder dieses Wort und so gut wie nie das Phänomen. Was ist passiert?

Im Zuge der Gender-Durchsäuerung der gesamten Gesellschaft wird die Auflösung der „Geschlechtsstereotypen" seit Jahrzehnten von den UN und der EU propagiert. Rosa für Mädchen und Blau für Buben sei eine unstatthafte Festlegung des Kindes auf das ihm bei der Geburt „zugeschriebene" Geschlecht. Das Kind komme nicht als Junge oder Mädchen auf die Welt, vielmehr werde ihm das Geschlecht von seiner Umwelt wie ein abnehmbares Etikett um den Hals gehängt. Die Verunsicherung der geschlechtlichen Identität fängt, wie bereits aufgezeigt, im Kindergarten an. Es gibt Eltern, die Kindern geschlechtsneutrale Vornamen geben, damit das Kind später selbst entscheiden kann, was es sein möchte. So wird der Samen der Identitätsverunsicherung in ihr so formbares und verwundbares kleines Herz gesät.

Politische Machthaber westlicher Staaten fördern die Auflösung der Geschlechtsidentität: US-Präsident Barack Obama zündete einen Tag nach der Legalisierung der gleichgeschlechtlichen „Ehe" durch den US-Supreme Court am 26. Juni 2015 die nächste Stufe der LGBTIQ-Rakete: Er brach den sogenannten „Bathroom Battle" vom Zaun und verordnete den Schulen, dass transsexuelle Schüler die Waschräume ihrer Wahl benutzen durften, d. h. ein Junge, der sich zum Mädchen erklärte, durfte sich nun qua präsidentiellem Erlass mit den Mädchen unter die Dusche stellen.

In Schottland verlangt das Gesundheitsministerium seit 2016 von den Schulen, Kinder beim Geschlechtswechsel zu unterstützen, auch ohne Wissen der Eltern und gegen deren Willen.[166] Konkret: Charlie geht mit Bubenkleidern aus dem Haus, zieht in der Schule Mädchenkleider an, wird mit Rosie angeredet und geht in Bubenkleidern wieder nach Hause. So wird Charlie von der Schule vor den Eltern „geschützt", die seine Geschlechtsdisphorie nicht unterstützen wollen.

2018 beschloss die Organisation für Hochschulsport in Kanada die „inklusive transgender policy"[167]: Alle Sportler*Innen dürfen in dem Team zum Wettkampf antreten, das dem Geschlecht ihrer Wahl entspricht. Feministinnen begehren begreiflicherweise dagegen auf und werden deswegen als „transphob" diffamiert.

Kinderpsychiater Korte spricht im oben zitierten Spiegel-Interview von einem „Zeitgeistphänomen", an dessen Entstehung die Medien wesentlichen Anteil haben.

Das Transgender-Thema wird gegenwärtig sehr gehypt, vor allem auf YouTube und Instagram. Es gibt eine Reihe von Transjungen, die Stars auf diesen Kanälen sind, die als Influencer fungieren. Bei „Germany's Next Topmodel" haben Transmädchen mitgemacht. Diese Personen haben eine Vorbildfunktion. Die Pubertät ist eine Phase der partiellen Neuerfindung, Fragen der Identität stehen bei den Jugendlichen ganz oben. Mit Transgender gibt es für sie eine neue Identitätsschablone.

Der Hype ist nachvollziehbar: In einer Gesellschaft, in der die Familie zu Bruch geht, gibt es massenhaft Kinder und Jugendliche, die große psychische Probleme haben. Schon sehr früh sind Kinder im Internet unterwegs und stoßen dort auf die Botschaft: Die Ursache für deine Probleme ist, dass du das falsche Geschlecht hast. Ändere es und alles wird gut. Ihre familiäre Situation können sie nicht ändern und so fallen sie auf die Lüge herein, sie könnten ihr Geschlecht ändern. Diese Kinder brauchen dringend therapeutische Hilfe.

Was nach ihrem Coming-out sofort geschieht, ist, dass sie eine Überdosis an Aufmerksamkeit bekommen – in der Familie, in der Schule, im Internet – und der tückischen Verführung auf den Leim gehen: *Dann* werde ich mit einem Schlag ein glücklicher Mensch.

Schule, Ärzte, Therapeuten, Medien machen sich zu Kollaborateuren, denn sie wollen nicht der „Diskriminierung" und „Transphobie" bezichtigt werden. Eltern werden gedrängt, ihr Kind bei der Geschlechtsumwandlung zu unterstützen; vielleicht droht es bereits mit Selbstmord, wenn die Eltern nicht zustimmen, dass es pubertätsblockierende Hormone einnehmen darf.

Das Problem bei der Sache: Diese Hormone können den Jugendlichen lebenslang unfruchtbar machen; sie haben zahlreiche ernste Nebenwirkungen wie erhöhte Risiken für Herz-Kreislauf-Erkrankungen, Thrombose, Schlaganfall, Osteoporose, Wachstumsstörungen, Krebs. Die Person wird zum lebenslangen Patienten, die täglich Hormone einnehmen muss und deren Lebensenergie im aussichtslosen Kampf um einen Wechsel des eigenen Geschlechts gebunden ist. Die Suizidrate bei Transgender-Personen ist vor *und nach* Umwandlungsmaßnahmen achtmal höher, nämlich 41 % im Vergleich zu 5 % im Durchschnitt der Bevölkerung.[168]

Diese Entscheidung mit irreversiblen Konsequenzen dürfen Kinder und Jugendliche in einem Alter treffen, in dem das Gesetz sie für zu unreif hält, Auto zu fahren oder Alkohol zu trinken. Das American College of Pediatricians warnte nachdrücklich vor diesen Experimenten, die keinerlei wissenschaftliche Grundlage haben.[169]

Im Vereinigten Königreich haben in den letzten drei Jahren 35 Psychologen den Gender Identity Development Service (GIDS) verlassen, die wichtigste Institution, die bei Kindern den „Geschlechtswechsel" durchführt. Sie sprechen von einem „medizinischen Skandal" und wollen sich daran nicht mehr schuldig machen. Allerdings scheuen sie die Öffentlichkeit, weil sie von der Transgender-Lobby Repressionen zu erwarten haben. 2009 wurden bei GIDS 77 Kinder behandelt, 2018/19 waren es 2.590 mit einer Warteliste von 3000 Kindern, überwiegend Mädchen. Psychotherapie wird ihnen nicht angeboten, obwohl häufig psychologische Traumata, darunter sexueller Missbrauch, zur Ablehnung des eigenen Geschlechts führen.[170]

Es gibt Opfer der Transgender-Ideologie, die ihre Stimme erheben. Eines von vielen ist Walt Heyer.[171] Er hat alle Krisen und

Wendungen des Transgender-Lebens durchlitten, bis er nach der operativen Geschlechtsumwandlung vom Mann zur Frau schließlich doch wieder sein männliches Geschlecht angenommen hat. Nun ist er weltweit unterwegs, um mit leiderfahrenem Mitgefühl Menschen dabei zu helfen, ihr Leben wieder in Besitz zu nehmen: *Take back your life. Others have. You can, too.*[172]

Die gute Nachricht ist: Mehr als 90 Prozent der Jugendlichen, die in der Pubertät Zweifel an ihrem Geschlecht haben, stabilisieren sich ganz von selbst nach zwei Jahren in ihrer unveränderlichen biologischen Identität – sofern sie nicht in die Hände eines Arztes oder eines sozialen Umfelds geraten sind, das ihnen Leben zerstörende Entscheidungen möglich macht.

... und wenn sie nicht eine Mutter haben, die ihrem Sohn mit drei Jahren in Luna umtauft, ihm Mädchenkleider anzieht und ihn als Mädchen in der Schule anmeldet. Die Rede ist von James, Sohn einer Kinderärztin aus Texas. Das Kind ist mit seiner Mutter nicht verwandt, denn es wurde durch Eispende erzeugt. Die rechtliche Mutter wollte dem siebenjährigen Sohn pubertätsblockierende Hormone verabreichen, der geschiedene Vater sperrte sich, die Sache ging im Oktober 2019 vor Gericht: Elf von zwölf Schöffen entschieden, dass die Mutter das Recht habe, die Geschlechtsumwandlung ihres Sohnes einzuleiten.

Ein Aufschrei ging durchs Land. Innerhalb weniger Tage erhielt eine Petition zur Rettung von James vor der chemischen Kastration 211.000 Unterschriften.[173] Senator Ted Cruz schaltete sich ein und forderte die Regierung auf zu verhindern, dass James als Versuchskaninchen einer linken Agenda benutzt würde. Bald darauf entschied ein Berufungsgericht, dass die Geschlechtsumwandlung nicht ohne Zustimmung des Vaters vorgenommen werden dürfe.

James hatte Glück. Sein Vater war entschlossen zu kämpfen. Er sagte in einem Interview: „Ich bin bereit, bis zum Sup-

*Nicht mehr die
natürlichen Vorgaben der
menschlichen Existenz
sollen bestimmen,
was Mann und Frau, Ehe,
Elternschaft und Familie sind,
vielmehr maßt sich
der Staat an, diese Vorgaben
durch willkürliche
Gesetzgebung außer Kraft
zu setzen.*

reme Court zu gehen. Ich möchte jedes Kind der Vereinigten Staaten vor solch abscheulichen Praktiken der Ärzteschaft beschützen. Wir müssen sie gesetzlich verbieten. Das darf keinem anderen Kind passieren."[174]

Wie ist es möglich, dass innerhalb weniger Jahre die Zerstörung der eigenen geschlechtlichen Identität mit schwersten lebenslangen Folgen zu einer staatlich und medial geförderten Mode unter Jugendlichen wird? Wie ist es möglich, dass weder die staatlichen noch die medizinischen Instanzen einschreiten und der schweren Schädigung von Kindern Einhalt gebieten?

In einem 65 Seiten starken Handbuch, das von einer der weltweit größten Rechtsanwaltskanzleien zusammen mit der Thomson Reuters Foundation (Medien) und einer LGBTIQ-Jugendorganisation erstellt wurde, werden Strategie und Taktik der Veränderung des Massenbewusstseins, des Erziehungsrechts der Eltern und der Gesetzgebung dargelegt. Das Dokument heißt *Only Adults? Good Practises in Legal Gender Recognition of Youth* (Nur Erwachsene? Bewährte Praktiken zur Gender-Legalisierung von Jugendlichen).[175]

Größtes Hindernis für das Recht auf freie Wahl des Geschlechts von Kindern und Jugendlichen sind erziehungsberechtigte Eltern, die ihre Zustimmung verweigern. Das Handbuch erläutert bewährte Taktiken für Lobbygruppen, wie das Aufkommen von Widerstand verhindert und Gesetze implementiert werden können, bevor die Öffentlichkeit überhaupt davon erfahren hat.

1. Komme der Regierung zuvor und veröffentliche progressive Gesetzesvorschläge, bevor es die Regierung tut.
2. Verbirg deine Kampagne hinter einem Schleier, indem du sie im Schatten einer anderen Kampagne mit großer Akzeptanz durchführst, z. B.: Transgender Rechte für Jugendliche als Teil der Kampagne für die gleichgeschlechtliche Ehe.
3. Vermeide mediale Berichterstattung, mache stattdessen individuelle Lobbyarbeit bei Politikern.

Wenn der öffentliche Austausch von Argumenten der betroffenen Interessengruppen durch hochentwickelte Manipulationsstrategien ersetzt wird und Politiker und Richter bereit sind mitzuspielen, dann wird die Demokratie von innen ausgehöhlt, bis es schließlich kein Recht auf eine andere Meinung und ein abweichendes Handeln gibt.

Es geht um Kinder und Jugendliche, um ihr Leben und ihre Zukunft und damit um die Zukunft der ganzen Gesellschaft. Sie werden von den gewissenlosen Aktivisten der Transideologie missbraucht.[176] Diese wissen, dass sie mit der Zerstörung der Geschlechtsidentität den Hebel in der Hand haben, um die Familie zu zerschlagen. Nicht mehr die natürlichen Vorgaben der menschlichen Existenz sollen bestimmen, was Mann und Frau, Ehe, Elternschaft und Familie sind, vielmehr maßt sich der Staat an, diese Vorgaben durch willkürliche Gesetzgebung außer Kraft zu setzen. Wenn der Staat sich im Dienste einer Ideologie über die Natur erhebt, gibt es nichts mehr, was seinem Zugriff Einhalt gebieten könnte.

Die Kosten sind immens. Es kostet die Stabilität der Familie, es kostet die psychische und physische Gesundheit von Kindern und Jugendlichen, es kostet ständig wachsende Sozialausgaben, es kostet Rechtsstaatlichkeit und Gerechtigkeit.

9.

Kinderrechte – der übergriffige Staat

*Ohne die klassische Familie
mit Mutter, Vater und Kind(ern) ist
im wahrsten Sinn des Wortes
kein Staat zu machen. Ohne Familie
verkommt ein Gemeinwesen zu
einem Ameisenhaufen entindividualisierter
Wesen. Ohne Familie gibt es keinen
Widerstand gegen die
Indoktrination durch Ideologen.*

Josef Kraus, Pädagoge, Publizist und Psychologe

Wer wollte nicht, dass es Kindern gut geht, für ihr Wohlergehen gesorgt wird und sie vor Einflüssen beschützt werden, die ihrer Entwicklung zu einer reifen, verantwortungsvollen Persönlichkeit entgegenstehen? Gemäß der Verfassung ist dies das Recht und die Pflicht der Eltern, bis den Kindern mit der gesetzlichen Volljährigkeit die Entscheidungsmacht für das eigene Leben übertragen wird.

Weil die Eltern das Kind gezeugt haben und es normalerweise lieben, haben sie das größte lebenslange Interesse am Wohlergehen des Kindes. Nichts gibt ihnen ein größeres Empfinden, es im Leben gut gemacht zu haben, als das Gedeihen der eigenen Kinder.

Kinderrechte Ins Grundgesetz?

Dies sind die Rechte, welche das Grundgesetz der Bundesrepublik Deutschland in Artikel 6, Absatz 2 für Ehe, Familie und Kinder formuliert:

(1) Ehe und Familie stehen unter dem besonderen Schutze der staatlichen Ordnung.

(2) Pflege und Erziehung der Kinder sind das natürliche Recht der Eltern und die zuvörderst ihnen obliegende Pflicht. Über ihre Betätigung wacht die staatliche Gemeinschaft.

(3) Gegen den Willen der Erziehungsberechtigten dürfen Kinder nur auf Grund eines Gesetzes von der Familie getrennt werden, wenn die Erziehungsberechtigten versagen oder wenn die Kinder aus anderen Gründen zu verwahrlosen drohen.

(4) Jede Mutter hat Anspruch auf den Schutz und die Fürsorge der Gemeinschaft.

Würde der Staat sich daran halten, hätten wir eine Gesellschaft, welche die Ehe, die Familie, die Mutter, die Kinder achtet, fördert und unterstützt – zum Wohle aller. Der Staat würde materielle und soziale Bedingungen schaffen, unter denen Familien gedeihen können, insbesondere ein Sozial-, Steuer- und Rentensystem, welches die Familienarbeit angemessen honoriert. Er würde das Prinzip der Subsidiarität respektieren und keine Aufgaben und Verantwortlichkeiten an sich ziehen, die von der Familie selbst gelöst werden können. Der Staat würde das Recht der Eltern, ihre Kinder nach den eigenen Wertvorstellungen zu erziehen, wahren, denn er wüsste: Die Familie verdankt sich nicht dem Staat, vielmehr sind der Staat und die Gesellschaft auf die unersetzlichen Leistungen der Familie angewiesen.

Anstatt die Prinzipien des Grundgesetzes umzusetzen, fordern die linken Parteien seit Jahren, besondere Kinderrechte ins Grundgesetz aufzunehmen. Sind Linke und Grüne besonders kinderlieb? Setzen sie sich für die Stärkung der Familie von Vater, Mutter, Kindern ein, die – tausendfach nachgewiesen – das beste Habitat für Kinder ist? Wie passen „Kinderrechte" in das Lebensgefüge von Eltern und Kind?

Rechte beruhen auf Wertentscheidungen. Welche Werte sollen durch Kinderrechte durchgesetzt werden? Von wem gegenüber wem?

Die Familie verdankt sich nicht dem Staat, vielmehr sind der Staat und die Gesellschaft auf die unersetzlichen Leistungen der Familie angewiesen.

Das Urdokument für Kinderrechte ist die UN-Konvention für Kinderrechte, welche 1990 in Kraft trat und 1992 von Deutschland ratifiziert wurde. Die Konvention liest sich kinderfreundlich, wenn man genauer hinschaut, stellen sich allerdings einige Fragen.[177]

- Das Kind soll vor Diskriminierung geschützt werden (Art. 1). Frage: Ist das Kind nicht bereits wie alle Menschen vor Diskriminierung geschützt?
- Das Wohl des Kindes ist bei allen staatlichen Maßnahmen „vorrangig zu berücksichtigen" (Art. 3.1). Frage: Vorrangig vor wem?
- Das Kind, „das fähig ist, sich eine eigene Meinung zu bilden", hat ein Recht, „diese Meinung in allen das Kind berührenden Angelegenheiten zu äußern und muss gehört werden" (Art. 12).

Frage: Wie bildet sich ein Kind seine eigene Meinung und wer muss es hören?

- Das Kind muss „Zugang zu Informationen und Material aus einer Vielfalt nationaler und internationaler Quellen" haben (Art. 17).
Frage: Was, wenn die Eltern den Zugang zu den Massenmedien einschränken?

- Das Kind hat ein Recht „auf das erreichbare Höchstmaß an Gesundheit und Zugang zu Gesundheitsdiensten". Dazu sollen die Vertragsstaaten „die Aufklärung und die Dienste auf dem Gebiet der Familienplanung ausbauen" (Art. 24).
Frage: Könnten damit Sexualerziehung, Verhütung und Abtreibung gemeint sein?

- Bildungsziele und Bildungseinrichtungen müssen „den vom Staat festgelegten Mindestnormen entsprechen" (Art. 29).
Frage: Welche Bildungsziele hat der Staat? Was, wenn sie den Bildungszielen der Eltern widersprechen?

Damit eine solche Konvention in der Vollversammlung der UN von den Vertretern von 193 Staaten akzeptiert werden kann, muss das *wording* sorgfältigst gewählt werden. Deswegen klingen die Formulierungen auf den ersten Blick harmlos und zustimmungsfähig. Auf den zweiten Blick zeigt sich, was durch die ungenauen Begriffe ermöglicht wird: Unmündige Kinder aller Altersstufen bekommen das Recht, ihre durch Sexualerziehung, peer groups, Facebook und Medien geformten Wünsche mittels staatlicher Eingriffe gegen die Eltern durchzusetzen. Die schwammigen Begriffe, mit denen die Kinderrechtskonvention operiert, sind in Wirklichkeit Platzhalter für kulturrevolutionäre Inhalte.

Bereits 2013[178] und 2016[179] wurde im Deutschen Bundestag ein Gesetzentwurf zur Aufnahme von Kinderrechten ins

Grundgesetz eingebracht, aber ohne Erfolg, denn bei der Anhörung im Rechtsausschuss erteilten die Experten einer Grundgesetzänderung eine klare Absage. Sie betonten übereinstimmend, dass es „keine Lücke" im Grundgesetz gebe. Kinder sind Menschen, und die Menschenrechte gelten für alle Menschen bedingungslos, sie müssen nicht für einzelne Gruppen gesondert definiert werden. Der Verfassungsrechtler Prof. Gregor Kirchhof legte im Rechtsausschuss am 26. Juni 2013 dar, dass der umfassende Grundrechtsschutz für Kinder dadurch sogar geschwächt und die Eltern-Kind-Beziehung „verrechtlicht" würde.[180]

Die ablehnenden Gutachten der Rechtsexperten scheinen auf die Betreiber von Kinderrechten keinen Eindruck zu machen. Über Jahre fungierte die CDU als Firewall gegen die rot/grünen Absichten, aber diese Brandmauer ist eingebrochen, Kinderrechte wurden 2017 in den Koalitionsvertrag von CDU und SPD aufgenommen. Im November 2019 machte Justizministerin Christine Lambrecht (SPD) einen weiteren Vorstoß zur „Förderung der Grundrechte von Kindern". Ein neuer Absatz sollte in Artikel 6 GG eingefügt werden:

Jedes Kind hat das Recht auf Achtung, Schutz und Förderung seiner Grundrechte einschließlich seines Rechts auf Entwicklung zu einer eigenverantwortlichen Persönlichkeit in der sozialen Gemeinschaft.

Wieder stellen sich Fragen: Was heißt „eigenverantwortlich" und wer ist die „soziale Gemeinschaft"? Ist das Kind bis zur Volljährigkeit nicht in erster Linie den Eltern verantwortlich? Ihre Pflicht ist es, ihre Kinder in Zusammenarbeit mit der Schule so zu erziehen, dass sie als Erwachsene Eigenverantwortung in der Gesellschaft übernehmen können.

Rechte sind einklagbar. Wer genau soll Kinderrechte gegen wen einklagen? Im Abschlussbericht der Bund-Länder-Arbeitsgruppe „Kinderrechte in Grundgesetz" vom 14. Oktober 2019 heißt es, dass „der schon urteilsfähige, aber noch unmündige Mensch die ihm zustehenden Rechte eigenständig [!] ausüben können soll" und dass ihm bei „Interessenkonflikten zwischen Kind und Sorgeberechtigten ein Ergänzungspfleger oder ein anderer Vertreter bestellt wird, wie es auch im sonstigen Prozessrecht vorgesehen ist".[181]

Meinungsverschiedenheiten zwischen Kindern und Eltern über das, was das Kind soll und darf und was es nicht soll und nicht darf, gibt es zwischen Eltern und Kindern immer. Das sind keine „Interessenkonflikte", sondern die täglichen Herausforderungen von Erziehung. Ein staatlich verordneter „Ergänzungspfleger" würde die Erziehungsautorität der Eltern untergraben, ohne dass dies durch eine Situation des Missbrauchs oder der Verwahrlosung gerechtfertigt wäre.

Eltern sind nie perfekt, sie machen Fehler und oft schwere. Weil der Mensch bedauerlicherweise nicht durch und durch gut ist, sind Familien nicht nur ein Ort der Stärkung und des Rückhalts, sondern ebenso der Ort der Entbehrung und Verwundung. Soll deswegen der Staat die Erziehung von Kindern übernehmen? Werden staatliche Funktionäre besser für das Kind sorgen als die Eltern? Es sind auch nur verwundete Menschen, die sich aber in einem wesentlichen Punkt von den Eltern unterscheiden: Eltern haben die Kinder gezeugt, sie kennen und lieben ihre Kinder. Der Staat kann nicht lieben. Eltern sind lebenslang existenziell am Wohl ihrer Kinder interessiert. Der Staat handelt durch bezahlte, parteipolitisch gebundene Funktionäre. Er macht sich zum Übervater, der besser weiß, was die richtige Erziehung für die Kinder ist und welche Werte den Kindern vermittelt werden sollen.

Eltern haben die Kinder gezeugt, sie kennen und lieben ihre Kinder. Der Staat kann nicht lieben.

Wie läuft das konkret, wenn einem minderjährigen Kind ein „Ergänzungspfleger" an die Seite gestellt wird zur Durchsetzung seiner Wünsche? Zum Beispiel so: Der zwölfjährige Karl möchte unbedingt ein Smartphone, weil alle anderen eines haben und weil er sonst ausgeschlossen ist aus der WhatsApp-Gruppe seiner Kumpel. Die Eltern wollen ihm kein Smartphone geben, unter anderem deshalb, weil sie ihn vor Pornografie bewahren möchten. Sie meinen, dass Pornografie das Kindeswohl nachhaltig schädigt, finden beim Schutz vor Pornografie aber keinerlei Unterstützung vom Staat.

Karl wurde in der Schule darüber belehrt, dass er ein im Grundgesetz garantiertes Recht auf Informationsbeschaffung hat. Er fordert von den Eltern die Gewährung dieses Rechts. Die Eltern verweigern es ihm. Karl geht zum Jugendamt, das ihm einen „Ergänzungspfleger" als Rechtsbeistand an die Seite stellt. Das Familiengericht entscheidet, dass die Eltern Karl mit einem Smartphone ausstatten müssen. Die Beziehung zwischen Eltern und Kind ist zerrüttet.

Oder die dreizehnjährige Sophie möchte jetzt Ben werden und pubertätsblockierende Hormone einnehmen. Die Eltern sind dagegen. Sophie klagt ihr „Recht auf Entwicklung zu einer eigenverantwortlichen Persönlichkeit" ein. Die Eltern werden gezwungen zuzulassen, dass ihre pubertierende Tochter etwas tut, das sie wahrscheinlich unfruchtbar macht und das Suizidrisiko um das Achtfache erhöht – Folgen, vor denen sie ihre dreizehnjährige Tochter bewahren möchten.

Wollte der Staat tatsächlich das Kindeswohl fördern, so müsste er die Familie stärken, denn nichts beeinträchtigt das Kindeswohl mehr als zerbrochene Familien. Die Verankerung von „Kinderrechten" im Grundgesetz treibt einen Keil in die Beziehung von Eltern und Kindern. Sollten Eltern nach Auffassung des Staates die Kinderrechte verletzen, so bleibt dem Staat als *ultima ratio* die Inobhutnahme.

„Inobhutnahmen" durch den Staat

Das Grundgesetz spricht dem Staat mit Artikel 6 (2) ein Wächteramt über das Kindeswohl zu. Selbstverständlich muss der Staat einschreiten, wenn Kinder misshandelt werden oder verwahrlosen.[182]* Aber der Staat neigt dazu, sein Wächteramt extensiv und unkontrolliert auszuüben. In Deutschland gab es 2005 25.664 „Inobhutnahmen", 2016 84.230, 2018 52.590.[183] Ein Großteil des Anstiegs von 2016 entfällt auf „alleinreisende, minderjährige Flüchtlinge", aber auch bei Herausrechnung dieser Gruppe sind die Fallzahlen gestiegen. Die Kosten belaufen sich inzwischen auf mehr als neun Milliarden Euro im Jahr, ein Geschäftssektor, an dem Hunderttausende verdienen. Es fehlt an Transparenz und Kontrolle, wie eine Studie des Instituts der deutschen Wirtschaft bemängelte.[184] 41 % der Kinder und Jugendlichen kehren irgendwann wieder in ihre Familien zurück. Für 59 % ist das familiäre Band endgültig zerrissen.

Die Jugendämter agieren in einem Graubereich staatlicher Machtausübung. Zwar muss es in Deutschland einen Tag nach Beginn der Aktion eine richterliche Entscheidung geben. Dann aber schalten und walten die Jugendämter über das Besuchsrecht, die Zuordnung zu einem Elternteil oder die dauerhafte Trennung bis hin zur Freigabe zur Adoption. Elterlicher Einspruch auf dem Gerichtsweg ist langwierig und kostspielig. Es fehlt an eindeutigen Kriterien und an einer übergeordneten Instanz, welche die Jugendämter berät und kontrolliert.

Ein Fall, der internationale Medienaufmerksamkeit erlangte und das Bild vom deutschen Willkürstaat heraufbeschwor, ist Familie Wunderlich. Die Eltern kämpften über Jahre dafür, ihre vier Kinder zu Hause selbst unterrichten zu dürfen. Homeschooling ist in Deutschland verboten, in fast allen anderen europäischen Ländern hingegen erlaubt. (In den USA gibt es eine ständig wachsende Homeschool-Bewegung; die zu selbstständigem Lernen und sozialer Kompetenz erzogenen jungen Menschen genießen bei den Eliteuniversitäten besondere Wertschätzung.)

Im August 2013 stürmten 30 Polizeibeamte und Sozialarbeiter das Haus der Familie Wunderlich und nahmen ihre vier Kinder „in Obhut" – ein traumatisches Ereignis für die ganze Familie. Erst nach Monaten bekamen sie ihre Kinder unter der Bedingung zurück, sie auf öffentliche Schulen zu schicken. Den Wunderlichs blieb keine andere Wahl, aber sie kämpften weiter für das Recht auf Heimerziehung. Der Fall ging bis zum Europäischen Gerichtshof für Menschenrechte (EGMR), der im Januar 2019 gegen die Familie entschied, obwohl die Kinder als gebildet und sozialkompetent beurteilt wurden. Der EGMR tastete damit das in Deutschland geltende Verbot von Heimerziehung nicht an. Aber das letzte Wort ist im Fall Wunderlich noch

> *Wollte der Staat tatsächlich das Kindeswohl fördern, so müsste er die Familie stärken, denn nichts beeinträchtigt das Kindeswohl mehr als zerbrochene Familien.*

nicht gesprochen, er könnte noch vor die Große Kammer des Europäischen Gerichtshofs für Menschenrechte kommen.[185]

Angesichts der immer größeren Eingriffe des Staates in das Elternrecht und des drastischen Qualitätsverlustes des deutschen Bildungssystems[186] wird Eltern damit die Möglichkeit genommen, durch größten persönlichen Einsatz die Verantwortung für die Bildung ihrer Kinder wahrzunehmen. Ein machtvolles, gänzlich überraschendes Wort hat Corona im Frühjahr 2020 gesprochen: In vielen Ländern der Welt wurden die Schulen und Kindertagesstätten monatelang geschlossen und alle Eltern zum Homeschooling gezwungen – gepaart mit Homeoffice eine unerfüllbare Belastung. Ob das staatliche Verbot danach noch aufrechterhalten werden kann?

Es gibt wohl keinen Staat, der Elternrechte so missachtet wie das demokratische Vorzeigeland Norwegen.[187] Die staatliche Agentur für die Wohlfahrt von Kindern mit Namen *Bernavernet* definiert das Kindeswohl nach eigenem Gutdünken. Kommt Bernavernet zu der Auffassung, die Bindung zwischen Eltern und Kind sei defizitär oder die psychische Verfassung der Mutter nicht gut genug, um ihr Baby zu versorgen, oder die Erziehung zu christlich oder eine maßvolle körperliche Züchtigung unvereinbar mit dem Kinderschutzgesetz, dann holt Bernavernet die Kinder aus der Familie heraus, bringt sie in Heimen oder Pflegefamilien unter, begrenzt die Besuchszeit der Eltern auf wenige Stunden im Jahr, wertet den Protest der Eltern als Beweis für ihre Verweigerung zur Kooperation und gibt auch schon mal ein Kind zur Adoption frei. Betroffene Eltern fliehen aus Norwegen, damit ihnen die Kinder nicht vom Staat geraubt werden. Ein Film von ARTE zeigte die unfassbare staatliche Verletzung der Elternrechte und des Kindeswohls.[188] 44.000 Familien sind jährlich den Ermittlungen von Bernavernet ausgesetzt, mehr als 2000 Kinder wurden 2015 in Obhut genommen, 26 Fälle sind am Europäischen Gerichtshof für Menschenrechte anhängig.

Internationale Aufmerksamkeit erlangte der Fall Bodnariu. 2015 tauchten zwei schwarze Automobile vor ihrer Farm auf, teilten ihnen mit, ihre zwei Töchter seien bereits in der Schule abgeholt worden, nahmen die zwei Söhne mit und am nächsten Tag auch noch das drei Monate alte Baby. Das Vergehen der Eltern: die Erziehung der Kinder im christlichen Glauben und gelegentliche körperliche Grenzsetzungen. Damit hatte es Bernavernet überzogen: Es gab einen internationalen Aufschrei und Demonstrationen vor den norwegischen Botschaften von Barcelona bis Washington.

Der EGMR hatte bis dahin Klagen gegen Bernavernet abgelehnt, aber nun begann sich der Wind zu drehen. Im Juni 2018 veröffentlichte der Europarat einen kritischen Bericht über die Übergriffe von Bernavernet, der dazu führte, dass der EGMR den Fall von Trude Strand Lobben erneut aufrollte. Die junge Mutter hatte in der Schwangerschaft das Jugendamt um Hilfe gebeten und einen Platz in einer betreuten Wohnein-

> *Die seit Jahren immer wieder erhobene Forderung der linken Parteien, Kinderrechte zu stärken und Elternrechte zu schwächen, hat wenig mit dem Wohl des Kindes zu tun, aber sehr viel mit dem Bestreben des Staates, „Kinder in seine Macht zu bekommen, um sie mit der Weltsicht seiner Machthaber zu indoktrinieren".*

heit erhalten. Einige Wochen nach der Geburt ihres Sohnes wollte sie wieder selbstständig leben. Das aber wurde ihr verwehrt. Das Jugendamt nahm ihr das Baby weg, gewährte der Mutter nur wenige Stunden Besuchsrecht im Jahr und gab das Kind schließlich zur Adoption frei. Elf Jahre später urteilte die Große Kammer des EGMR zugunsten von Frau Strand Lobben. Ein wichtiger Erfolg, der ihr jedoch den Sohn nicht zurückbrachte, denn der war bereits adoptiert.[189]

Kein europäisches Land ist bisher so weit gegangen wie Schottland in dem Versuch, Elternrechte komplett auszuhebeln und einen staatlichen Aufsichtsdienst über jedes Kind zu etablieren. Schottland wollte jedem Kind von der Geburt an eine vom Staat bestimmte „named person" zuweisen, welche über „das Wohl des Kindes" zu wachen hätte. Dagegen wurde bis zum Supreme Court des Vereinigten Königreichs geklagt. In einem bemerkenswerten Urteil weist das Gericht diese Ungeheuerlichkeit mit einer Begründung ab, die völlig aus dem Rahmen der politischen Korrektheit fällt:

> Unterschiedliches Aufwachsen bringt unterschiedliche Menschen hervor. Das Erste, was ein totalitärer Staat versucht, ist, die Kinder in seine Macht zu bekommen, um sie den unbotmäßigen und verschiedenartigen Einflüssen ihrer Familien zu entziehen und mit der Weltsicht seiner Machthaber zu indoktrinieren. Innerhalb gewisser Grenzen muss es den Familien erlaubt sein, ihre Kinder nach eigenem Gutdünken aufzuziehen.[190]

Die seit Jahren immer wieder erhobene Forderung der linken Parteien, Kinderrechte zu stärken und Elternrechte zu schwächen, hat wenig mit dem Wohl des Kindes zu tun, aber sehr viel mit dem Bestreben des Staates, „Kinder in seine Macht zu bekommen, um sie mit der Weltsicht seiner Machthaber zu indoktrinieren".

Die Charta der Familienrechte

1983 präsentierte der Päpstliche Rat für die Familie der Öffentlichkeit und den Regierungen die *Charta der Familienrechte*. Die *Charta* formuliert die naturgegebenen Rechte der Familie, die immer gelten, unabhängig von jedem staatlichen System und unabhängig von der weltanschaulichen Ausrichtung.

Die in dieser Charta verkündigten Rechte sind im Gewissen des Menschen und in den gemeinsamen Werten der ganzen Menschheit enthalten ... Letztlich erwachsen diese Rechte jenem Gesetz, das vom Schöpfer dem Herzen jedes Menschen eingeschrieben worden ist. Die Gesellschaft ist aufgerufen, diese Rechte gegen alle Verletzungen zu verteidigen und sie in ganzem Umfang zu achten und zu fördern.[191]

Die wichtigsten Aussagen der Charta:

· Die Familie hat ihre Grundlage in der Ehe.
· Die Familie geht dem Staat voraus und besitzt aus sich heraus Rechte, die unveräußerlich sind.
· Die Familie bildet eine Gemeinschaft der Liebe und der Solidarität, die in einzigartiger Weise geeignet ist, kulturelle, ethische, soziale, geistige und religiöse Werte zu lehren und zu übermitteln, wie sie wesentlich sind für die Entwicklung und das Wohlergehen ihrer eigenen Mitglieder und der ganzen Gesellschaft.
· Menschliches Leben muss vom Augenblick der Empfängnis an absolut geachtet und geschützt werden.
· Die Achtung vor der Würde des Menschen schließt alle experimentelle Manipulation und Verwertung des menschlichen Embryos aus.
· Weil sie ihren Kindern das Leben geschenkt haben, besitzen die Eltern das ursprüngliche, erste und unveräußerliche Recht, sie zu erziehen; darum müssen sie als die ersten und vorrangigen Erzieher ihrer Kinder anerkannt werden.

- Familien haben ein Recht auf wirtschaftliche Bedingungen, die ihnen einen Lebensstandard sichern, der ihrer Würde und ihrer vollen Entwicklung entspricht.

Dies sind die unaufgebbaren Rechte der Familie, die am Wohl des Kindes und der Familie ausgerichtet sind. Eltern, die ihre Verantwortung für ihre Kinder mit einem nicht selten ans Heroische grenzenden Einsatz wahrnehmen, stehen unter Druck und müssen ständig darum kämpfen, ihre Familienrechte vor einem übergriffigen Staat und einer demoralisierten Gesellschaft zu schützen. Es ist der wichtigste Kampf, den sie führen können, denn ihre erste Verantwortung ist die für ihre Kinder.

Es gibt jedoch ein Kinderrecht, das im internationalen Recht und in der Verfassung tatsächlich geschützt werden sollte: das Recht des Kindes auf seine Abstammung. Seit die künstliche Insemination möglich ist (1960), wurde das Recht des Kindes auf seine biologischen Eltern immer mehr preisgegeben, sodass ein so gezeugtes Kind nun im rechtlichen, sozialen und psychologischen Chaos mehrerer Mütter und Väter aufwachsen muss. Damit wird ihm ein elementares Menschenrecht entzogen. Das Kind wird zum Produkt, dessen Bestandteile auf dem Gametenmarkt gekauft werden können. Das Menschenrecht auf Abstammung muss rechtlich garantiert werden.

10.

Von der Person zum User

*Das Smartphone sitzt im Sattel und
reitet die Menschheit. Deswegen brauchen
wir eine politische und soziale
Bewegung der digitalen Mäßigung, um wieder
etwas Kontrolle zu gewinnen.*

Ross Douthat, New York Times, 11. März 2017

Welch ein Segen ist das Internet! Man stelle sich vor, die Corona-Pandemie wäre vor der digitalen Vernetzung ausgebrochen und der Lockdown im Jahr 2020 ohne digitale Kommunikationsmöglichkeiten verhängt worden. Kein Homeoffice, kein Homeschooling unter digitaler Anleitung der Lehrer, keine virtuellen Konferenzen, keine Skype-Plauderstündchen mit Familie und Freunden, kein Einkaufen im Internet, keine Gottesdienste am Bildschirm, keine öffentlichen Debatten über die Berechtigung der Maßnahmen. Man hätte dann vermutlich psychiatrische Notstationen errichten müssen. Dank des Internets konnte trotz des physischen *social distancing* körperloser Kontakt gelebt werden.

Je länger es andauerte, umso spürbarer war, dass die Eliminierung des physischen Kontakts, den Menschen elementar reduziert, halbiert, verstümmelt. Wir sind Menschen aus Fleisch und Blut und können unser Menschsein nur leben, wenn wir den anderen mit allen Sinnen wahrnehmen, ihn sehen, hören, riechen und berühren.

Die Corona-Pandemie ist eine vorübergehende Krise. Sie hat ins Extrem gesteigert, was langfristig und unaufhaltsam durch die digitale Revolution geschieht: die Entwurzelung des Menschen aus Zeit und Raum, die Ent-körperlichung, die Verflüchtigung der realen Person, die hier und jetzt gegenwärtig ist, Verantwortung übernimmt, Freud und Leid mit anderen teilt. Das Ergebnis ist eine neuartige digitale Entschmenschlichung.

*Technologische Erfindungen
sind in sich selbst neutral.
Die große Frage ist, ob der Mensch
die moralische Reife besitzt,
sie zum Wohl der
Menschheit einzusetzen.*

Da ich kein „digital native" bin, also nicht zu der Generation gehöre, die von Babyzeiten an neugierig auf den Knöpfen herumdrückt, über Bildschirme wischt und sich überraschen lässt, was passiert, staune ich noch immer über die Überwindung der Grenzen von Zeit und Raum durch das Internet, was ich eigentlich erst in der Ewigkeit erwartet hätte. Ich freue mich über den zeitlosen Austausch von Texten, Fotos und Videos rund um die Welt und stöhne unter der Flut der Information, die gebeten und ungebeten meinen Bildschirm überschwemmt.

Technologische Erfindungen sind in sich selbst neutral. Die große Frage ist, ob der Mensch die moralische Reife besitzt, sie zum Wohl der Menschheit einzusetzen.

Das Smartphone wurde 2007 von Apple auf den Markt gebracht. Inzwischen wird es von über vier Milliarden Menschen genutzt, von der Hälfte mehr als fünf Stunden am Tag.[192]* Dem Smartphone ging die Erfindung der Personal Computers in den Achtzigerjahren voraus (ich erinnere mich an den riesigen

Kasten unter dem Schreibtisch, das krachend-knirschende Geräusch des Modems, den Kampf mit der Bedienung); die Etablierung des World Wide Webs in den Neunzigerjahren, die immer nutzerfreundlicheren Anleitungen.

Im Jahr 2019 besitzen rund 6 % der 6- bis 7-jährigen Kinder in Deutschland ein eigenes Smartphone. In der Altersgruppe der 8- bis 9-Jährigen sind es 33 %, bei den 10- bis 11-Jährigen 75 %, bei den 12- bis 13-Jährigen 95 %.[193]

Was macht die digitale Revolution mit Kindern und Jugendlichen?

Tausende von wissenschaftlichen Untersuchungen befassen sich mit den Auswirkungen der neuen Hauptbeschäftigung der meisten Menschen dieser Erde. Den größten Teil ihrer Wachzeit schauen sie auf Bildschirme: Fernseher, Laptops, Tablets, Smartphones und Spielekonsolen.

Die Untersuchungen dokumentieren schädliche Wirkungen auf die Gehirnentwicklung von Kindern, auf die Gehirnfunktionen von Erwachsenen, auf die Gesundheit, auf die Psyche, auf das Sozialverhalten mit Auswirkungen auf die ganze Gesellschaft. Es scheint, dass die Menschheit angesichts der scheinbar unbegrenzten technischen Möglichkeiten der Information, Kommunikation, Unterhaltung und Manipulation in einen Rauschzustand verfallen ist, der sie blind macht für das Flackern der Warnlichter.

Krank durch digitale Medien

Ständig hören wir, die Republik müsse schneller digitalisiert werden, insbesondere die Schulen. Aber fördert die Verlagerung des Lernens von der Lehrer-Schüler-Beziehung auf den Computer und des sozialen Lebens auf die sozialen Netzwerke

die Entwicklung von verantwortungsvollen, leistungsfähigen, freundschaftsfähigen, lebensfrohen, jungen Menschen?
Dies sind die Risiken der übermäßigen Nutzung von Smartphone und Computer, zusammengefasst von Prof. Manfred Spitzer, dokumentiert durch eine Fülle wissenschaftlicher Studien:[194]

- Bewegungsmangel und Haltungsschäden
- Kurzsichtigkeit
- Übergewicht
- Bluthochdruck
- Vorstufen von Diabetes
- Schlafmangel (und dadurch Tagesmüdigkeit)
- Risikoverhalten im Straßenverkehr
- Aufmerksamkeitsstörungen
- Ängste
- Depression (einschließlich Selbstverletzungen)
- Selbstmordgedanken
- Stress
- Sucht (Computer, Smartphones, Internet, Spiele)
- Gestiegener Alkohol- und Tabakkonsum
- Leistungsabfall bis hin zu Schulversagen
- Gesteigerte Aggressivität
- Verminderte Empathie-Fähigkeit gegenüber Eltern und Freunden
- Verminderung der eigenständigen Willensbildung

Die Liste schreit nach Aufklärung und Schutzmaßnahmen. Werden Eltern und Jugendliche darüber aufgeklärt? Nein! Ergreifen die Weltgesundheitsorganisation und der Staat Maßnahmen, um die Schädigung einer ganzen Generation einzudämmen? Nein! Gibt es Kampagnen zu den Risiken der

Smartphonenutzung? Nein! Die Verantwortung lastet auf den Schultern der Eltern, die, wenn sie die Gefahren überhaupt erkennen, größte Not haben, ihre Kinder vor den krankmachenden Einflüssen der digitalen Medien zu bewahren.

Die wichtigsten Faktoren, die auf das Ausmaß dieser schweren und nachhaltigen Schädigung der körperlichen und seelischen Gesundheit, der Leistungsfähigkeit und des Sozialverhaltens Einfluss haben, sind:

- Das Alter der Mediennutzer: Je jünger, umso schlimmer.
- Die Dauer der Mediennutzung: Je mehr, umso schlimmer.
- Der sozio-ökonomische Hintergrund: Je niedriger der wirtschaftliche und soziale Status, umso früher, umso mehr und umso wahlloser die Mediennutzung von Eltern und Kindern.
- Die Inhalte: Je brutaler, umso schlimmer.

Veränderungen im Gehirn

Das Gehirn des Neugeborenen wiegt 250 Gramm, es wächst innerhalb des ersten Lebensjahres auf mehr als das Dreifache und setzt sein schnelles Wachstum bis zum sechsten Lebensjahr fort. Nie wieder lernt der Mensch so viel in so kurzer Zeit wie als Kleinkind. Alles, was das Kind erlebt, erfährt, fühlt, sieht und begreift, erzeugt Spuren im Gehirn; traumatische Erlebnisse in den ersten Jahren hinterlassen unauslöschliche Prägungen. Auch wenn das Gehirnwachstum mit dem zwanzigsten Lebensjahr weitgehend abgeschlossen ist, bleibt es ein formbares, lernfähiges Organ, das sich lebenslang verändert. *Use it or lose it*, ist die Devise des Gehirns bis ins Alter. Ob und wann das Gehirn im Alter die Wahrnehmung auf die unmittelbare Gegenwart beschränkt, der Mensch also dement wird, hängt auch von den Prägungen in der Kindheit ab und der Vielfältigkeit und Intensität der Beanspruchung des Gehirns.[195] Das Gehirn wird niemals voll, aber es kann durch die Mediennutzung „leer" und mit Müll gefüllt werden.

Neue bildgebende Verfahren erlauben es, ins Gehirn hineinzuschauen und festzustellen, welche Bereiche mehr oder weniger aktiv sind. Dies lässt Rückschlüsse auf die Wirkung der Mediennutzung zu. Die New York Times berichtete von einer Untersuchung 3–5-jähriger Kinder: Je mehr die kleinen Kinder dem Bildschirm ausgesetzt waren – 41 % hatten eigene Geräte im Kinderzimmer –, desto schlechter waren die Bereiche im Gehirn entwickelt, die für die Sprach- und Sprechentwicklung zuständig sind.[196]

Die schiefe Ebene, auf der die natürliche und gesunde Entwicklung des Kindes immer mehr beeinträchtigt wird, beginnt in der Kleinkindzeit, wenn das Kind mit offenem Mund, fast ohne zu atmen, starr vor einem Bildschirm sitzt und so von der kommunikativen Nabelschnur der Mutter abgeschnitten ist. Statt beständige Aufmerksamkeit, unmittelbare Reaktionen auf seine Lebensäußerungen und Bedürfnisse, liebevolle Blicke und Gesten, körperliche Geborgenheit und Trost zu empfangen, wird es bereits als Säugling der Einsamkeit vor dem Bildschirm ausgesetzt. Je weniger die Mutter mit dem Kind während des Fernsehens spricht, umso gravierender die Auswirkungen.[197]

2017 hat die Drogenbeauftrage der Bundesregierung, Frau Marlene Mortler, die Ergebnisse der BLIKK-Studie[198] vorgestellt: 5.573 Eltern und deren Kinder im Alter von 0–13 Jahren wurden zum Umgang mit digitalen Medien befragt. 70 % der Kinder im Kita-Alter benutzen das Smartphone ihrer Eltern mehr als eine halbe Stunde täglich. Die Studie zeigte den Zusammenhang zwischen der Mediennutzung der Eltern und

Kinder mit der körperlichen und psychosozialen Verfassung des Kindes. Dies sind die Ergebnisse:

- Fütter- und Einschlafstörungen des Säuglings, wenn die Mutter während der Säuglingsbetreuung digitale Medien nutzt (z. B. auf Facebook unterwegs ist, während sie stillt)
- Sprachentwicklungsstörungen aufgrund täglicher digitaler Bildschirmnutzung
- Hyperaktivität und Konzentrationsschwäche bei den 2–5-Jährigen
- Psychische Auffälligkeit durch Unruhe und Ablenkbarkeit (frühes Anzeichen für spätere Entwicklungsstörungen)
- Psychische Auffälligkeit bei den 8–13-Jährigen, die mehr als 60 Minuten täglich Medien nutzen
- Übergewicht bis hin zu Fettleibigkeit aufgrund von erhöhtem Konsum von Süßigkeiten und Süßgetränken zusammen mit mangelnder Bewegung. (Laut Robert Koch-Institut sind 15 % der Kinder übergewichtig, 6,3 % adipös, doppelt so viele wie vor zwanzig Jahren.)

Die Drogenbeauftragte des Bundes sieht Handlungsbedarf:

Die Studie zeigt, welche gesundheitlichen Folgen Kinder erleiden können, wenn sie im digitalen Kosmos in der Entwicklung eigener Medienkompetenz alleingelassen werden, ohne Hilfe von Eltern, Pädagogen sowie Kinder- und Jugendärzten. Es ist dringend notwendig, Eltern beim Thema Mediennutzung Orientierung zu geben. Kleinkinder brauchen kein Smartphone. Sie müssen erst einmal lernen, mit beiden Beinen sicher im realen Leben zu stehen. Unter dem Strich ist es höchste Zeit für mehr digitale Fürsorge – durch die Eltern, durch Schulen und Bildungseinrichtungen, aber natürlich auch durch die Politik. Die Mediennutzung muss künftig in die normalen Früherkennungsuntersuchungen von Kindern und Schülern einbezogen werden.

Die Ergebnisse der BLIKK-Studien bestätigen die Langzeitstudien von Prof. Christakis und seinem Team in den USA.[199] Früher Fernsehkonsum zwischen ein und drei Jahren führt zu Aufmerksamkeitsstörungen und Hyperaktivität (ADHS) im Alter von sieben Jahren. Je mehr Mediennutzung, umso schlimmer. Wenn Kinder vor dem zweiten Lebensjahr zwei Stunden fernsehen, leidet ein Drittel von ihnen mit sieben Jahren an ADHS. Christakis stellte 2007 in einer weiteren Untersuchung von 1.800 US-amerikanischen Kindern fest, dass Kinder unter drei Jahren durchschnittlich zwei Stunden vor dem Fernseher sitzen. [200] Dies führt zu einer Beeinträchtigung ihrer Rechen-, Sprach- und Lesekompetenz mit sieben Jahren, unabhängig von ihrer Intelligenz und dem sozialen Hintergrund der Eltern.[201]

Wenn Kinder bereits im Grundschulalter viele Stunden täglich vor Bildschirmen verbringen, besteht die Gefahr, dass sie immer weiter in eine Loser-Biografie abrutschen. Ein neuseeländisches Forscherteam um R. J. Hancox zeigte in Studien aus den Jahren 2004 und 2005, dass Kinder, die zwischen fünf und fünfzehn Jahren mehr als drei Stunden täglich vor dem Fernseher verbrachten, mit 26 Jahren öfter keinen Schulabschluss hatten, während jene mit dem niedrigsten Fernsehkonsum als Kind am häufigsten einen Universitätsabschluss besaßen.[202]

Die Studien von Christakis und Hancox wurden noch vor dem globalen Siegeszug des Smartphones durchgeführt. Den Fernseher hatte man immerhin nicht in der Hosentasche. Seit der Verfügbarkeit des Smartphones ist die Mediennutzung der

> *Wenn Kinder bereits im Grundschulalter viele Stunden täglich vor Bildschirmen verbringen, besteht die Gefahr, dass sie immer weiter in eine Loser-Biografie abrutschen.*

Kinder und der Eltern um mehrere Stunden täglich in die Höhe geschossen.

Gestresste Eltern überlassen die durch Kita, Kindergarten und Schule gestressten Kinder den digitalen Medien. Das Kind wird eine Weile ruhig gestellt – aber um welchen Preis! Die kurzfristige „Entlastung" bezahlen Kinder und Eltern mit immer gravierenderen psychischen Störungen und Gesundheitsschäden: beständige Unruhe des Kindes, Unfähigkeit zum selbstständigen Spiel, Schlafstörungen, ADHS, Konzentrationsschwäche, Übergewicht, Kurzsichtigkeit … bis hin zur Sucht.

Mediennutzung der Eltern

Für die Gefährdung der Kinder spielt nicht nur die Dauer der Mediennutzung der Kinder eine Rolle, sondern auch die Mediennutzung der Eltern.[203] In der BLIKK-Studie war schon von Fütter- und Einschlafproblemen von Babys die Rede, wenn die

Aufmerksamkeit der Mutter beim Handy ist und nicht beim Kind. Die kostbare gemeinsame Zeit ist keine gemeinsame Zeit, wenn Mutter oder Vater mittels Smartphone oder Tablet ins World Wide Web abtauchen und nur noch aufschauen, wenn das Kind seine Verlassenheit mit Quengeln, Schreien, Weinen oder sonstiger Unleidlichkeit zum Ausdruck bringt. Darauf reagieren die Eltern dann häufig mit Ärger und Schimpfen.

Je mehr Eltern in der Gegenwart der Kinder digitale Medien benutzen, umso „schwieriger" empfinden sie ihr Kind. Sie erkennen nicht, dass es ihre eigene emotionale Abwesenheit ist, welche das Kind „schwierig" macht. Ein Teufelskreis entsteht: Smartphone-Nutzung der Eltern, störendes Verhalten des Kindes, mehr Smartphone-Nutzung der Eltern, mehr Medien-Nutzung der Kinder ... Was hat das Kind bloß? Warum ist es so zappelig? Warum kann es nicht allein spielen? Warum schaut es immer so traurig? Warum kommen Beschwerden aus der Schule über seine Aggressivität? Sollten wir es nicht zum Therapeuten bringen?

Selbst gemeinsame Mahlzeiten, die in vielen Familien eine Rarität geworden sind, stiften keine Gemeinsamkeit mehr, weil das Handy auf dem Tisch die Kommunikation ständig unterbricht. Immer steckt einer mit der Nase im Handy – was man überall beobachten kann, wo sich Menschen aufhalten: auf Bahnhöfen, Flugplätzen, Spielplätzen, im Park, Kaffee, beim Familienausflug zu McDonalds. Die Eltern machen es den Kindern vor und die Kinder machen es nach.

Nur mal schnell die WhatsApp-Nachricht anschauen, nur kurz antworten, nur schnell Facebook checken, das Telefon kurz annehmen ... alles schnell und möglichst gleichzeitig in der irrigen Annahme, es hätte keinen Einfluss auf die Gemeinschaft, in der man sich gerade befindet. Tatsächlich sind die kurzen Unterbrechungen ein Gemeinschaftskiller. *Multitas-*

> *Je mehr Eltern in der Gegenwart der Kinder digitale Medien benutzen, umso „schwieriger" empfinden sie ihr Kind. Sie erkennen nicht, dass es ihre eigene emotionale Abwesenheit ist, welche das Kind „schwierig" macht.*

king ist das Gebot der Stunde, um mit dem rasenden Tempo der digitalen Welt mithalten zu können: Kind füttern und Nachrichten lesen; Essen und Mails checken, Telefonieren und Nachrichten beantworten und immer und überall und bei allem Musik im Hintergrund.

Das Ergebnis ist die Unfähigkeit zur Konzentration. Die Aufmerksamkeit wird zerfranst und kann Wichtiges von Unwichtigem nicht mehr unterscheiden. Alleinsein und Stille werden für viele unerträglich. Die Fähigkeit zur Konzentration und Unterscheidung zwischen wichtig und unwichtig sind aber wesentliche Bedingungen der eigenen Ichstärke und Willensentscheidung, welche die Person zu kritischem Denken, Selbstbestimmung und Zielorientierung befähigen. Wie soll jemand lernen, ein Ziel ins Auge zu fassen und seine Energie langfristig darauf auszurichten, wenn er sich ständig ablenken lässt und schon im Kindergarten nicht fähig ist, sich ins Spiel zu vertiefen?

Einsam und süchtig

Kinder werden größer. Sie wollen tun, was „alle" tun, und auch ihre Eltern wollen ihnen schenken, was „alle" schenken, nämlich Spielekonsolen für Computerspiele. Fast 40 % der 10-jährigen Jungen (16 % der Mädchen) haben eine Spielekonsole im Kinderzimmer.[204]

Was tut ein Kind, wenn es an Spielekonsolen spielt? Es drückt Knöpfe und tippt auf den Bildschirm. Eine Entwicklung der Feinmotorik findet nicht statt. Die Atmung ist flach, die Augen angestrengt, die Muskelbetätigung nahezu null, die Wahrnehmung der Außenwelt ebenfalls – die Einsamkeit maximal.

Sollte es sich um ein Spiel mit virtueller Vernetzung mit anderen Spielern handeln, so entsteht eine Illusion von Gemeinschaft. Wenn aber die Konsole nach Stunden endlich ausgeschaltet wird, ist wieder nichts als Einsamkeit: kein Reden, Lachen, Laufen, Rennen, Raufen, keine Bäume, keine Wiese, keine körperliche Anstrengung, kein Lesen, keine handwerkliche oder musische Aktivität – keine Hausaufgaben.

Der jugendliche Spieler ernährt sich geistesabwesend mit Junkfood, hat kaum Bewegung und zu wenig Schlaf, hat keinen Bock auf nichts, außer auf das Spiel. Der Körper wird immer schlaffer und dicker, die Augen kurzsichtig (in Südkorea, dem Land mit der höchsten Smartphone-Dichte, sind 95 % der unter 20-Jährigen kurzsichtig), die Schulnoten werden schlechter, die Anerkennung in der realen Gruppe geringer – ist es da verwunderlich, dass Depression bei Jugendlichen um sich greift?

Eine Umfrage von Bitcom, des Interesseverbandes der Digitalwirtschaft, ergab, dass „Gaming" für die allermeisten jungen Menschen fester Bestandteil ihres Alltags ist, und zwar durchschnittlich zwei Stunden täglich.[205] Bei den 16-18-Jährigen spielt ein Drittel mehr als drei Stunden täglich, Jungen deutlich mehr als Mädchen.

Ein Rattenfänger der Kinder und Jugendlichen ist das Online-Spiel *World of Warcraft*. Es ist in Deutschland seit 2005 auf dem Markt und ab zwölf Jahren freigegeben. Der Trailer zeigt Feuer kosmischen Ausmaßes, übermenschliche Szenarien der Bedrohung, satanistische Fratzen, prallbusige Frauen, dazwischen kurze Flashs: „HUNDERT MILLIONEN SPIELER ... HABEN BEREITS IHR ABENTEUER BEGONNEN ... JETZT BIST DU DRAN." Zum Einstieg darf der Zwölfjährige einen Monat lang kostenlos spielen, dann ist die Wahrscheinlichkeit groß, dass er angebissen hat und es schafft, seine Eltern davon zu überzeugen, monatlich 11 bis 13 Euro für die weitere Teilnahme zu bezahlen.

World of Warcraft ist darauf anlegt, Sucht zu erzeugen. Je länger der Spieler spielt, umso größer die Belohnung. Spielt er nicht regelmäßig, fällt er zurück. Um weit nach vorne zu kommen, muss man monatelang spielen, und zwar in einer virtuellen Spielergemeinschaft, der man schadet, wenn man aussteigt. Der brennende Schmerz der Einsamkeit, Leere und Ohnmacht eines verlassenen Kindes, sei es in einem Wohnsilo oder einer Luxusvilla, wird in bedrohlichen Gewalt- und Machtfantasien für die Dauer des Spiels betäubt, um nach dessen Ende sofort wieder hereinzubrechen.

Die Eltern handeln sich damit am Tag einige Stunden Ruhe vom Kind ein. Ob sie ahnen, dass sie in Gefahr sind, ihr Kind dadurch zu verlieren? In den Studien von Hancox (s. o.) wurde nachgewiesen: Für jede Stunde mehr Bildschirmmedien-Nutzung steigt das Risiko einer geringen Elternbindung um 13 % und das Risiko einer geringeren Bindung an Gleichaltrige und Freunde sogar um 24 %.

Gaming hat Auswirkungen auf die Schulleistungen. Eine Studie des Kriminologischen Forschungsinstituts von Niedersachsen unter Leitung von Christian Pfeiffer befasste sich eingehend mit dem schlechten Abschneiden deutscher Schüler beim PISA-Rating von 2006. Rund ein Fünftel der Schüler in der einstigen Bildungsnation Deutschland gehörte in den Naturwissenschaften, dem Lesen und der Mathematik zur sogenannten Risikogruppe.

Woran liegt das? Die Sozialwissenschaftler kommen zu dem eindeutigen Schluss: „Je mehr Zeit Schülerinnen und Schüler mit Medienkonsum verbringen und je brutaler dessen Inhalte sind, desto schlechter fallen die Schulnoten aus."[206]

Nicht nur die Dauer des Spielens, sondern die Intensität der Gewalt hat Einfluss auf die Verschlechterung der Schulnoten. Die Vermutung der Forscher: Durch emotional belastende Inhalte werden grundlegende Prozesse der Informationsverarbeitung im Gehirn beeinträchtigt und die Konzentrationsfähigkeit geschwächt.

Gewaltvideospiele überwältigen die jugendliche Seele und stumpfen das Sensorium für feinere Wahrnehmungen und Empfindungen ab. Dadurch wird die Beziehungsfähigkeit beeinträchtigt, die voraussetzt, dass der andere einfühlsam wahrgenommen werden kann.

Wer Gewalt und Grausamkeit am Bildschirm konsumiert, ist hinterher gegenüber realer Gewalt gleichgültiger.[207] Wollen wir das? Wollen wir, dass auf dem Pausenhof niemand hilft, wenn einem am Boden Liegenden ins Gesicht getreten wird?

*Exzessive Mediennutzung
kann zur Sucht werden.
Um welche Sucht es sich auch
handeln mag, Internet,
Handy, Gaming, Sex
oder Drogen, der Mensch hat
keine Kontrolle mehr
über sein Verhalten. Sucht
bedeutet den Verlust des
freien Willens.*

Dass in der U-Bahn alles schweigt, wenn ein alter Mann zusammengeschlagen wird? Wollen wir eine immer größere Verrohung und Brutalisierung der Gesellschaft? Niemand will das. Warum werden dann Gewaltspiele nicht endlich verboten? Spätestens beim nächsten Amoklauf werden die Politiker wieder mit ernsten Mienen beim Trauergottesdienst in der Kirche sitzen und von ihrem Pressesprecher verlauten lassen, es müsse etwas gegen Gewaltspiele getan werden.

Exzessive Mediennutzung kann zur Sucht werden. Um welche Sucht es sich auch handeln mag, Internet, Handy, Gaming, Sex oder Drogen, der Mensch hat keine Kontrolle mehr über sein Verhalten. Sucht bedeutet den Verlust des freien Willens. Der Süchtige muss, damit es ihm gut geht, etwas tun, das ihm schadet. Das hormonelle Selbstbelohnungssystem des Gehirns gerät aus den Fugen, sodass die Dosis immer weiter erhöht werden muss.

Die Studie *Game over* der DAK aus dem Jahr 2016 stuft 8,4 % der jungen Männer zwischen 12 und 25 Jahren als spielsüchtig ein, jedoch nur 2,9 % der Mädchen und jungen Frauen.[208] Spielsüchtige Jugendliche haben immer weniger Kontakt zu Freunden und Familienangehörigen, stattdessen Dauerstreit mit den Eltern; an gemeinsamen Mahlzeiten mit der Familie nehmen sie kaum teil, die Schulleistungen sacken ab.

Gefährdet sind vor allem Jugendliche aus bildungsfernen Schichten. Je niedriger der soziale und wirtschaftliche Status der Familie, umso exzessiver und unkontrollierter die Mediennutzung. Nach der Pfeiffer-Studie bringt es ein 10-jähriger Junge aus einer bildungsfernen Familie mit Migrationshintergrund in einer norddeutschen Stadt pro Schultag auf rund 4 Stunden Medienkonsum. Ein deutsches Mädchen aus Süddeutschland, von dem mindestens ein Elternteil Abitur hat, dagegen nur auf eine dreiviertel Stunde.[209]

Mädchen haben ein größeres Interesse an sozialer Kommunikation und liegen deswegen bei der Nutzung sozialer Netzwerke etwas vorn. 85 % der Jugendlichen nutzen soziale Netzwerke. Die statistischen Angaben über die tägliche Dauer der Nutzung von Facebook, Instagram, WhatsApp, Messenger u.a. schwanken zwischen zwei und drei Stunden. Je mehr sich Jugendliche in den sozialen Netzwerken tummeln, umso weniger reale Freundschaftsbeziehungen haben sie. Das macht besonders Mädchen unglücklich und depressiv. Es führt sogar zu einer Verminderung der Größe der Gehirnbereiche für soziale Interaktion und damit zu geringerer sozialer Kompetenz.[210]

Viele Online-„Freunde" sind ein Statussymbol für Beliebtheit, aber für erfüllende soziale Beziehungen so wenig ergiebig wie ein Kaugummi für den Hunger. Die ständige digitale Stimulation kann über die Leere des wirklichen sozialen Lebens hinwegtäuschen und macht gerade deswegen abhängig. Sofern man überhaupt mit Klarnamen auftritt, wird man vor seinen „Freunden" gut dastehen wollen. Man zeigt sich von seiner Sonnenseite oder erfindet die Sonnenseite, die es in der Realität so gar nicht gibt – noch ein Grund mehr, einer realen Begegnung auszuweichen. Über echte Probleme wird man schwerlich öffentlich reden. Sobald einem jemand lästig wird, klinkt man sich aus oder verbannt ihn oder sie vom eigenen Account.

Wer im realen Leben gute Freunde hat, mit denen er sich an einem realen Ort trifft – oft genug und lang genug, dass die Beziehung wachsen und sich vertiefen kann –, der kann mit seinen Freunden auch über soziale Netzwerke die weniger wichtigen Nachrichten austauschen.

Cyber-Mobbing

Gab es früher im öffentlichen Raum soziale Kontrolle, weil der Sprecher oder Schreiber als Person sichtbar war, so fällt dies mit der Anonymität im Internet weg. Das eröffnet den Raum für eine neue Art von sozialer Grausamkeit, das Cyber-Mobbing. Das Internet wird so zu dem, was der Pranger im Mittelalter war, mit dem Unterschied, dass er weltweit sichtbar ist. Cyber-Mobbing trifft Erwachsene am Arbeitsplatz ebenso wie Jugendliche in der Schule. Eine Forsa-Umfrage im Auftrag der Techniker-Krankenkasse stellte fest, dass 32 % der 14–20-Jährigen schon einmal Opfer von Cyber-Mobbing waren und jeder fünfte Schüler per Handy bedroht oder beleidigt wurde. 10 % geben zu, dass sie auch schon selbst Täter waren. [211]

Von Mobbing spricht man dann, wenn jemand absichtlich und über längere Zeit aggressivem Verhalten von einem oder mehreren Mitgliedern der Gruppe ausgesetzt ist, ohne sich dagegen wehren zu können. Sticheln, Lächerlich machen, Ignorieren, Ausschließen, Anrempeln, verächtliche Blicke und Kommentare, das gab es in Schulklassen immer, aber durch das Internet sind die Möglichkeiten der Bloßstellung und Demütigung nicht mehr auf die unmittelbare soziale Gruppe beschränkt, sondern können sich grenzenlos und rasend schnell ausbreiten. Auf Facebook ist ein Video zu sehen, *Aufstehen gegen Mobbing*[212], das die Grausamkeit des Mobbings unter die Haut gehen lässt.

Unter einer gefakten Identität werden Gerüchte gestreut, vertrauliche Informationen preisgegeben, Fotos mit hämischen Kommentaren gepostet, oft mit sexistischen Beleidigungen, vielleicht sogar Nacktfotos, die jeder sehen, liken, kommentieren und teilen kann. Früher war wenigstens das Zuhause ein Schutzraum, aber den gibt es nicht mehr in Zeiten des Smartphones.

Jeder möchte in seinem sozialen Umfeld dazugehören. Dafür sind Menschen bereit, ihre eigene Meinung zu verbergen und mit den Wölfen zu heulen. Außenseiter zu sein, kann man noch ertragen, aber beständig von der ganzen Gruppe gedemütigt zu werden, kann schwerste seelische Folgen haben: Schulabwesenheit, Leistungsabfall, Schlaflosigkeit, Angstzustände, Ohnmacht, Kopfschmerzen, Bauchschmerzen, langfristige Depression bis hin zum Selbstmord. Ist einer zum Mobbing-Opfer geworden, kann er tun, was er will, er kommt aus der Opferrolle nicht mehr heraus. (Das Wort „Opfer" ist zum beliebtesten Schimpfwort auf Schulhöfen geworden.) Das

Mobbing-Opfer muss sich an Instanzen außerhalb der Gruppe wenden, Lehrer, Hilfsorganisationen, sogar an die Polizei.[213] Entscheidend ist ein Zusammenwirken des Betroffenen mit Eltern und Lehrern und die Einbeziehung der ganzen Gruppe.

Nicht nur die Dicken, Doofen und Unsympathischen werden Opfer von Mobbing, es kann auch einer sein, der wegen besonders gutem Aussehen und guter Leistungen dazu auserkoren wird.

Bei Mobbing gibt es eine Rollenverteilung: Außer dem Bully und dem Opfer gibt es diejenigen, die im Schlepptau des Täters mitsegeln und sich dadurch stark fühlen; dann die Schweiger, die sich raushalten, und meist auch einen Mutigen, der das Opfer verteidigt.[214]

Cyber-Mobbing ist so verbreitet, dass es zahlreiche Hilfsorganisationen und Präventionsprogramme gibt. Die Schule sollte bei den ersten Anzeichen von Mobbing, welche die Klassengemeinschaft zersetzen, reagieren. Das schlechteste Mittel ist es, das Opfer aus der Klasse zu nehmen, denn dann hat der Täter gesiegt und die Gruppe lernt, Mobbing funktioniert, das Opfer wird ausgestoßen. Mobbing ist eine Aufforderung, langfristig und tiefgreifend das Sozialverhalten in der Schulgemeinschaft zu thematisieren, Bewusstsein dafür zu schaffen und positives Sozialverhalten zu erlernen.[215]

Die globalen Bewusstseinsfabrikanten

Die Befunde sind alarmierend: Der übermäßige Gebrauch digitaler Medien zur Unterhaltung und Kommunikation entfremdet den jungen Menschen von sich selbst, von seinen Eltern und Freunden. Zentrale Kulturtechniken wie Lesen und Schreiben verfallen. Knapp 20 % der Schulkinder in Deutsch-

Der übermäßige Gebrauch digitaler Medien zur Unterhaltung und Kommunikation entfremdet den jungen Menschen von sich selbst, von seinen Eltern und Freunden.

land können nicht sinnverstehend lesen. Es werden nur noch digitale Häppchen ausgetauscht, die Mühe des sprachlichen Formulierens ersparen die lustigen Emojis, Grammatik und Orthografie brauchen nicht mehr beachtet zu werden und stehen dann auch im Ernstfall bei Prüfungen oder einer schriftlichen oder mündlichen Bewerbung nicht zur Verfügung.

Die Beziehungen werden oberflächlich oder reißen ganz ab. Einsamkeit lauert in jeder ungefüllten Minute und treibt die Person, die zu einem *User* geworden ist, in den Teufelskreis von immer längerem Gebrauch der digitalen Medien mit Inhalten, die immer tiefer in seine Persönlichkeit eindringen. Der Nutzer lebt in einer Scheinwelt und nährt sich von Scheinbefriedigungen eines Hungers, der so nie gestillt werden kann: Hunger nach Freundschaft, nach Anerkennung, nach Liebe, nach Lebendigkeit, nach einer interessanten Welt mit spannenden Herausforderungen, an denen die eigenen Kräfte wachsen. Dazu gehört: Ich kann auch Rückschläge und Misserfolge verkraften und daraus lernen.

Wenn das alles nicht geschieht, dann ist die Person Wachs in den Händen der großen Manipulatoren. Alles, was den ungestillten Hunger übertönt oder zum Schein befriedigt, bekommt Zugang in den Geist und die Psyche des Nutzers, der seine Schwäche nicht kennt und deswegen nicht wahrnehmen kann, dass er der Benutzte ist.

Manipulation ist die Kunst, andere gemäß den eigenen Interessen zu steuern, ohne dass sie es merken. Edward Bernays, Neffe von Sigmund Freud, erläutert die Methoden der Massenmanipulation in seinem berühmten Buch *Propaganda,* welches 1928 (!) veröffentlicht wurde. Die Technik der Bewusstseinsmanipulation der Massen nennt er *engineering of consent.* Er schreibt:

Die bewusste und intelligente Manipulation der organisierten Gewohnheiten und Meinungen der Massen ist ein wichtiges Element in der demokratischen Gesellschaft. Wer die ungesehenen Gesellschaftsmechanismen manipuliert, bildet eine unsichtbare Regierung, welche die wahre Herrschermacht unseres Landes ist ... In beinahe jeder Handlung unseres Lebens, ob in der Sphäre der Politik oder bei Geschäften, in unserem sozialen Verhalten und unserem ethischen Denken werden wir durch eine relativ geringe Zahl von Personen dominiert, welche die mentalen Prozesse und Verhaltensmuster der Massen verstehen. Sie sind es, die die Fäden ziehen, welche das öffentliche Denken kontrollieren.[216]

Mark Zuckerberg ist einer dieser „geringen Zahl von Personen, welche die mentalen Prozesse und Verhaltensmuster der Massen verstehen" ... und kontrollieren. Bernays hätte sich in seinen wildesten Träumen nicht vorstellen können, welche Manipulationsmethoden achtzig Jahre später durch die Erfindung des Internets verfügbar sind und angewandt werden – von einem Unternehmen in Privatbesitz, welches das Bewusstsein und das Verhalten von (bisher) mehr als der Hälfte der Menschheit steuern kann, ohne dass es die Menschen merken.

2004 gründete er Facebook. Nach eigener Aussage wollte er nur die Studenten seines Colleges miteinander vernetzen; dabei habe er immer davon geträumt, dass jemand eines Tages die ganze Welt vernetzen würde, habe aber nie daran gedacht, „dass wir das sein würden".[217] Innerhalb von fünfzehn Jahren wurde Student Mark zu einem der mächtigsten Männer der Welt: 2019 nutzen 2,7 Milliarden Menschen Facebook (inklusive seiner anderen Dienste / 9% Zuwachs in einem Jahr), 381 Millionen in Europa (die Hälfte aller Einwohner), Umsatz 162 Milliarden US-Dollar mit zweistelligen Wachstumsraten zum Vorjahr, Gewinn 34 Milliarden, Steuern keine.

Alles, was die 2,7 Milliarden Menschen auf Facebook posten, liken, anschauen, suchen, wird gespeichert und durch den großen Zauberer Algorithmus mit Daten aus den anderen Diensten, z. B. WhatsApp, zusammengeführt und in ein ständig aktualisiertes Profil jedes einzelnen Nutzers verwandelt. Die persönlichen Daten der Nutzer sind die Münze, mit der diese für die fantastischen „kostenlosen" Dienste bezahlen, ohne es zu wissen. Sie sind die Ware, welche die Internetriesen verkaufen. Auf Grund unserer persönlichen Daten können uns Nachrichten, Werbung und Preise für Konsumgüter personalisiert serviert werden, das heißt perfekt zugeschnitten auf den persönlichen Geschmack und – gänzlich unerkannt – auf die gesellschaftspolitischen Absichten der Internetgiganten. Die selbstständige Entscheidung über das, was wir wissen wollen, wird durch das ersetzt, was wir wissen sollen (s. u.). Das Leben wird durch Apps so einfach, dass wir das einfache Leben verlernen.

Geräte mit Spracherkennung, die auf Zuruf alles Mögliche erledigen, zeichnen ganz nebenbei auch alles auf, was wir in unseren vier Wänden sprechen, wenn sie mit dem Internet verbunden sind. Vorbei die Zeiten, wo man dachte, Geheimdienste wären für so etwas zuständig. Das alles ergibt *big data*, mit denen man sehr, sehr viel anfangen kann.

Man kann Hersteller oder Dienstleister über unser Kaufverhalten informieren, sodass etwa die Preise einer Fluggesellschaft oder eine Hotelbuchung für einen Schnäppchenjäger anders ausfallen als für einen Qualitätskäufer.

Man kann unsere Daten an Banken und Firmen verkaufen, die etwas über unsere Kreditwürdigkeit wissen wollen.

Man kann sie an Politiker verkaufen, die die Wahl gewinnen wollen, so geschehen durch die Firma CambridgeAnalytica, die sich dabei aber etwas ungeschickt anstellte, sodass der Big Data-Händler seine Firma schließen musste.

Man kann durch *Nudging* eine Wahl entscheiden: Kontinuierliche, kleine, unmerkliche Anstöße bringen den User zu einer bestimmten Wahlentscheidung.

Man kann durch *Likes* Konformitätsdruck erzeugen: So viele meiner Facebook-Freunde finden Greta toll, also muss sie doch toll sein und ich finde sie auch toll und schwänze am Freitag die Schule, um die Welt zu retten.

Man kann das *Ranking* der Suchmaschinen manipulieren. Was auf der ersten Seite steht, hat mehr Einfluss auf die Kaufentscheidung und Meinungsbildung als das, was auf der dritten Seite steht.

Man kann mit Hilfe von *troll-armies* gezielt Falschinformationen verbreiten.

*Das Leben wird durch Apps
so einfach, dass wir
das einfache Leben verlernen.*

Man kann durch *bots* Nachrichten automatisch duplizieren, sodass um eine Person oder ein Ereignis ein Hype entsteht. Man kann politisch unkorrekte Äußerungen als *Hate Speech* klassifizieren und zensieren.

Man kann, man kann, man kann noch viel mehr, wovon der benutzte Nutzer nicht die geringste Ahnung hat. Manipulation arbeitet im Dunkeln, sie hasst das Licht. Julia Krüger, wissenschaftliche Expertin für Netzpolitik, schreibt:

> Was Anlass zu größter Sorge geben sollte, ist die Tatsache, dass Methoden der Nachrichtenselektion und Abstimmung ohne jegliche Transparenz und Mitbestimmung entwickelt und eingeführt werden. Trotz größter Manipulationsrisiken und -probleme verweigert Facebook der Öffentlichkeit sowie Forschern und Experten den Zugang zu relevanten Daten … Experimente zur Mediennutzung und zur politischen Willensbildung werden verkauft als Förderung von Freiheit und Demokratie. In Wirklichkeit mangelt es ihnen grundsätzlich an demokratischen Errungenschaften: Gewaltenteilung, Kontrolle von Staatsgewalt und Mitbestimmung.[218]

Mit anderen Worten: Die Demokratie wird zum Marionetten-theater. Wer die Strippen zieht, bleibt in der digitalen Welt so verborgen wie den Zuschauern im Theater. Hinter der Ma-nipulation von Meinungen, Trends, Kampagnen, Bedürfnis-sen, Kaufentscheidungen und Wahlverhalten stehen Wertent-scheidungen. Welche? Wer trifft sie? Natürlich will Mark Zuckerberg nur unser Bestes. Er lässt uns wissen:

> Wir fühlen uns dafür verantwortlich, dass unsere Dienste nicht nur Spaß machen, sondern auch für das Wohlbefinden der Leute gut sind. Die Forschung zeigt, dass es gut für unser Wohlbefinden ist, wenn wir die sozialen Medien dafür benut-zen, uns mit Menschen zu verbinden, die uns wichtig sind. Wir fühlen uns dann mehr verbunden und weniger einsam und das hat langfristig Auswirkungen auf unser Glück und unsere Gesundheit.[219]

Die Forschung und der gesunde Menschenverstand zeigen auch, dass es für unser Glück und unsere Gesundheit abträg-lich ist, täglich viele Stunden in der virtuellen Welt mit virtuel-len „Freunden" zu verbringen, statt in der realen Welt mit rea-len Menschen in Beziehung zu sein.

Mark Zuckerberg hält eine explizite Definition von Werten für die Weltbevölkerung für impraktikabel. Es ist auch nicht nötig, denn die Internetriesen, die UN und EU, der Großteil der Medien, globale Unternehmen, die Milliarden-Stiftungen und die Universitäten sind sich einig: Die Bevölkerung muss reduziert werden, Abtreibung ist ein Menschenrecht, die LGBTIQ-Agenda muss unterstützt werden, die Auflösung na-tionaler Identität durch Migration ist ein humanitäres Anlie-gen, die Klimarettung eine Frage des Überlebens der Menschheit, Männer sind Täter und Frauen sind Opfer, rechts ist böse und links ist gut. Zuckerberg und Genossen sind Erzeuger des sogenannten Mainstreams. Großzügig will er nun das *Nutzer-Ranking* einführen: Die Nutzer sollen selbst beurteilen, ob sie einer Nachrichtenquelle vertrauen. Die Masse soll mitentscheiden, welche Nachrichten wichtig und akzeptabel und „wahr" sind. Hier schließt sich der Kreis. Die Menschen werden entwurzelt aus dem, was ihnen Identität gibt: Glaube, Familie, Nation, Geschlecht. Sie taumeln ohne Bindung und Wegweisung durch ihr junges Leben und suchen Halt bei Gleichaltrigen, die ebenso arm und verlassen sind wie sie selbst. Ein fester innerer Kern, der zu einem eigenen Urteil befähigt, kann sich nicht bilden, vielmehr sind die Menschen im Innersten bedürftig, depressiv und verführbar. So werden die Massen zur gefügigen Manipulationsmasse von unkontrollierbaren Internetgiganten. Mit hochentwickelten Methoden der Steuerung von Bewusstsein und Verhalten werden die Menschen so geprägt, wie die neuen Herren der Welt sie haben wollen, um ihnen dann die „Freiheit" zu gewähren, mit darüber zu entscheiden, welche Informationen wahr oder falsch sind.

11.

Pornografie – die Schändung der Kinderseele

*Keineswegs ist es die junge Generation,
die entartet; diese verdirbt
nur, wenn die Erwachsenen schon
verdorben sind.*

Montesquieu

Die Würde des Menschen ist unantastbar", heißt es im ersten Artikel des Grundgesetzes der Bundesrepublik Deutschland. Warum besitzt der Mensch Würde? Weil er eine Person mit freiem Willen und Vernunft ist. Er ist nicht ein Etwas, das für irgendwelche Zwecke benutzt werden darf. Es ist eine Verletzung seiner Würde, wenn er benutzt wird.

Um das zu erkennen, brauchen wir kein Grundgesetz und keine Philosophie, sondern nur die Frage: Möchte ich für irgendwelche Zwecke benutzt werden? Die Antwort findet jeder in seinem Herzen: Nein, ich möchte nicht benutzt werden, ich möchte, dass meine Würde geachtet wird.

Benutzen eines Menschen heißt: Eine Person wird wie ein Gegenstand behandelt für Zwecke, die ein anderer definiert. Er wird zum Objekt gemacht.

Zwischen dem, der benutzt, und dem, der benutzt wird, besteht ein Herrschaftsgefälle. Auch das Kind will nicht benutzt werden. Gute Erziehung beruht gerade darauf, dass der mächtige Erwachsene die Würde des ohn-mächtigen Kindes achtet.

Die äußerste Form der Missachtung der Würde eines Menschen ist die Versklavung: Du gehörst mir. Die äußerste Form der Achtung der Würde ist die Liebe: Ich gehöre dir.

Wo ist in diesen Koordinaten die Pornografie angesiedelt? Pornografie ist die visuelle Darstellung sexueller Handlungen zur Erzeugung sexueller Erregung im Betrachter. Sex geht un-

*Eine Gesellschaft, die
mit beiden Beinen
im pornografischen Morast
steht, kann Kinder nicht
vor Pornografie schützen.*

ter die Haut, berührt den Menschen auf allen Ebenen der Person. Versucht die Person, ihren Körper von ihrer Seele abzutrennen, flieht die Liebe voller Entsetzen.

Wer XXX googelt, die Chiffre für Pornografie, der erhielt im Dezember 2019 eine Milliarde vierhundertzwanzig Millionen, im April 2020 eine Milliarde neunhundert Millionen Treffer. Jede dritte Suchanfrage im Internet ist Pornografie. Das bedeutet, dass sich die Lichtseite unserer Gesellschaft, in der die Würde der Person ein gewisses Existenzrecht hat, über einem düsteren Untergrund erhebt, in dem die Würde der Person zertreten wird, nicht nur die Würde der Frauen, die vor der Kamera gedemütigt, erniedrigt, geschlagen, gefesselt, gequält werden, um bei Millionen von Zuschauern sexuelle Lust zu erzeugen, sondern auch die Würde derer, die sich vor dem Bildschirm selbst befriedigen. Aber sie finden keinen Frieden, sondern befinden sich auf einer schiefen Ebene in die Sucht und Kriminalität.

Dahinter steht eine weltweite Milliardenindustrie, die davon lebt, dass Frauen *und Kinder* von Männern wie Dreck behandelt werden. Der Kinderpornomarkt boomt mit steilen Zuwachsraten. Allein in Deutschland gingen bei der Kriminalpolizei im Jahr 2017 35.000 Hinweise ein. 14.900 Fälle wurden nachweislich begangen, 40 % davon aufgeklärt.[220] Innerhalb der EU sind Hunderttausende von Kindern vom Kinderhandel betroffen. Tausende werden entführt und bleiben für immer verschwunden.[221]

Kinderpornografie verbreitet sich rasend im Netz. Die New York Times berichtete am 7. Oktober 2019: „Letztes Jahr wurden 45 Millionen online Fotos und Videos von sexuellem Kindesmissbrauch im Internet veröffentlicht, doppelt so viele wie im Jahr zuvor."[222]

Bei der Aufklärung entsetzlicher Kindesmissbrauchsfälle in Bergisch Gladbach im Jahr 2020 sind die Ermittler auf 30.000 – in Worten dreißigtausend – Tatverdächtige gestoßen. Was da ans Licht komme, sei „zutiefst verstörend", sagt der Justizminister von Nordrhein-Westfalen. „Wir müssen erkennen, dass Kindesmissbrauch im Netz weiter verbreitet ist, als wir bisher angenommen haben."[223]

Eine Gesellschaft, die mit beiden Beinen im pornografischen Morast steht, kann Kinder nicht vor Pornografie schützen.

Selbst wenn verantwortungsvolle Eltern ihrem Kind kein Smartphone in die Hand geben und der Internetzugang mit Filtern für Porno und Gewalt ausgestattet ist, kann es jederzeit geschehen, dass ein besonders cooler Typ dem Kind ein Pornovideo unter die Nase hält.

Bereits vor elf Jahren (2009) hat die Hälfte aller 11 bis 13-jährigen Kinder pornografische Bilder oder Filme gesehen[224], viele noch früher[225]. Für Jugendliche zwischen 13 und 19 Jahren gehört Internetpornografie zum alltäglichen Medienkonsum – Tendenz steigend.[226]

Eine erste Begegnung mit der Sexualität im Kontext von Gewalt, Erniedrigung und Perversität kann eine traumatisierende Wirkung haben – umso mehr, je jünger das Kind ist. Mädchen ekeln sich in der Regel und sind deswegen weniger gefährdet als Jungen, bei Jungen wird der Ekel bald von der sexuellen Erregung überlagert.

Der Schriftsteller Anselm Neft beschreibt in einem Zeit-Online-Artikel mit dem Titel *Grausame Geilheit* seine eigene Sexualaufklärung durch pornografische Bilder mit neun Jahren in „einer Atmosphäre von Neugier, Scham und Abwertung".[227] Buben, die damit prahlten, bereits mit Mädchen geschlafen zu haben, seien die Helden gewesen, während Mädchen, die sich dafür hergaben, „die Schlampe" waren. „Ich fand es fies, wie die Frauen in den Pornos behandelt wurden, aber es erregte mich auch ... Sex wurde omnipräsent, beliebig, unpersönlich, geil und leer." Der Autor beschreibt, dass im komplizierten Prozess des Mannwerdens „der Konsum von Pornos eine schnelle Abkürzung zum Männlichkeitsgefühl ist ... ohne emotionale Verpflichtung, Hingabe und eigene Verwundbarkeit." „Man braucht Pornografie, weil man sich klein fühlt und man fühlt sich klein, weil man sie braucht. Ein erstklassiges Geschäftsmodell", das auf Kundenbindung angelegt ist.

Tatsächlich macht Pornografie süchtig und verändert das Gehirn. Das hormonelle Belohnungssystem im Gehirn wird hyperaktiviert und verlangt nach immer stärkeren Dosen. Bei Pornografie ist der Sucht erregende Stoff die sexuelle Grenzüberschreitung: erst Frauen als Opfer, dann Kinder, dann Babys – und die halbe Welt als Zuschauer. Besonders heimtückisch an der Pornografie ist, dass selbst dann, wenn sich die Person davon losreißen konnte, sie von den Bildern über Jahre und Jahrzehnte verfolgt wird, weil sie im Gehirn gespeichert bleiben. Anders als der Körper, der gewisse Mengen an gifti-

> *Wie furchtbar, wenn ein Kind seine ersten Eindrücke über den geheimnisvollen Bereich der Sexualität durch Bilder des brutalen Missbrauchs und schamlosen Zurschaustellens des Intimsten des Menschen erhält.*

gen Substanzen ausscheiden kann, brennen sich die Bilder im Gehirn ein, die starke Emotionen von Schock, Angst, Bedrohung oder sexueller Erregung ausgelöst haben. Sie tauchen auch dann noch quälend auf, wenn die Sexualität längst zum Ausdruck der liebenden Hingabe an eine Person des anderen Geschlechts geworden ist.

Wie furchtbar, wenn ein Kind seine ersten Eindrücke über den geheimnisvollen Bereich der Sexualität durch Bilder des brutalen Missbrauchs und schamlosen Zurschaustellens des Intimsten des Menschen erhält. Nirgendwo ist der Mensch so verletzlich wie in diesem innersten „Garten", der nur mit dem Schlüssel der Liebe geöffnet werden darf, wenn die Würde der Person gewahrt werden soll. Das Kind wird überwältigt, schockiert, beschämt, fühlt sich selbst schuldig und wird sich deswegen seinen Eltern nicht anvertrauen. Weil aber alles anziehend ist, was verboten ist, besonders für Jungen, und weil Mannwerden etwas damit zu tun hat, „möglichst Dinge zu tun, die man eigentlich zunächst nicht tun wollte: saufen, rauchen, kloppen, cool sein, sich selbst und anderen wehtun" (Anselm Neft), darum entsteht ein Sog, der den Einsteiger zu einem Masturbationssüchtigen macht: Selbstbefriedigung als kurzfristige Sedierung von Unsicherheit und Leere; Sex abgelöst von seinem eigentlichen Ziel, der Hingabe an eine reale Person und der Zeugung von Kindern; Sex als Flucht aus der Einsamkeit in die Einsamkeit.

Pornografiekonsum führt bei Jugendlichen zu

- Fixierung der Sexualität auf Triebbefriedigung
- Geschlechtsstereotypen: der Mann als gewalttätiger Macho, die Frau als gedemütigtes Sexobjekt
- Verunsicherung als Mann und Frau, weil man den Anforderungen an Potenz und Schönheit nicht zu genügen meint
- Frühem, ungebundenem, beziehungslosem, risikoreichem Sex mit wechselnden Partnern
- Perversen Erwartungshaltungen an den realen Partner
- Ausagieren dessen, was man sieht
- Sexuellem Missbrauch von Kindern an Kindern
- Verlust der Vision von Ehe und Familie als Leitbild für das eigene Leben[228]

Wenn sich Politiker überhaupt zu diesem Thema vernehmen lassen, dann geht es bestenfalls um die Eindämmung von Kinderpornografie und Pornografiekonsum von Jugendlichen. Aber Kinder tun, was Erwachsene tun. Kinder sind neugierig, sie wollen die Welt kennenlernen, wollen die Geheimnisse der Erwachsenen lüften. Entwürdigender Sex entwürdigt auch den Erwachsenen.

Pornografie ist ein Ehe- und Familienkiller erster Ordnung. Der Pornokonsument entfernt sich emotional von seiner Partnerin, er wird unfähig zu lieben und seine Liebe mit Zärtlichkeit und tiefer Achtung auszudrücken; er konfrontiert die Partnerin mit perversen sexuellen Wünschen und verliert schließlich das Interesse an ihr und den Kindern, er lebt beständig im virtuellen Ehebruch, der früher oder später zum realen Ehebruch führt ... und schließlich zur Scheidung.[229] [230]*

Welche Ironie! Welche Heuchelei! Die Tagwelt redet von Würde, die Nachtwelt entwürdigt. Die Tagwelt kämpft für die Befreiung der Frau aus patriarchaler Unterdrückung, die Nachtwelt erniedrigt die Frau und macht sie zum Objekt brutaler sexueller Ausbeutung. Die feministische Tagwelt erniedrigt den Mann zum Schlappschwanz, in der Nachtwelt wird er zum Vergewaltiger.

Vielleicht ist die Pornografie die Rache des Mannes, der nicht mehr geachtet wird als Kämpfer, Beschützer und Vater?

Was können Eltern tun?
Es gibt keine einfache Lösung. Die digitale Revolution hat stattgefunden und wird immer weitergehen. Kinder müssten „Medienkompetenz" lernen, so heißt es. Natürlich müssen Kinder lernen, mit den Medien umzugehen, sie sind Teil unseres Lebens. Wer das Problem durch Verweigerung lösen wollte, müsste sich von der Welt abkapseln wie die Amish, die bis zum heutigen Tag keine Elektrizität benutzen.

Ohne Zweifel muss die Mediennutzung der Kinder kontrolliert werden: solange wie möglich kein Smartphone, Internetzugang nur in einem familien-öffentlichen Raum, Filter für Gewalt und Sex, kein Smartphone in der Schule, kein Smartphone im Schlafzimmer.

Dass unsere Gesellschaft der Durchseuchung mit Pornografie keine Grenzen setzt, ist keine Errungenschaft von Freiheit, sondern ein Zeichen für den massenhaften Verlust von Freiheit durch Pornografiesucht. Die Herstellung und Nutzung von Pornografie muss verboten und bestraft werden, denn sie macht den Einzelnen, die Familie, die Kinder und die ganze Gesellschaft kaputt.

Die entscheidende Frage für Eltern ist: Wie gelingt es, dass das Kind eine eigene innere Instanz entwickelt, die ihm erlaubt, Gutes und Schlechtes zu unterscheiden, sich für das Gute zu entscheiden, echte Freundschaften den virtuellen, echtes Spiel dem Knopfdrücken an der Konsole, echte Bewegung der virtuellen Mobilität vorzuziehen? Es braucht dafür die Fähigkeit zur Selbstbeherrschung, Gewissensbildung, Interesse als Motivation für Leistung und ein gutes Selbstwertgefühl, das aus alldem resultiert. Dafür braucht der Jugendliche eine ungebrochene Bindung zu seinen Eltern, von denen er sicher weiß, dass er um seiner selbst willen geliebt wird.

12.

Scheidung – das unblutige Kinderopfer

*Ich fühlte mich entwurzelt wie ein Baum,
dessen Wurzeln in der Luft hängen. Mein Universum
wurde in Stücke geschlagen. Ich wurde ängstlich,
nichts war mehr sicher und vorhersagbar.
Ich verlor das Vertrauen zu mir selbst und zu anderen.
Ich hatte immer das Gefühl, dass jederzeit
etwas Schlimmes geschehen könnte.
Es gab kein Nachhausekommen mehr.*

Zeugnis eines Scheidungsopfers, *Primal Loss*

Ein Mann und eine Frau begegnen sich. Ein Funke springt von Herz zu Herz. Man sagt, Cupido, ein Engelbübchen, habe einen Pfeil abgeschossen und diese unwiderstehliche Anziehung erzeugt. *Cupidus* heißt *begehrlich, leidenschaftlich*. Die beiden lassen sich Zeit, bis sie aus der Blindheit, die der Pfeil des Cupido erzeugt hat, erwachen, um zu prüfen, ob sie sich einander wirklich schenken wollen mit diesem JA vor Gott und den Menschen, das bis ans Lebensende gelten soll. Jeder besteht die Prüfung in den Augen des anderen. Sie heiraten und lassen sich nun mit hochgestimmter Vorfreude auf das große Abenteuer ein, Eltern zu werden.

Ein Kind wird geboren. Von tiefem Staunen ergriffen, schauen sie auf das hilflose Bündel in ihren Händen, das auf ihre Liebe und Fürsorge gänzlich angewiesen ist. Die Eltern sind bereit, für das Kind große Opfer zu bringen, und ernten tiefste Freude durch die existenzielle und unauflösliche Verbundenheit mit dem in die Zukunft drängenden Kind.

Das Kind lernt im Dreieck zwischen Mutter und Vater, was es heißt, Mann oder Frau zu sein. Es lernt, mit dem anderen Geschlecht in Beziehung zu treten. Es lernt, seinen Platz unter den Geschwistern zu finden. Es lernt und lernt und lernt in diesem fragilen Gebilde Familie vor allem durch das, was es sieht und erlebt, weit mehr als durch das, was man ihm sagt.

Konflikte gibt es in jeder Familie. Alle werden als Egoisten geboren und gehen mit Prägungen und Verletzungen in die

Konflikte gibt es in jeder Familie. Alle werden als Egoisten geboren und gehen mit Prägungen und Verletzungen in die Ehe, die das Unterste nach oben kehrt.

Ehe, die das Unterste nach oben kehrt. Im Familienhaus gibt es Unordnung und Schäden, der Strom fällt aus, die Heizung geht kaputt, Türen klemmen, der Keller ist feucht – die Eltern haben die Aufgabe, es wieder in Ordnung zu bringen, vor allem auch durch die Trockenlegung des Kellers ihrer eigenen Psyche. Geben die Eltern den Kindern ein Beispiel, wie man Konflikte löst, wie man Frieden schließt, bevor die Sonne untergegangen ist? Kinder halten tatsächlich viel aus und vergeben den Erwachsenen fast alles, solange immer wieder alles gut sein darf und auf den Grundton zurückkehrt: *Wir gehören zusammen!*

Bei Scheidung bricht das Fundament entzwei. Ein Teil des Hauses, vielleicht sogar das ganze Haus, wird unbewohnbar. Ein oder mehrere Familienmitglieder ziehen für immer aus. *Wir gehören nicht mehr zusammen!* Vater und Mutter waren das Fundament der Existenz des Kindes, gaben ihm Sicherheit,

Geborgenheit, Zuhause, Zugehörigkeit und Identität. Trennen sich die Eltern, verliert das Kind Sicherheit, Geborgenheit, Zuhause, Zugehörigkeit und Identität. Es verliert den Boden unter den Füßen. Scheidung ist für das Kind ein Erdbeben, das noch über Jahrzehnte Nachbeben in seinem Leben haben wird. Warum zählt in unserer Gesellschaft nur das „Glück" der Erwachsenen und nicht das Leiden der Kinder? Warum müssen Kinder, die ihr Leben noch vor sich haben, ihr Lebensglück und ihre Lebenschancen opfern, damit ein Elternteil vielleicht in einer neuen Beziehung glücklicher wird oder in der nächsten oder der übernächsten? Die elterliche Beziehung beruht auf freier Entscheidung zur lebenslangen Bindung. Die Beziehung des Kindes zu seinen Eltern beruht nicht auf seiner Entscheidung und kann nicht aufgehoben werden. Es muss in den Trümmern überleben.

Das sind die möglichen Folgen: Depression, Angst, Einsamkeit, vermindertes Selbstwertgefühl, Schulversagen, Unfähigkeit zur Konfliktlösung, Selbstverletzung, Selbstmord, chronische Krankheiten, Drogen- und Alkohol-Missbrauch, Straffälligkeit, frühe und wahllose sexuelle Beziehungen, Abtreibung, materielle Not, Bindungsunfähigkeit, Scheitern der eigenen Ehe und damit eine weitere Generation Scheidungskinder.

Es handelt sich um erhöhte *Risiken* für die Verwerfungen des Lebensweges von Scheidungsopfern, nicht um Zwangsläufigkeit! Diese Risiken werden von einer Fülle wissenschaftlicher Studien belegt. Die Ausgangslage, die Szenarien, das Verhalten der Scheidungseltern, die Reaktionen der Kinder sind in jedem einzelnen Fall verschieden. Manche Kinder sind „resilient" und schaffen es, einigermaßen unbeschädigt davonzukommen. Aber allen wird der Boden unter den Füßen weggezogen und sie müssen lebenslang zwischen den getrennten Eltern und deren weiteren Partnern navigieren.

Scheidung ist wie ein ansteckender Virus, für den es keinen Lockdown gibt.

Warum findet die Gesellschaft nichts dabei, wenn Eltern ihren Kindern dies alles zumuten und von ihnen verlangen, es klaglos hinzunehmen? Mit nur einem Elternteil weiterleben; alle zwei Wochen die Wohnung wechseln; fünftes Rad am Wagen einer Patchworkfamilie sein; den neuen Partner an der Seite der Mutter oder des Vaters hinnehmen müssen, auch wenn das Herz blutet?

Die Antwort ist so einfach wie verborgen: damit sich die Schuldfrage nicht erhebt. Das Schuldprinzip bei Ehescheidung wurde im Rahmen der Ehe- und Familienreform 1976 abgeschafft. Es genügt in Deutschland, dass ein Paar ein Jahr getrennt lebt, dann kann ein Partner die Scheidung auch gegen den Willen des anderen durchsetzen.

Eine Art kollektiver Schuldamnesie ist eingetreten. Ehebruch? Kein Problem! Wechselnde Geliebte, uneheliche Kinder, unverheiratetes Zusammenleben – kein Problem für niemanden, auch kein Hindernis für höchste Staatsämter.

Dass ein Vater von drei Töchtern mit über fünfzig seine wahre Identität entdeckt und mit einem Mann eine neue „Ehe" eingeht, stößt auf mitfühlendes Verständnis im sozialen Umfeld und den Medien, ja sogar bei der eigenen Ehefrau, so geschehen in der Royal Family des Vereinigten Königreiches 2018: Lord Ivar Mountbatten, Cousin der Queen, Vater dreier Töchter, ließ sich von Ehefrau Penny scheiden und heiratete einen Mann mit einer kirchlichen Zeremonie. Ehefrau Penny schritt mit ihm durch den Mittelgang und legte seine Hand in die Hand des neuen Partners. Hat jemand die drei Töchter gefragt, wie es ihnen dabei gegangen ist? Aber die Gefühle der Kinder zählen nicht. Sie müssen gute Miene zum bösen Spiel machen.

Das staatliche Recht hat sich auf die Seite der Erwachsenen geschlagen und garantiert ihnen die Befriedigung aller Arten emotionaler und sexueller Bedürfnisse mit möglichst geringen Komplikationen.

Keine Frage: Es gibt emotionalen, physischen und sexuellen Missbrauch in Familien, der die Trennung erzwingt – auch um der Kinder willen. Aber das ist nur ein kleiner Teil der Fälle, weit unter zehn Prozent. Meistens wird das Zerbrechen von Bindungen mit „Liebe" gerechtfertigt. Entweder ist sie „nicht mehr da" oder sie gilt plötzlich einem anderen. Aber Liebe hebt die Schuld nicht auf. Sie verschleiert sie nur. Emotionale Liebe ist kein Pol, an dem sich das Gewissen orientieren kann, vielmehr ein schwankendes Gefühl ohne Gedächtnis, das in seinem Anfangsstadium verblendet.

Scheidung ist wie ein ansteckender Virus, für den es keinen Lockdown gibt. Jeder kennt geschiedene Paare und jeder kennt Kinder von geschiedenen Eltern.

Die Option schwebt wie ein Gespenst über der Ehe.

In Zahlen:[231]

- 2018 gab es in Deutschland 20 Millionen registrierte Paare, davon sind 83 % verheiratet. Von ihnen haben 56 % keine Kinder. 3,3 Millionen leben unverheiratet zusammen. Von ihnen haben 68 % keine Kinder.
- 74 % der minderjährigen Kinder wuchsen 2017 bei Ehepaaren auf (als leibliches Kind, Stief-, Adoptiv- oder Pflegekind).

- 1961 gab es in Deutschland 700.000 Eheschließungen und 135.000 Scheidungen. 2016 waren es 410.000 Eheschließungen und 162.000 Scheidungen. Das bedeutet, dass der Anteil der Scheidungen an den Eheschließungen zwischen 1961 und 2016 von 19 % auf 40 % gestiegen ist.
- Die Hälfte der geschiedenen Ehepaare hatte Kinder. 2016 wurden 132.000 Kinder zu Scheidungswaisen. Seit 1991 gibt es in ganz Deutschland insgesamt über vier Millionen Scheidungsopfer.
- Zwischen 2007 und 2017 erhöhten sich die unehelichen Lebensgemeinschaften um 31 %, die Zahl der Lebensgemeinschaften mit minderjährigen Kindern um 38 % auf 934.000.
- Jedes fünfte Kind, das sind 2,4 Millionen, lebt nur mit einem Elternteil zusammen, in 9 von 10 Fällen mit der Mutter. Die häufigste Ursache ist Scheidung. Die Mehrzahl der Alleinerziehenden empfängt staatliche Sozialleistungen.
- Der Anteil der gleichgeschlechtlichen Paare liegt bei 1,8 %. Von den Paaren, die Kinder haben, sind 0,15 % gleichgeschlechtlich.
- Die Dauer von unehelichen Lebensgemeinschaften ist deutlich kürzer als die von Ehen und das Risiko für die Kinder, dass sich die Eltern trennen, 90 % höher als von Kindern, die in Ehen geboren werden.[232] Sie tauchen in der Scheidungsstatistik nicht auf.

Das Leid der Scheidungskinder in Zeugnissen

Wie groß die kollektive Verdrängung des Leids der Kinder ist, wird nachfühlbar in dem Buch *Primal Loss – The Now-Adult Children of Divorce Speak* (Die heute erwachsenen Scheidungskinder sprechen, im Weiteren „PL").[233] Die Herausgeberin, Leila

Miller, hat siebzig Personen, deren Eltern sich zu ganz unterschiedlichen Zeitpunkten im Leben des Kindes hatten scheiden lassen, u. a. diese Fragen gestellt:

- Welche Wirkung hatte die Scheidung deiner Eltern auf dich?
- Wie unterscheiden sich deine Gefühle als Kind und als Erwachsener hinsichtlich der Scheidung?
- Hat die Scheidung deiner Eltern Auswirkungen auf deine eigene Ehe gehabt und auf deine Sicht von der Ehe?
- Was sagst du zu Leuten, die behaupten, Kinder könnten viel ertragen (sie seien „resilient") und seien glücklich, wenn die Eltern glücklich seien, sie würden bald darüber hinwegkommen und ein erfolgreiches Leben führen?
- Was ist das Wichtigste, was die Erwachsenen unserer Gesellschaft über die Folgen von Scheidung für die Kinder wissen sollen?

Dies sagen Erwachsene Jahre und Jahrzehnte nach der Scheidung ihrer Eltern:

- Es tut weh, es tut weh, es tut weh.
- Kinder sind nicht resilient. Kinder sind zerbrechlich.
- Die Gesellschaft soll wissen, dass Scheidung die Kinder zerreißt. Es zerstört das Gewebe, aus dem sie bestehen. Das durchdringt jeden Aspekt ihres Lebens.
- Überwindet euren Egoismus und lernt, miteinander zu leiden.

Die halbierte Familie

Nicht umsonst gibt es das Wort „Eltern" nur im Plural. Ein Elternteil ist und bleibt nur ein Teil vom Ganzen. Das Kind braucht den Spielraum zwischen Vater und Mutter, um sich entfalten und als Mann oder Frau selbst finden zu können.

Scheidung ist eine Kernspaltung. Es gibt nicht mehr einen Pol, sondern zwei Pole, die einander feind sind. Alle Beziehungen in einer Scheidungsfamilie ändern sich, viele bekommen auf Dauer einen Knacks, selbst wenn das Ehepaar sich bemüht, den Scheidungskrieg zu vermeiden, was ihnen trotz guter Absichten oft nicht gelingt.

Auch die Beziehung zu den eigenen Geschwistern verändert sich. Sie sind nicht mehr eine solidarische Gemeinschaft unter dem elterlichen Dach. Vielleicht werden sie auseinandergerissen und zwischen den Eltern verteilt. Stellen sie sich emotional auf unterschiedliche Seiten? Muss ein größeres Kind plötzlich für kleinere Kinder Verantwortung und Pflichten übernehmen? Manchmal können sich Geschwister beistehen und sich eng aneinander binden, aber meistens sind sie mit ihren traumatisierten Gefühlen allein.

Als ich klein war, habe ich meine Gefühle abgeschaltet. Es war alles viel zu viel für mich. (PL)

Alle sind gezwungen, Partei zu ergreifen: Großeltern, Geschwister, Freunde und Bekannte. Dazwischen wird das Kind zerrissen. Es jongliert zwischen Vater und Mutter, um die Zuneigung beider Eltern zu bewahren und die eigene Existenzbasis nicht zu verlieren.

Ich will es beiden recht machen. Ich will keinen verärgern. Ich will, dass es beiden gut geht, dass keiner von beiden traurig ist wegen mir.[234]

Die primäre Erfahrung des Kindes ist: Mein Vater oder meine Mutter hat mich verlassen. Was habe ich getan? Bin ich schuld?

Kinder quälen sich mit unbewussten Schuldgefühlen für eine Situation, deren Opfer sie sind.

Von einem Augenblick auf den anderen sind sie mit einem Elternteil allein, in der Regel mit der Mutter. Der Vater zieht aus. Meist geht die Scheidung mit einem finanziellen Einbruch bei den getrennt lebenden Eltern einher, der sich auf die Kinder auswirkt. In Deutschland sind 40 % der alleinerziehenden Mütter Hartz IV-Empfänger. Die Rede von der „Kinderarmut" tut so, als wären Kinder wirtschaftlich unabhängig, und verschleiert die Hauptursache: das Zerbrechen der Familie. Geschiedene Eltern müssen zwei Haushalte führen, Unterhalt bezahlen und eventuell für Kinder aus der neuen Beziehung aufkommen. Alleinerziehende müssen ganztags arbeiten, oft ist niemand da, der sich um das Kind kümmert, außer der Bildschirm.

Alle Beteiligten sind überfordert. Der Schmerz der Mutter erfüllt die Wohnung wie ein rauchender Ofen, für den Schmerz des Kindes ist kein Platz. Niemand ist da, der ihm hilft, mit seinen verwundeten Gefühlen zurechtzukommen. Selbst wenn es bei der Scheidung schon ein Teenager ist, bräuchte es immer noch beide Eltern, um durch die wirre Zeit der Pubertät ins Erwachsenenleben hineinzufinden.

Ich war oft traurig, aber ich habe niemals, niemals über meine Gefühle gesprochen, ich habe sie selbst nicht verstanden. Ich frage mich, ob das etwas damit zu tun hatte, dass ich mich noch in der Schule in sexuelle Beziehungen gestürzt habe, immer auf der Suche nach Liebe und Zuneigung. (PL)

Das Kind will nicht Partei nehmen, aber es wird direkt oder indirekt dazu gezwungen. Es muss den neuen Partner an der Seite des Vaters oder der Mutter akzeptieren, was ihm zutiefst

*Die primäre Erfahrung
des Kindes ist: Mein Vater oder
meine Mutter hat mich
verlassen. Was habe ich getan? Bin
ich schuld? Kinder
quälen sich mit unbewussten
Schuldgefühlen für eine Situation,
deren Opfer sie sind.*

wiederstrebt, und es muss das Leid und die Einsamkeit des verlassenen Ehepartners mittragen.

Neuerdings kommt das sogenannte „Wechselmodell" in Mode: Die Eltern teilen sich das Sorgerecht und die Unterhaltskosten und das Kind wechselt alle ein oder zwei Wochen seinen Wohnsitz. Schlecht und recht kann es so die Beziehung zu beiden Eltern aufrechterhalten, aber um welchen Preis? Jede zweite Woche die Sachen packen, mit den Freunden am bisherigen Hauptwohnsitz keine Verabredungen treffen können, sich klaglos in ein anderes Familiensystem einfügen müssen … Wie wäre es, wenn das Kind den festen Wohnsitz bei einem Elternteil behielte und Vater oder Mutter jede zweite Woche auszieht, um dem anderen Sorgerechtsberechtigen Platz zu machen? Warum ist dem Erwachsenen nicht zumutbar, was vom Kind verlangt wird?

Wir scheinen alles aushalten zu können, weil wir nicht über unsere Gefühle und Verletzungen reden. Warum? Weil unsere Eltern unsere Gefühle verleugnen und uns einer ständigen Gehirnwäsche aussetzen, die uns in ein paralleles Universum katapultieren soll, das schreit: Du hast kein Recht, dich durch die Scheidung deiner Eltern am Boden zerstört zu fühlen. Nur ihre Gefühle zählen.
(PL)

Die Stieffamilie

Oft hat der Ehepartner, der geht, bereits einen neuen Partner oder stürzt sich alsbald in eine neue Beziehung. Er oder sie macht einen Schnitt und beginnt ein neues Leben an einem neuen Ort. Eine Stieffamilie entsteht. Vielleicht bringt der neue Partner Scheidungskinder mit in die neue Beziehung, vielleicht beide, vielleicht bekommen sie eigene Kinder: deine Kinder, meine Kinder, unsere Kinder. Vielleicht heiraten sie und das Kind soll mitfeiern.

Man hat für diese familiären Konglomerate verwundeter Menschen das Wort Patchworkfamilie erfunden. Das weckt die Assoziation an hübsche Überdecken, bei denen aus vielen bunten Flecken ein Ganzes gemacht wurde. Das Wort „Stief" weckt ganz andere Assoziationen, nämlich die an die Stiefmutter im Märchen, zu der sich ganz von selbst das Adjektiv „böse" gesellt. Stiefbeziehungen bezeichnen familiäre Beziehungen ohne Blutsverwandtschaft. Meistens geht es nicht gut.

Stiefmutter und Stiefvater beginnen ihre neue Rolle im Fleckerlteppich der neuen Familie meistens mit gutem Willen. Die Liebe zum neuen Partner macht sie bereit, dessen Kinder anzunehmen und ihnen eine zusätzliche Mutter oder ein zusätzlicher Vater zu sein. Sie werden mit Geschenken verwöhnt. Man tut sein Bestes. *Eine* Mutter und *ein* Vater würden dem Kind genügen. Auch *ein* Zuhause. Zwei Zuhause machen *kein* Zuhause. Das Herz des Kindes blutet. Es fühlt mit allen Fasern seiner Existenz, dass dieser fremde Mensch nicht an die Seite seines Vaters oder seiner Mutter gehört. Es tut ihm weh, das „neue Glück" miterleben zu müssen, wo es doch selbst so unglücklich ist und der alleingelassene Elternteil ebenfalls.

Obwohl ich jetzt ein erwachsener Mann von 39 Jahren bin, werde ich mich niemals wohlfühlen, wenn ich meine Mutter mit einem anderen Mann oder meinen Vater mit einer anderen Frau sehe. (PL)

Häufig zerren beide Eltern an dem Kind. Das Kind will es beiden recht machen, weil es sonst den Vater oder die Mutter verlieren würde. Es darf sein Leid nicht zeigen, aber es leidet und es wird unleidlich. Es spürt, dass es in der neuen Beziehung eigentlich nur noch lästig ist.

Das Glück der neuen Liebe ist immer wichtiger als das Glück des Kindes. Immer. (PL)

Die Beziehungsverhältnisse in einer Stieffamilie sind immer kompliziert und spannungsreich. Niemand hat sich das so gewünscht, weder das neue Paar noch die verlassenen Partner noch die zusammengewürfelten Kinder. Die neue Familie steht nicht auf dem Fundament von Treue, Überwindung, Opfer, Wachstum und einem immer wieder neuen Ringen um die Liebe, sondern auf einem Scherbenhaufen, erzeugt durch gebrochene Versprechen, Untreue, Egoismus und Selbstverwirklichung um jeden Preis. Mann und Frau des neuen Paares hatten als Eltern nicht die Fähigkeit, das Schiff der Familie durch die unvermeidlichen Untiefen zu steuern, woher sollen sie jetzt die Kraft, Weisheit und Selbstlosigkeit nehmen, um den verwundeten Mitgliedern einer Stieffamilie gerecht zu werden?

Mit all diesem Wiederheiraten nach der Scheidung gibt es Stiefgeschwister und Halbgeschwister und Kinder aus der ersten oder zweiten Ehe vom zweiten und dritten Ehepartner – und sie alle sollen wir als „Familie" akzeptieren, obwohl unsere Eltern doch die Vorstellung von Familie und den Eckstein der Familie, nämlich die lebenslange Ehe, zerschlagen haben. Und dann kommt noch hinzu, dass wir Elternteile haben, die nicht wieder geheiratet haben, die sind jetzt allein und einsam und wir sind jetzt dafür zuständig, diese Leere zu füllen – was wir doch niemals können, denn wir sind nicht der Ehepartner, der immer da ist. Und dann macht man uns auch noch Schuldgefühle, weil wir ihre Affären oder Ehen nicht genügend unterstützen. (PL)

Verwundet sind alle. Unter dem Versuch, es gut zu machen, brodelt ein Meer von Leid, Vorwürfen, Schuldgefühlen, Groll, Eifersucht und widersprüchlichen, ungelösten Loyalitäten.

Er liebt seinen Sohn aus erster Ehe abgöttisch und zieht ihn mir vor, er sagt nichts, wenn er am Sonntag früh um sieben Uhr die CD so laut aufdreht, dass unser Baby aus dem Schlaf gerissen wird, und dann muss ich mir anhören, dass ich ihn ja sowieso nicht hier haben will und dass er doch nur ein Kind ist, bitte und danke gibt es nicht. Die zweite Familie spielt immer die zweite Geige, die KM [Kindsmutter] himmelt meinen LG [Lebensgefährten] immer noch an. Diesen Schmerz und die Qual in ihren Augen machen mir Schuldgefühle, eine Familie auseinandergerissen zu haben, der Wunschtraum, die First Lady zu sein, verschwindet immer mehr, jetzt hat sie uns auch noch die zwei ADHS-Jungs gebracht, weil sie nicht mehr mit ihnen fertig wird, sie brauchen Grenzen, aber wir haben da unterschiedliche Vorstellungen. Ich bin immer die Böse, sie sind unverschämt und respektlos zu mir, aber der Vater entschuldigt sie immer, sein schlechtes Gewissen scheint so stark zu sein, dass er gar nicht merkt, wie sich seine neue Familie immer weiter zurückzieht. Nein, ich liebe seinen Sohn nicht, ich zähle die Stunden, bis er wieder geht, ich wäre schon längst gegangen, wenn ich diesen Mann nicht so lieben würde. Egal, wie man's macht, irgendwie ist es immer falsch.[235]

Es gibt auch Patchworkfamilien, die es nach vielen Jahren geschafft haben, einigermaßen entspannt miteinander umzugehen, Familienfeste gemeinsam zu feiern und vielleicht sogar zu aufrichtig guten Beziehungen zu finden. Das gelingt nur, wenn die Beteiligten fähig sind, zu verzeihen, um Entschuldigung zu bitten, wieder Tritt zu fassen im eigenen Leben und sich mit großer Geduld zurückzunehmen und das Leid derer anzuerkennen, die Platz machen mussten für die neue Familie. Die frühere Partnerin und ihre Kinder waren die Ersten. Die zweite Partnerin wird nie die Erste werden können. Wenn sie nicht annehmen kann, dass sie die Zweite ist, wird sie raffgierig und möchte wenigstens beim Erbe alles für sich haben. Das destruktive Ausleben des unerfüllbaren Wunsches, die Erste und Einzige zu sein, ist das Zerrbild der Sehnsucht des menschlichen Herzens nach wahrer, unverbrüchlicher Liebe.

Für die Erwachsenen ist die Scheidung eine Krise, die sie früher oder später überwinden. Manchmal sind sie in ihrem neuen Leben tatsächlich glücklicher und fähig, die Herausforderungen in der zweiten Partnerschaft zu meistern. Für

*Das destruktive Ausleben
des unerfüllbaren
Wunsches, die Erste und Einzige
zu sein, ist das Zerrbild der
Sehnsucht des menschlichen
Herzens nach wahrer,
unverbrüchlicher Liebe.*

die Kinder ist die Scheidung kein einmaliges Ereignis, mit dem sie allmählich fertig werden und es abgeschlossen hinter sich lassen können, sondern ihre Beziehungslandschaft und ihre Lebensbedingungen verändern sich fortgesetzt weiter. Das Verhältnis der Eltern zueinander kann von dem anfänglichen Versuch einer sanften Trennung in Krieg oder völligen Abbruch übergehen. Die Eltern gehen neue Beziehungen ein, vielleicht sogar mehrmals; Stiefgeschwister und Halbgeschwister müssen im Familiensystem einen Platz finden. Die Großeltern ergreifen Partei und lassen u. U. das Enkelkind fallen; oft zieht sich der Vater aus der Beziehung und Verantwortung für das Kind zurück. Ununterbrochen muss das Kind mit neuen sozialen und emotionalen Konstellationen fertig werden, dabei bräuchte es doch seine jugendliche Kraft und die Unterstützung der Eltern, um in die Selbstständigkeit des Erwachsenseins hineinzureifen.

Das Leid der Scheidungskinder in der Wissenschaft

Die erste Sozialforscherin, die das Tabu des Leids von Scheidungsopfern durchbrochen hat, war die US-amerikanische Psychologin Judith Wallerstein. Sie führte ab Anfang der 1970er-Jahre, als die Scheidungsraten nach oben zu schnellen begannen, eine Längsschnittuntersuchung von 130 Scheidungsopfern durch, die sie in regelmäßigen Abständen über 25 Jahre hinweg befragte.[236]

Die normal entwickelten Kinder waren bei der endgültigen Trennung der Eltern zwischen zweieinhalb und sechs Jahre alt. Die Welt war für sie gefährlich geworden. Die Kinder fühlten sich einsam und verlassen und wurden Fremden oder größeren Geschwistern zur Betreuung überlassen. 25 Jahre später erzählten sie von ihrer Traurigkeit, hilfloser Wut und dem Gefühl, ausgesetzt zu sein. Das Trauma kehrte in Alpträumen jahrelang wieder.

In der Adoleszenz waren die Kinder weniger widerstandsfähig gegen Drogen, Alkohol und verfrühte sexuelle Aktivität. Ein Drittel der Befragten bildete sich nach der Highschool nicht weiter, 40 % rutschten unter den sozioökonomischen Status der Eltern. Ein Viertel aller Väter stellte die Unterstützung nach dem 18. Lebensjahr ein; der Kontakt versiegte im Laufe der Jahre. Die Beziehungen zu Stiefeltern und Stiefgeschwistern waren fast immer schwierig, das Pendeln zwischen beiden Haushalten aufreibend. Zurückgebliebene Kinder übernahmen emotionale Verantwortung für den verlassenen Elternteil. Über der eigenen Vorstellung von Ehe und der Familiengründung lag ein schwerer Schatten. Werde ich auch im Stich gelassen und betrogen, wenn ich jemanden nah an mich heranlasse oder gar heirate? Werden meine Kinder das auch erleben müssen? – waren die quälenden Ängste.

Judith Wallerstein legte den Finger in die Wunde, dass nur die Bedürfnisse der Erwachsenen zählen und die Kinder sich schnellstmöglich zu fügen haben. Gerichte, Anwälte und Jugendämter gingen davon aus, dass das Kind nach der eigentlichen Scheidungskrise schnell wieder Tritt fassen würde. Das ist bei den geschiedenen Eheleuten oft nicht der Fall, bei den Kindern so gut wie nie.

> Im Gegensatz zu den Erfahrungen der Erwachsenen erreicht das kindliche Leiden seinen Höhepunkt nicht während der akuten Krise, um danach sukzessive abzunehmen. Im Gegenteil, die Scheidung ist für das Kind eine kumulative Erfahrung. Ihre Auswirkungen nehmen im Laufe der Zeit zu. Auf jeder Stufe der Entwicklung werden die Folgen erneut und auf verschiedene Weise erlebt ... Die Auswirkungen der elterlichen Scheidung werden in den ersten drei Jahrzehnten des Lebens der Kinder immer und immer wieder durchgespielt.[237]

Das bedeutet nicht, dass aus allen Scheidungskindern unglückliche und scheiternde Erwachsene werden. Aber die Scheidung der Eltern liegt als Schatten über ihrer Existenz.

Zahlreiche Studien bestätigen die Ergebnisse von Judith Wallerstein. Paul Amato und Bruce Keith führten in den 1990-Jahren eine Meta-Analyse (Zusammenfassung bestehender Forschungsergebnisse) von 92 Studien durch, welche die Unterschiede zwischen Kindern aus intakten Familien und Kindern von geschiedenen Eltern verglichen: Alle Studien zeigten:

> Die Behauptung, eine elterliche Scheidung habe nur geringe Langzeitauswirkungen für die Entwicklung des Kindes widerspricht der einschlägigen Forschung.[238]

Wie reagieren wir, wenn die Existenzbasis zerbricht? In der Regel mit Angst und Depression. Auch Kinder! Die wissenschaftlichen Studien zeigen bei Scheidungskindern eine größere Wahrscheinlichkeit für Traurigkeit, Angst, Depression, Einsamkeit; ihr Selbstwertgefühl und ihr Selbstvertrauen fallen in den Keller; sie haben Angst vor Zurückweisung und ziehen sich von Freunden und der Familie zurück; und/oder sie werden aggressiv und gewalttätig, nicht selten auch selbstzerstörerisch oder suizidal.[239]

Kinder, die stehlen und schlagen, die Klasse aufmischen, andere fertig machen, mit sexistischen und rassistischen Schimpfworten um sich werfen, kommen selten aus Familien, in denen sie sich geborgen und geliebt fühlen, vom anwesenden Vater Zuversicht und Selbstvertrauen vermittelt und Grenzen gesetzt bekommen.

Das Scheidungstrauma wirkt sich auf die Schulleistungen aus. Ein depressiver, ängstlicher Schüler, der seine familiäre Existenzbasis verloren hat, kann weniger gut lernen. Seine Energie ist gebunden im inneren und äußeren Chaos seines Lebens. Scheidungskinder fallen meist in den Schulleistungen zurück, sie neigen dazu, die Schule zu schwänzen oder gar ganz abzubrechen, und gehen seltener auf weiterführende Schulen und Universitäten, auch deswegen, weil sie es sich nicht leisten können.

Seelische Störungen zeigen sich in körperlichen Symptomen. Das Risiko an ADHS (Jungen), Magersucht, Bulimie (Mädchen), Selbstverletzung, Asthma, Krebs zu erkranken, ist bei Scheidungskindern deutlich höher. Eine Studie hat ergeben, dass die Lebenserwartung um viereinhalb Jahre sinkt.[240]

Was tun Menschen, wenn sie ihren seelischen Schmerz nicht aushalten können? Sie rauchen, greifen zur Flasche, saufen sich ins Koma, nehmen Drogen, entwickeln Essstörungen,

> *Die wissenschaftlichen Studien zeigen bei Scheidungskindern eine größere Wahrscheinlichkeit für Traurigkeit, Angst, Depression, Einsamkeit; ihr Selbstwertgefühl und ihr Selbstvertrauen fallen in den Keller.*

verletzen sich selbst. Drogenmissbrauch ist bei Kindern von geschiedenen Eltern viermal höher als bei Kindern aus intakten Familien.[241]

So geraten sie auf die schiefe Bahn und landen nicht selten in der Kriminalität, besonders dann, wenn der Vater abwesend ist.[242]

Ein Scheidungskind hungert nach Liebe und Zuwendung. Es hat erlebt, dass die Liebe zwischen den Eltern zerbrochen ist, häufig durch Untreue einer der Partner. Es wurde ihm keine Vision von Ehe vermittelt. Viele Stunden täglich wird die familiäre Privatsphäre, die eigentlich ein geschützter Raum sein sollte, durch das Fernsehen mit den sexualisierten Dramen zerbrochener Beziehungen geflutet. Sie sind die *Vorbilder*, die alle Arten von destruktivem, hemmungslos egoistischem Verhalten „normal" erscheinen lassen.

Sexualisiert durch die Schule, eröffnet sich ihm mit der Pubertät die Möglichkeit, in sexuellen Beziehungen seiner Depression und Verlorenheit zu entfliehen. In der Regel finden sich zwei arme, verwundete, nach Liebe hungernde Jugendliche im Bett, die bald bitter enttäuscht sind. Sex kann zur Droge werden, die kurzfristig betäubt, aber in noch größeres seelisches Chaos abstürzen lässt und die Selbstachtung beschädigt. Frühe sexuelle Beziehungen sind am häufigsten bei Kindern alleinerziehender Mütter. Je früher ein Vater das Zuhause verlässt, umso größer ist die Wahrscheinlichkeit, dass sich die Tochter in sexuelle Affären stürzt und schwanger wird. Mädchen, die ohne Vater aufwachsen, haben ein siebenmal größeres Risiko, als Teenager schwanger zu werden.[243]

Scheidungskinder haben große Angst davor, dass auch ihre eigene Ehe scheitern könnte. Sie können dem Partner schlecht vertrauen und fürchten, dass es in ihrer zukünftigen Ehe ebenfalls Streit, Untreue oder Missbrauch geben wird und sie ihr Partner verlassen wird.

Das sind begründete Sorgen. Kinder, die die Scheidung ihrer Eltern erlebt haben, haben eine doppelt so hohe Wahrscheinlichkeit, selbst wieder geschieden zu werden.

Noch einmal sei betont: Wir sprechen von Risiken und statistischen Wahrscheinlichkeiten, nicht von kausaler Zwangsläufigkeit. Die Konstellationen sind immer einzigartig und die Reaktionen der Betroffenen ebenfalls. Manchmal gibt es helfende Personen außerhalb der Familie, manchmal helfen sich Geschwister, manchmal entsteht im Scheidungsopfer der feste Wille zu einer treuen, unauflöslichen Ehe und Elternschaft und manchmal findet jemand zu Gott und empfängt Hilfe und Heilung.

Väter, wo seid ihr?

Millionen von Kindern wachsen ohne Vater auf. In der Regel geht bei der Scheidung der Vater, die Mutter bleibt mit den Kindern allein zurück. Die Kinder alleinerziehender Mütter haben bis ins Erwachsenenalter oft keine tragende Beziehung zu irgendeinem Mann, denn nicht nur die Erzieherinnen sind fast alle Frauen, sondern auch drei Viertel der Lehrer. Dass die Buben in unserem Erziehungssystem von den Mädchen abgehängt werden, schlechtere Noten haben, häufiger ohne Abschluss die Schule verlassen, beim Abitur hinter den Mädchen zurückbleiben, pfeifen inzwischen die Spatzen von den bildungspolitischen Dächern. Der Grund: Jungen werden in Kindergarten und Schule benachteiligt, weil sie nicht mehr Jungen sein dürfen.[244]

Die Leidtragenden der Demontage und Abwesenheit des Vaters sind die Kinder, deren Lebenschancen dadurch massiv beeinträchtigt werden. Sie leiden unter:

- mehr Armut
- mehr Verhaltensauffälligkeit
- mehr Teenagerschwangerschaften
- mehr Opfer sexuellen Missbrauchs
- mehr Drogen- und Alkoholmissbrauch
- mehr Übergewicht
- mehr Schulabbrecher
- mehr Jugendkriminalität[245]

Schaut man auf den familiären Hintergrund von Risikogruppen, so ist das Bild noch drastischer. Die große Mehrheit stammt aus vaterlosen Familien:

- 63 % der jugendlichen Selbstmörder
- 76 % der Schulabbrecher
- 74 % der schwangeren Teenager
- 90 % der Ausreißer und obdachlosen Kinder
- 70 % der Jugendlichen in staatlichen Einrichtungen
- 85 % der jugendlichen Häftlinge
- 75 % der Jugendlichen in Drogenentzugszentren
- 88 % der verhaltensgestörten Kinder und Jugendlichen.[246]

Hinter diesen Zahlen verbirgt sich großes Leid, das das Leben der betroffenen Kinder und Jugendlichen aus der Bahn wirft, mit unabsehbaren Folgen für die nächsten Generationen und die gesamte Gesellschaft. Nicht lange, dann werden sie volljährig und zu „mündigen" Bürgern der Demokratie. Wie verantwortungsvoll werden sie sich als Bürger verhalten? Wie leistungsfähig und leistungswillig werden sie sein? Was für Väter und Mütter werden sie, wenn sie überhaupt noch Kinder bekommen wollen?

Für Frauen ist der Vater nicht minder wichtig als für Jungen, allerdings ist das Verhältnis zum anderen Geschlecht komplizierter, da es einen erotischen Unterstrom gibt, der nicht über die Ufer treten darf. Der Vater ist für das kleine Mädchen die erste Liebe und seine Beziehungen zu Männern werden später von der Dynamik der Vaterbeziehung beeinflusst. Im Blick des Vaters erkennt sie ihre Schönheit. Auch ihr Selbstbewusstsein ist wesentlich davon abhängig, ob sie den Vater bewundert und ob der bewunderte, starke Vater sie anerkennt, ermutigt, ihr zutraut, dass sie selbst etwas Bemerkenswertes leistet. Dieses Zutrauen des Vaters ist wie ein Blankoscheck auf die Zukunft, den das Kind nach und nach einlöst. Traut der Vater nur dem Sohn oder auch der Tochter zu, dass sie Rechenaufgaben lösen, mit Werkzeug umgehen, sportliche Wettkämpfe gewinnen und Verantwortung übernehmen kann? Das „Ich bin stolz auf dich!" des Vaters ist ein Freifahrtschein zum Erfolg.

Stark ist ein Vater nicht, wenn er mit verbaler und physischer Macht das Kind einschüchtert oder gar demütigt. Ein starker Vater setzt Grenzen, weil er fähig ist, sich selbst Grenzen zu setzen. Er verlangt Leistung und Disziplin, weil er selbst leistungsfähig und diszipliniert ist. Ein starker Vater hat ein mitfühlendes Herz und achtet die Persönlichkeit des Kindes. Er überwältigt das Kind nicht, sondern erklärt, was er tut und vom Kind verlangt. Ein starker Vater steht hinter seiner Frau und die Frau hinter ihm. Er beschützt seine Familie.

Zwei Mütter oder zwei Väter – no difference?

Der Mensch scheint vom Wein des technischen Fortschritts so viel getrunken zu haben, dass er meint, auch die menschliche Natur seiner Macht unterwerfen zu können: Ich entscheide, ob ich Mann oder Frau sein will. Ich entscheide, ob mein ungeborenes Kind leben darf oder sterben muss oder im Labor produziert werden soll. Ich entscheide, was eine Ehe ist und was eine Familie ist. Ich bin mein eigener Gott.

Am Beginn des dritten Jahrtausends nach Christus haben Gerichte und Parlamente entschieden, dass die *Ehe für alle* da ist. Juristen sind geschult in präzisem Denken, hier scheint es auszusetzen, denn wer sind alle? Auch mehrere Männer und Frauen? Auch Kinder? Auch Geschwister? Und was ist die Ehe? In der bisherigen Menschheitsgeschichte war es der Bund zwischen einem Mann und einer Frau, die bereit waren, Kindern das Leben zu schenken und sie großzuziehen. Wir wissen, was gemeint ist mit *marriage pour tous* (eine Erfindung des sozialistischen Präsidenten François Hollande): Die Ehe, Grundlage

Der Mensch scheint vom Wein des technischen Fortschritts so viel getrunken zu haben, dass er meint, auch die menschliche Natur seiner Macht unterwerfen zu können.

der Familie, wird per Gesetz auch zwischen zwei Männern oder zwei Frauen möglich und auch zwischen denen, die eine Frau waren, aber jetzt ein Mann sind, oder ein Mann waren und jetzt eine Frau sind. Dabei drängt sich die Frage auf, was eigentlich das Sein ausmacht, die sprachliche und juristische Definitionsmacht von Politikern und Juristen oder die Wirklichkeit des Leibes aus Fleisch und Blut?

Seit der Allgemeinen Erklärung der Menschenrechte von 1948 hat sich ein grundlegender Wandel vollzogen, den Grégor Puppinck, Direktor des European Centre for Law and Justice, so beschreibt:

Während die Menschenrechte des Jahres 1948 die *natürlichen Rechte* des Menschen zum Ausdruck brachten, hat der seither sich ausbreitende Individualismus neue *widernatürliche Rechte*, wie z. B. das Recht auf Euthanasie und auf Abtreibung, hervorgebracht, die ihrerseits wiederum zum Entstehen neuer *transhumaner,* zur Neudefinition der Natur ermächtigender Rechte führen: dem Recht auf Eugenik, dem Recht auf ein Kind oder dem Recht auf die Änderung des Geschlechts. Letztlich bezeugt diese Entwicklung einen grundlegenden Wandel des Verständnisses der *Menschenwürde*, die zunehmend auf den Willen des Individuums bzw. auf den Geist des Menschen im Gegensatz zu seinem Körper reduziert wird und die jede Verneinung der Natur und der Bedingtheiten der menschlichen Existenz als Befreiung und Fortschritt deutet.[247]

Gesellschaften haben Grundwerte, die sie zusammenhalten, falls sie von der großen Mehrheit der Bevölkerung geteilt werden. Diese Grundwerte haben ihre Wurzeln in der jeweiligen Religion einer Gesellschaft. Für die einzigartig erfolgreiche europäische Kultur war es das Christentum. Die Menschen wussten, dass es über ihnen einen gerechten und barmherzigen Gott gab, welcher der egoistischen Willkür Grenzen setzte. Aber der christliche Glaube ist in der westlichen Welt im Begriff, durch die unstandesgemäße Vermählung mit dem Zeitgeist abzudanken. Dadurch zerfällt die Wertebasis, die die Gesellschaft geeint hat. Gesellschaften ohne Religion haben ein kurzes Haltbarkeitsdatum, weil es dann nur noch Individuen gibt, die um Macht und Privilegien kämpfen. Werden diese Privilegien nicht erfüllt, so ist das Geschrei groß: *Menschenrechte! Gleichheit! Diskriminierung!* Das lateinische Wort *discrimen* heißt Unterscheidung. Es darf keine Unterscheidung mehr geben zwischen einer Sozialform, aus der Kinder hervorgehen und die für Kinder gut ist, und einer Sozialform, aus der keine Kinder hervorgehen können und die für Kinder schlecht ist.

Und so dürfen nun per Gerichtsbeschluss und Parlamentsentscheidung auch zwei Männer oder zwei Frauen auf dem Standesamt den Ehebund schließen, den sie dann von evangelischen Pastoren segnen lassen können und vielleicht bald auch von katholischen Priestern, falls sich jene durchsetzen, die die Kirche von einem Zeichen des Widerspruchs zur Mitläuferin des Zeitgeistes reformieren wollen.

Wer heiratet, hat auch ein „Recht auf ein Kind". Würde es zwei gleichgeschlechtlichen Personen, die keine Kinder bekommen können, verweigert, so wäre das „Diskriminierung" und die Verletzung eines angeblichen „Menschenrechts" *des Erwachsenen.* Aber ein solches Recht gibt es in keiner nationalen Verfassung und in keiner internationalen Menschenrechtserklärung. Es existiert ausschließlich in der individualistischen Mentalität der westlichen Gesellschaft.

Um es in die Tat umzusetzen, gibt es den Weg der künstlichen Reproduktion und der Adoption.

Zwei Männer müssen Eizellen kaufen und einen Uterus mieten, um zu einem Kind zu kommen. Nur einer wird der biologische Vater sein. Ein Ungleichgewicht zwischen den Vätern ist vorprogrammiert. Wem wird das Kind ähnlich sehen?

Zwei Frauen müssen den Samen kaufen. Entweder ist nur eine die Mutter, dann gibt es eine Haupt- und eine Nebenmutter. Oder sie praktizieren eine Art Mutter-Sharing: Eine spendet die Eier, die andere trägt es aus. Auch hier wird es in der Familiendynamik ein Gefälle zwischen der biologischen Mutter und ihrer Partnerin geben. Wem wird das Kind ähnlich sein?

Eine weitere Möglichkeit ist die Adoption. Nach dem Prinzip der kleinen Schritte wurde die Adoption von Kindern durch gleichgeschlechtliche Lebenspartner in Deutschland in drei Stufen legalisiert:

2005 die Stiefkind-Adoption: Ein Lebenspartner darf das leibliche Kind des anderen adoptieren.

2013 die Sukzessiv-Adoption: Das von einem Partner *adoptierte* Kind darf auch vom Lebenspartner adoptiert werden.

*Der christliche Glaube
ist in der westlichen Welt
im Begriff, durch
die unstandesgemäße
Vermählung
mit dem Zeitgeist
abzudanken.*

2017: volles Adoptionsrecht: Gleichgeschlechtliche Partner dürfen gemeinschaftlich nicht-leibliche Kinder adoptieren.

Fragt jemand, wie es dem Kind dabei geht? Ein Kind ist mit Vater und Mutter aufgewachsen. Die Ehe geht kaputt, die Eltern trennen sich, was jedes Kind als traumatisch erlebt. Das Kind wird dem Vater zugesprochen, der eine neue Partnerschaft mit einem Mann eingeht, oder der Mutter, die eine neue Partnerschaft mit einer Frau eingeht. Das Kind könnte sich irgendwie zwischen den getrennten Eltern einrichten, aber durch die Adoption durch den neuen Partner wird die Beziehung zum zurückgebliebenen Vater oder zur Mutter gekappt. Weil das Kind abhängig ist, muss es den neuen Partner als „Papa 2" oder „Mama 2" akzeptieren, was selbst bei heterosexuellen Partnern oft schiefgeht.[248]

Die Bedingungen für Adoption waren bisher streng. In der Regel mussten Adoptiveltern verheiratet und in der Lage sein,

„das Kind gefühlsmäßig als ihr eigenes anzunehmen und ihm möglichst gute Sozialisationsbedingungen zu bieten". Nun kann es von zwei „Vätern" oder zwei „Müttern" adoptiert werden. Nicht nur hat es seine Eltern verloren, ihm wird auch noch vorsätzlich das Urbild von Vater und Mutter genommen; es muss in einem homosexuellen Umfeld aufwachsen, das bei Männern meistens promiskuitiv ist.[249]

Wie wird es sich fühlen, wenn die neuen Erziehungsberechtigten in der Schule auftreten oder wenn es Freunde nach Hause mitbringt? Wie soll es mit seinen Gefühlen der Trauer, der Depression, der Verlorenheit, der Orientierungslosigkeit zurechtkommen, wenn ihm gesagt wird: Alles ganz normal! Alles in Ordnung! Alles gut!, wenn doch nichts normal und nichts in Ordnung und nicht gut ist? Wie werden sich die Beziehungen zu den Verwandten gestalten, zu den vielen Omas und Opas, die es nun hat, oder zu jenen Verwandten, die diese Lebensform ablehnen und von denen das Kind fallen gelassen wird? Was für eine Lebensperspektive formt sich im Kind – bewusst und unbewusst? Wem kann es vertrauen, auf was kann es bauen?

„No difference"?

Zur Frage der Kindeswohls bei gleichgeschlechtlichen „Eltern" gibt es zahlreiche wissenschaftliche Untersuchungen. Das Problem dabei ist, dass das Streben nach objektiver Wahrheit als vornehmstes Ziel der Wissenschaft vom Prinzip der politischen Korrektheit zunehmend ausgehöhlt wird. Geld, Professorenstellen und Publizität gibt es für jene, die die Agenda der LGBTIQ-Bewegung unterstützen. Wer offen und mit beweisbaren Argumenten widerspricht, bekommt weder Geld noch Stelle noch Publizität, vielmehr muss er damit rechnen, diffamiert zu werden, wenn nicht gar seine berufliche Position zu verlieren. So kommt es, dass von den Medien sogenannte wissenschaftliche Studien präsentiert werden, welche angeblich beweisen, dass es für ein Kind völlig egal ist, ob es mit seinen biologischen Eltern aufwächst oder ob ein gleichgeschlechtliches Paar den Platz der Eltern einnimmt. „No difference!" „No difference!", hallt es aus den Universitäten und Medien.

In einem Sachverständigengutachten zur Entscheidung des Obersten Gerichtshofs der USA über die gleichgeschlechtliche „Ehe" im Jahr 2015 stellten die renommierten Professoren Loren Marks, Mark Regnerus und Paul Sullins fest:

Die Behauptung, es gebe einen wissenschaftlichen Konsens, dass Kinder mit gleichgeschlechtlichen Eltern keine Nachteile erleiden, ist nicht ein Ergebnis objektiver Forschung, sondern ein Ergebnis der intensiven Politisierung der Forschungsagenda in den sozialwissenschaftlichen Institutionen ... Angesichts der erdrückenden Beweise für die schädlichen Folgen für Kinder, welche in einem Haushalt mit gleichgeschlechtlichen Eltern aufwachsen, haben Gesetze, welche die Ehe auf heterosexuelle Partner beschränken, eine rationale Basis.[250]

Sozialwissenschaftler Mark Regnerus wurde weltweit bekannt, weil er es gewagt hatte, die politisch korrekte „no difference"-Behauptung aufgrund solider wissenschaftlicher Forschung (New Family Structure Study[251]) zu widerlegen. Man versuchte, ihm das wissenschaftliche Handwerk zu legen, aber seine Ergebnisse erwiesen sich als wasserdicht gegenüber der Flut ideologischer Kritik.

Alle Nachteile, die Kinder aus zerbrochenen heterosexuellen Familien im Vergleich mit Kindern aus intakten Familien haben, treten auch bei Kindern auf, die in gleichgeschlechtlichen Haushalten aufwachsen – und einige zusätzliche:

Schlechtere Schulleistungen, psychische Störungen, Depression und zwar je älter, umso mehr[252], Selbstmordneigung, Fettleibigkeit, Opfer sexuellen Missbrauchs[253*], Identifikation als schwul oder lesbisch, gleichgeschlechtliche sexuelle Partner; als Erwachsene häufiger unverheiratet und untreu, mehr Geschlechtskrankheiten, öfter arbeitslos, öfter Sozialhilfeempfänger, größere Neigung zu Alkohol, Zigaretten und Marihuana, längere Bildschirmzeiten, häufiger straffällig.[254]

No difference? Wirklich kein Unterschied?

Was meinen dazu betroffene, jetzt erwachsene Kinder, die man nicht gefragt hat, ob sie von ihren biologischen Eltern getrennt werden und bei zwei gleichgeschlechtlichen Partnern aufwachsen wollen?

Das sagte Katy Faust, die nach der Scheidung ihrer Eltern in einem lesbischen Haushalt aufwuchs, den Richtern des Supreme Courts:

> Wir sind dafür geschaffen, unsere beiden Eltern zu kennen und von ihnen gekannt zu werden. Wenn ein Elternteil fehlt, dann hinterlässt das eine lebenslange, klaffende Wunde ... Eine Politik, welche Kindern absichtlich dieses fundamentale Recht entzieht, sollten wir nicht ermöglichen und nicht unterstützen ... Wir gehen damit weit über unsere Philosophie des Leben-und-leben-Lassens hinaus und betreten ein Land, in dem unsere Gesellschaft eine Familienstruktur fördert, in der Kinder *immer* einen Verlust erleiden.[255]

Die Opfer der rücksichtslosen Durchsetzung der Macht Erwachsener auf Kosten der Kinder riskieren ihre soziale und berufliche Existenz, wenn sie über ihre Leiden sprechen. Dawn Stefanowicz, die mit einem homosexuellen, promiskuitiven Vater aufwuchs, hat es trotzdem getan:

*Die Opfer der rücksichts-
losen Durchsetzung
der Macht Erwachsener auf
Kosten der Kinder
riskieren ihre soziale und
berufliche Existenz,
wenn sie über ihre Leiden
sprechen.*

Als Kinder dürfen wir unsere Ablehnung, den Schmerz und die Verwirrung nicht zum Ausdruck bringen. Die meisten erwachsenen Kinder aus einem schwulen Haushalt fühlen sich nicht sicher, wenn sie ihre Geschichte und lebenslangen Belastungen öffentlich zur Sprache bringen; sie haben Angst, ihre Berufszulassung zu verlieren, im Berufsfeld ihrer Wahl nicht angestellt zu werden, von Familienmitgliedern geschnitten zu werden und die Beziehung zu ihrem schwulen Elternteil ganz zu verlieren.[256]

Noch einmal Katy Faust, die vergeblich versuchte, das Herz von Richtern zu erweichen, die sich anmaßen, die soziale Grundstruktur der Gesellschaft auf den Kopf zu stellen:

Wir normalisieren jetzt eine Familienstruktur, in welcher das Kind immer und Tag für Tag dem Einfluss eines der beiden Geschlechter beraubt wird und der Beziehung zu mindestens einem natürlichen Elternteil. Unsere Kultur erzählt jetzt den Kindern, dass sie kein Recht auf die natürliche Familienstruktur und ihre biologischen Eltern haben, dass Kinder vielmehr für die Befriedigung der sexuellen Bedürfnisse der Erwachsenen existieren.

Was für ein hübscher Name: „Regenbogenfamilie". Bunt und lustig soll es in Familien zugehen, in denen Kindern nicht nur mindestens ein Elternteil vorsätzlich entzogen wurde, sondern ihm auch das Aufwachsen in der „Triangulation" mit Vater und Mutter verwehrt wird. In Wahrheit sind diese Familien aber nicht bunt, sondern monochrom, denn Vater und Mutter haben nur ein Geschlecht. Was für ein Geniestreich, das Symbol des Regenbogens, der das Zeichen des Bundes zwischen Gott und dem Menschen ist (Gen 9,8–17), zu benutzen, um eine Lebensform zu legitimieren, welche der biblischen Auffassung von Ehe zutiefst widerspricht.

Die Sehnsucht, sich in Kindern fortzupflanzen, ist im Lebenswillen jedes Menschen verankert und das Bedürfnis, ein Kind zu lieben, auch. Wenn dies nicht möglich ist, sei es in einer heterosexuellen oder homosexuellen Beziehung, dürfen die Rechte der abhängigen Kinder nicht für die Bedürfnisse der Erwachsenen geopfert werden – aus Achtung vor der Würde des Kindes.

13.

Die Familie – das Biotop des Menschen

Der Jugend ist mit Achtung zu begegnen,
denn wie kann man wissen, ob die Künftigen nicht
besser als die Heutigen sein werden?

Konfuzius

Die Gesellschaft steht vor der Wahl: Weiter die Vater-Mutter-Kinder-Familie als überholt diffamieren, Familien mit mehr als zwei Kindern in die Armut treiben, immer mehr unglückliche Kinder und Jugendliche mit Verhaltensstörungen hervorbringen und so unendlich viel Leid und unlösbare gesamtgesellschaftliche Probleme zu produzieren – oder die Existenzbedingungen der Familie tatsächlich zu fördern. Dazu muss sich die Politik endlich dem Würgegriff familienzerstörender Ideologien und ihrer Lobbys entwinden. 70 % der Kinder wachsen in Deutschland auch heute noch bei ihren verheirateten Eltern auf und mehr als die Hälfte aller Ehen wird *nicht* geschieden. Sie müssen gestärkt werden, denn die Familie ist gemäß der Allgemeinen Erklärung der Menschenrechte „die natürliche Grundeinheit der Gesellschaft und hat Anspruch auf Schutz durch Gesellschaft und Staat".

Konkrete staatliche Maßnahmen für die Familie könnten unter anderem sein:

- Der Schutz des Lebensrechts des Kindes ab der Empfängnis
- Familiengründungsdarlehen und Eigenheimförderung mit progressiver Reduktion der Rückzahlung pro Kind
- Progressive Steuerminderung pro Kind bis zur völligen Steuerbefreiung

- Echte Wahlfreiheit zwischen Eigenbetreuung und Fremdbetreuung kleiner Kinder durch gleichwertige finanzielle Förderung
- Angemessener Rentenanspruch für die Jahre der häuslichen Kinderbetreuung
- Wirksame Förderung des Wiedereinstiegs in den Beruf nach den Zeiten der Kinderbetreuung
- Familienkunde statt Sexualerziehung in der Schule

Es gibt in Europa ein Land, das die meisten dieser Maßnahmen in den letzten Jahren umgesetzt hat und damit als „Labor" für ihre Wirksamkeit gelten kann – Ungarn. Die Erfolge zeigen, dass familienfördernde Maßnahmen in wenigen Jahren zu spektakulären Veränderungen führen können: Die Zahl der Scheidungen ist um fast ein Viertel gesunken, die Zahl der Eheschließungen um annähernd die Hälfte gestiegen. Die Abtreibungen sind um ein Drittel gefallen und die Geburtenrate ist von 1,23 Kindern pro Frau auf 1,5 Kinder gestiegen. Das erhält zwar noch nicht den Bestand der Bevölkerung, doch die Weichen sind umgestellt.[257]

Auch wenn die Politik in den meisten anderen Ländern der Familie weiterhin die materiellen und sozialen Grundlagen entzieht, kann niemand einen Mann und eine Frau daran hindern, ihr eigenes Familienbiotop zu schaffen. Dafür braucht es eine Lebensvision, Entschlossenheit, Mut und Vertrauen in die guten Kräfte des Lebens.

Eine stabile, konfliktarme Ehe ist die wichtigste Voraussetzung für das Gedeihen der Kinder. Deswegen ist die bewusste Partnerwahl entscheidend. Wenn einer sagt: „Ich liebe dich", kann es Schall und Rauch sein. Wenn einer sagt: „Ich will dich heiraten", wird es interessant. Teilen wir die Lebensvision? Teilen wir die wichtigsten Werte? Wie werden wir Familien- und

*Eine stabile, konfliktarme
Ehe ist die wichtigste
Voraussetzung für das Gedeihen
der Kinder.*

Berufsarbeit unter den gemeinsamen Hut bringen? Wie viele Kinder wünschen wir uns? Wie werden wir sie erziehen? Dieses Buch dürfte reichlich Stoff zur Klärung der Positionen liefern. Es lohnt sich, über dies alles zu reden, bevor man sich bindet.

Wenn die wechselseitige Prüfung mit einem vollen und ganzen Ja zueinander bestanden ist, „bis dass der Tod euch scheidet", dann ist das Fundament gelegt, auf dem das Familienhaus gebaut werden kann. Ein Haus aus Stein ist wünschenswert, ein Haus aus Liebe das Entscheidende. Es soll von Kinderlachen erfüllt sein – von Spiel und Arbeit, von Fürsorge und Gespräch, von Streit und Versöhnung, von Freunden der Kleinen und der Großen, von Musik und Festen, von unverbrüchlichem Zusammenhalt – mit einem Wort von Leben. Die Liebe der Eltern zueinander schafft das Feld, in dem Kinder wachsen und gedeihen können. Sie halten diese Liebe für selbstverständlich und unauflöslich, denn daraus sind sie entstanden. Familienbande sind stark und belastbar. Wenn sie dennoch reißen, werden Kinder bis ins Mark enttäuscht. Sie verdienen es, davor bewahrt zu bleiben.

Eltern, die ihre Kinder zu gesunden, leistungs- und liebesfähigen Menschen heranbilden wollen, wird dies nur gelingen, wenn sie nicht tun, was „alle" tun und sich von der staatlichen und medialen Propaganda nicht in die Irre führen lassen.

Sie werden das Kind in die Mitte stellen und ihre Lebensplanung darauf ausrichten, dass die elementaren Bedürfnisse des Kindes erfüllt werden.

Sie werden das kleine Kind nicht kollektiver Fremdbetreuung ausliefern, denn wie könnten sie das Lächeln des Säuglings, den ersten Schritt, die ersten Worte versäumen? Wie könnten sie sich der Erfahrung der bedingungslosen Liebe des Kindes berauben und dem Kind nicht ihre bedingungslose Liebe als Vater und Mutter schenken? Wie könnten sie das Urvertrauen des Kindes vielleicht für immer schädigen?

Sie werden die Unschuld und Reinheit ihrer Kinder verteidigen und nicht zulassen, dass durch die Sexualisierung in Kindergarten und Schule ihr Schamgefühl gebrochen und ihre Seele abgestumpft wird, sodass die Vision von Ehe und Familie verdunkelt wird und die charakterlichen Voraussetzungen nicht grundgelegt werden.

Sie werden nicht hinnehmen, dass die Geschlechtsidentität ihres Kindes als Mädchen oder Junge absichtsvoll unterminiert wird.

Sie werden ihre elterlichen Erziehungsrechte in Kindergarten und Schule verteidigen und sich dagegen wehren, dass sie durch familienfeindliche Kinderrechte geschmälert werden.

Sie werden ihren Kindern den Reichtum des realen Lebens zugänglich machen: Entdeckung der Natur, Begeisterung für Sport und Musik, Entfaltung der Begabungen, Förderung des wissensdurstigen Lernens, handwerkliche Fertigkeiten, echte, statt virtueller Freunde.

Sie werden Medienkompetenz vermitteln, sodass die Medien den Aufgaben und Lebenszielen der Kinder dienen, an-

*Wir brauchen Mütter,
die ein warmes Nest für ihre
Kinder bauen, und Väter,
die den Schutz der Familie
als ihre primäre
Aufgabe erkennen.*

statt zu einem schalen, Sucht erzeugenden Ersatz für unbefriedigten Lebenshunger zu werden.[258*]

Sie werden alles tun, um ihre Kinder vor der Schändung ihrer Seele durch Pornografie oder gar sexuellen Missbrauch zu bewahren.

Sie sind entschlossen, an den Konflikten in ihrer Ehe zu wachsen und sich nicht scheiden zu lassen.

Welch eine Herausforderung! Das Normale ist in der heutigen Zeit zu einer Herkulesaufgabe geworden. Es dürfte die Mehrheit der Bevölkerung sein, die diese Ziele verwirklichen will, wenn es ihnen nicht so schwer gemacht würde im kulturrevolutionären Malstrom dieser Zeit. Im Alleingang ist das heute kaum zu meistern. Entscheidend ist, Netzwerke für Familien zu schaffen und auszubauen, die einander im gemeinsamen Einsatz für ihre Existenzbedingungen und im praktischen Alltag unterstützen.

Wir brauchen Mütter, die ein warmes Nest für ihre Kinder bauen, und Väter, die den Schutz der Familie als ihre primäre Aufgabe erkennen. Perfekte Eltern gibt es nicht. Aber opferbereite Liebe gibt es, die mit den Kindern mitwächst und sich im Loslassen bewährt. Kaum etwas fordert so sehr zur Selbsterziehung heraus wie die Erziehung von Kindern. Die Opfer, die Eltern bringen, werden ihnen vergolten werden in der existenziellen Befriedigung, lebenstüchtige Kinder erzogen zu haben, in der Liebe der Enkel und in der Fürsorge der Kinder für die Eltern, wenn sie ihrer im Alter bedürfen. Jede gesunde Familie ist Salz und Licht für die Welt. Jeder gesunde junge Mensch ist ein Baustein für die Zukunft.

Erziehung – stark machen für die Zukunft

Interview mit Julia Calinescu[259]

Julia ist eine attraktive Frau von 37 Jahren und Mutter von vier Kindern zwischen vier und dreizehn Jahren. Sie will ihren Kindern Liebe und Geborgenheit geben und ihnen die Werte vermitteln, die sie stark machen für die Zukunft. Deswegen unterrichtet sie ihre Kinder zu Hause.

Seit vierzehn Jahren ist sie mit Dan verheiratet. Sie sind von Geburt beide Rumänen. Julia wuchs in Toronto, Kanada, auf, und studierte dort an der York University, wo sie in French Studies und European Studies graduierte. Ihr Berufsziel war der diplomatische Dienst.

Dans Familie emigrierte 1992 aus Rumänien, kam in ein Flüchtlingscamp nach Belgien, wurde nach Rumänien zurückgeschickt und immigrierte schließlich 1994 nach Kanada. Er studierte an der University of Toronto Software Engineering und ist derzeit Vizepräsident einer internationalen IT-Firma.

Dan und Julia lernten sich 2006 in Toronto kennen. Sie kamen beide aus schwierigen Familien und hatten eine sehr belastete Kindheit. Julias Eltern sind geschieden. Dan war Atheist, Julia war nicht praktizierende Katholikin, die aber immer an moralischen Werten festgehalten hatte. Sie setzten sich intensiv mit ihren unterschiedlichen Ansichten auseinander, denn beide suchten ehrlich nach der Wahrheit. Nach drei Jahren konvertierte Dan und sie heirateten in einer orthodoxen Gemeinschaft. Im Laufe ihrer Ehe wurde der Glaubensweg für sie immer wichtiger. Es waren die Schriften von Johannes Paul II., die sie in die katholische Kirche zurückkehren ließen. Trotz ihrer schweren Kindheit und Jugend haben sie eine tief erfüllende Ehe und Familie und beraten andere bei Ehe- und Familienproblemen.

Menschen reagieren sehr unterschiedlich auf schlimme Kindheitserfahrungen und Krisen. Manche sind „resilient" und nehmen ihr Leben in die eigenen Hände, andere versinken in Depression und (selbst)zerstörerischem Verhalten. Was hat euch beide resilient gemacht?

Julia: Wir haben viel durchgemacht, Probleme in den Herkunftsfamilien, Konkurs, Immigration, Anpassung an fremde Kulturen – und das alles mit vier kleinen Kindern. Durchgekommen sind wir aus einem einzigen Grund: Wir wollen immer und an allem wachsen. Wenn es Trauma gibt, wachse durch das Trauma! Wenn es eine Krise gibt, wachse durch die Krise! Wir haben von beidem so viel erlebt, dass wir einfach an uns arbeiten mussten. Was mich durchträgt, ist der Glaube: Auch wenn es im Moment schlecht aussieht, kann sich alles zum Guten wenden.

Warum hast du dich entschieden, deine vier Kinder selbst zu Hause zu unterrichten?

Julia: Ich bin nicht der Typ für Homeschooling und habe mich nie als Hausfrau gesehen. Ich bin eher eine Aktivistin, die Sachen anpackt und durchzieht. Ich habe studiert, um in den diplomatischen Dienst zu gehen. Gleichzeitig wollte ich heiraten und Kinder haben. Seit meiner Kindheit war es mein wichtigstes Ziel, meinen Kindern ein glückliches und harmonisches Zuhause zu schaffen. Ich wollte wiedergutmachen, was ich an Schlechtem erfahren hatte.

Als wir nach Rumänien zurückkehrten, mussten wir feststellen, dass es einfach keine gute Schule gab. Da ist immer noch dieser kommunistische Bodensatz. Nur eines zählt: dass du besser bist als die anderen und auf sie herunterschauen kannst. Die Leute sagten: „Aber du nimmst deine Kinder aus dem System heraus." Und ich sagte: „Kannst du mir irgendeinen großen Rumänen nennen, der aus diesem System hervorgegangen ist? Warum soll ich meine Kinder dem aussetzen?"

Homeschooling bedeutet, dass du mit deinem Mann die gesamte Verantwortung für die Erziehung deiner Kinder trägst. Warum bist du so sicher, dass du eine gute Mutter und Lehrerin bist?

Julia: Am Anfang war ich überhaupt nicht sicher. Ich erinnere mich an das erste Jahr mit Raissa, unserer ältesten Tochter. Ich war voller Schuldgefühle und Zweifel. Ich fühlte mich mit meinen 23 Jahren überhaupt nicht vorbereitet und fürchtete bei allem, was ich tat, dass es sich als falsch herausstellen würde. Keiner meiner Freunde oder Geschwister hatte Kinder. Ich hatte keine Ahnung und wusste nicht, zu was ich fähig war. Dann sagte ich mir: Okay, vielleicht werden sie die dümmsten Kinder auf der Welt, aber sie werden wissen, was Liebe und Geborgenheit sind und welche Werte zählen. Mathematik, Naturwissenschaft und Geschichte kann man googeln, aber Liebe und

Geborgenheit und ein glückliches Familienleben kann man nicht googeln. Ich habe mich für das *worst-case-scenario* entschieden, das natürlich nicht eingetreten ist. Raissa erklärt mir heute das elektromagnetische Spektrum und die Abfolge der chinesischen Dynastien.

Als junge Mutter blieb mir nichts anderes übrig, als mich auf meinen Instinkt zu verlassen. Ich erinnere mich, wie wichtig es mir war, die Geräusche im Haus zu dämpfen. Babys brauchen sanfte und harmonische Klänge. Als ich Raissa zum ersten Mal in ein Einkaufszentrum mitnahm, war sie acht Wochen alt. Ich ging schnell wieder hinaus, weil es viel zu laut und viel zu chaotisch für sie war.

Wenn Dan und ich einen Streit hatten, bemühte ich mich immer, meine Stimme nicht zu erheben. Natürlich verstand sie nichts, aber ich wollte nicht, dass sie von der Disharmonie berührt würde.

Alle Welt sagte mir, du übertreibst, du bist viel zu fürsorglich. Ich wusste nicht, ob sie recht hatten oder nicht. Ich folgte meiner eigenen Intuition.

Ich erinnere mich, wie ich mit Raissa im Tragetuch in die Natur gegangen bin und ihr die Vögel gezeigt habe und sie auf das Zwitschern aufmerksam gemacht habe. Ich habe ihr vorgesungen und mit ihr getanzt und mich immer gefragt: Was geschieht jetzt wohl in ihrem Geist? Wie nimmt sie die Welt wahr? Was kann sie sehen und verstehen? Ich war immer überzeugt, dass das Gute, das man aussät, gute Früchte bringen würde.

Ich wollte ein Zuhause voller Frieden und Freude, denn ich wusste, wie sehr ich das entbehrt hatte. Meine Unschuld, meine Freiheit, meine Neugier auf die Welt, auf alldem war herumgetrampelt worden. Ich brannte darauf, dass meine Kinder frei atmen und sich entfalten konnten.

Raissa ist jetzt dreizehn. Sie hat ein sehr zartes und feinfühliges Herz. Sie mag nichts Hässliches, will in Filmen keine Aggression, keine Gewalt und keinen Sex sehen. Wir hatten nie einen Fernseher, aber wir schauen uns Filme mit den Kindern an. Wenn so etwas auftaucht, schaut sie weg und beschützt Caterina, unsere Jüngste, davor. Sie will auch keine Bücher lesen, die sie mit Bösem konfrontieren. Ihre Seele fühlt sich zum Schönen, Guten und Friedvollen hingezogen. Natürlich versuche ich, sie auf die reale Welt vorzubereiten.

Und wie?

Julia: Ich will, dass ihre Seele empfindsam bleibt, aber sie muss stark werden. Es ist alles eine Frage des richtigen Zeitpunktes. Ich beobachte sehr genau, für was die Kinder reif sind und was in ihrem jeweiligen Alter für sie dran ist.

Sie wissen, dass es kommunistische Verfolgung gab und die Menschen gefoltert wurden, aber ich spreche nicht über die Foltermethoden. Sie wissen, dass es Abtreibung gibt, aber sie wissen nicht, wie das geschieht. Ich brächte es nicht übers Herz, meiner Tochter zu sagen, dass es Frauen gibt, die das noch kurz vor der Geburt tun. Ich war schon erwachsen, als ich das hörte, und erinnere mich, wie sehr es mich erschüttert hat. Sie werden all das eines Tages erfahren, aber ich sage ihnen diese Dinge nur nach und nach und will sie nicht überwältigen. Manche Eltern sind so rücksichtslos mit ihren Kindern, als wären sie aus Stahl. Warum sollen wir ein Kind in Angst stürzen und gar noch Neugierde auf die schrecklichen Dinge wecken?

Ein Beispiel: Ich wollte meinen drei- und vierjährigen Kindern nicht sagen, dass es Eltern gibt, die sich scheiden lassen. In ihrem Horizont sollte nicht die Möglichkeit auftauchen, dass das auch ihre Eltern tun könnten. Was für ein schrecklicher Gedanke für ein Kind, dass es eines Morgens aufwachen könnte und feststellen müsste, Mama oder Papa ist weg. Als sie sieben oder acht Jahre alt waren, habe ich ihnen gesagt, dass es Eltern gibt, die sich entscheiden, nicht zusammen zu leben und dass das eine egoistische Entscheidung ist, denn das Kind wird jetzt herumgestoßen, es hat kein Zuhause mehr. Sie waren schockiert, dass Eltern ihren Kindern so etwas antun können. Mit vier Jahren wären sie entsetzt gewesen und hätten vielleicht gefürchtet, dass das auch eine Gefahr für sie sei.

Später haben wir über die Gründe gesprochen, warum sich Eltern scheiden lassen. Ich habe ihnen nichts von Affären gesagt, sondern dies: Die Leute denken, sie hätten ein Recht auf Glück. Ihr seht, dass Mama und Papa manchmal Streit haben und sich zusammenraufen müssen. Schaut euch vier an. Es macht dich wütend und traurig, wenn du nicht mitspielen darfst oder wenn dir einer wehtut. Wenn du könntest, würdest du wahrscheinlich sagen: Ich geh jetzt, ich mag dich nicht mehr, weil du so gemein bist. Dabei habt ihr alle dieselben Eltern und dieselben Werte. Aber stellt euch zwei Leute vor, die aus ganz verschiedenen Familien kommen mit völlig unterschiedlichen Lebenserfahrungen. Ist das eine Herausforderung für uns? Ja! Sind wir manchmal unglücklich? Ja! Wütend, traurig und verzweifelt? Ja! Aber dein Bruder oder deine Schwester wird nicht plötzlich weg sein. Ihr müsst miteinander auskommen. So ist es auch in einer Ehe für die Erwachsenen. Wenn sie das nicht schaffen, dann sind es am Schluss die Kinder, die leiden.

Es wurde ihnen dann sehr bewusst, wer von unseren Freunden geschieden war, und sie haben immer gefragt: Mama, warum haben sie das getan? Warum können sie nicht eine Zeit lang aushalten, dass sie unglücklich sind? Mit einem Vierjährigen hätte ich ein solches Gespräch nicht führen können. Sie kennen zwei Mädchen, deren Eltern geschieden sind, sie sind wirklich schwer zu ertragen. Meine Kinder sagen: Vielleicht wären wir auch so, wenn Papa oder du uns verlassen hätte. Es ist wichtig, darauf zu achten, wann wir einem Kind was sagen. Wir machen uns nicht klar, wie verletzlich das Herz eines Kindes ist. Manchmal weiß ich nicht, was in einem Kind vorgeht. Hauptsache, ich bin da und kann das Kind, das mit irgendetwas fertigwerden muss, in den Arm nehmen. Als ich ein Kind war und über etwas geweint habe, hieß es: Hör auf zu weinen! Was ist los mit dir?! Das war so brutal. Kinder sind sehr empfindsam, sofern sie nicht diesen grotesken Cartoons und Kinderbüchern ausgesetzt werden, die voller Schrecken und Okkultismus sind.

Wann ist die rechte Zeit, sie über Sexualität aufzuklären?

Julia: Wenn ich auf meine eigene Vergangenheit zurückschaue, dann habe ich ein ganz starkes Bedürfnis, ihre Unschuld zu beschützen. Ich halte Geschichten, in denen es um romantische Liebe geht, von ihnen fern. Romantische Liebe hat immer mit Drama zu tun. Das brauchen sie nicht in der Kindheit.

Es war ein großer Segen, dass wir nach Raissa zwei Jungen bekamen. Sie haben ein starkes Empfinden für die Beziehung zwischen Bruder und Schwester. Sie lernen und spielen zusammen, aber wir Frauen in der Familie haben auch besondere Interessen, so wie die Männer. Raissa ist jetzt dreizehn Jahre alt. Bis zum heutigen Tag schaut sie Jungen als Brüder an, diese wilden Typen, die immer irgendwelche Abenteuer suchen. Sie hat noch kein Interesse an Jungen, sie ist noch immer ganz unschuldig. Unsere Buben auch. Sie mögen es nicht, wenn sie Frauen sehen, die mehr aus- als angezogen sind.

Ich wusste nie, wann der richtige Zeitpunkt ist, ihnen etwas über Sexualität zu sagen. Sie haben eigentlich nicht gefragt, wo die Babys herkommen, nur wie sie herauskommen. Als ich ihnen das gesagt habe, waren sie überrascht, aber es war keine Verletzung ihres Schamgefühls.

Als wir einmal in Rom waren, trafen wir Christine Vollmer, ein Mitglied des Päpstlichen Rats für die Familie. Sie wurde bei Victor Frankl ausgebildet und ist die Gründerin des internationalen Projekts *Alive to the World*. Ich fragte sie: Wann ist die richtige Zeit, Kindern etwas über Sexualität zu sagen?

Sie antwortete: Kinder haben eine wilde Fantasie. Wenn du Kindern etwas sagst, dann kann ihre Fantasie viel mehr daraus machen. Sie können weder den physischen noch den emotionalen noch den spirituellen Aspekt verstehen und noch viel weniger deren Einheit. Sagt man ihnen nur etwas über den körperlichen Aspekt, dann besteht die Gefahr, dass sie sich ein falsches Bild machen. Wenn die Pubertät einsetzt und sie sich für das andere Geschlecht zu interessieren beginnen, dann ist es an der Zeit, sie über Sexualität aufzuklären.

Das hat mir eingeleuchtet. Wenn man Kindern nur die biologische Seite erklärt, dann trennt man die Erfahrung von Körper, Seele und Geist. Sex ist nicht eine Sache und Liebe und Familie eine andere. Sex, Liebe und Familie gehören zusammen.

Da ich nicht spüre, dass eines meiner Kinder sich schon zum anderen Geschlecht hingezogen fühlt, warte ich noch, bevor ich sie in diesen Bereich der Beziehung von Mann und Frau einführe.

Wir reden viel über Liebe und Treue und dauerhaftes Glück. Sie sehen, dass Dan und ich einander küssen, uns umarmen und an der Hand halten und dass das zur Ehe gehört. Wir sprechen darüber, dass es in den verschiedenen Beziehungen unterschiedliche Gefühle gibt: zwischen Mutter und Kind, zwischen Bruder und Schwester und zwischen Mama und Papa. Der einzige Grund, warum Raissa heiraten möchte, ist, dass sie Kinder bekommen will. Es wird nicht mehr lange dauern, bis sie fragt, und dann werden wir ihr von der Schönheit und Freude der Sexualität in der Ehe erzählen.

Du hast gesagt, das rumänische Bildungssystem bringt keine gro-ßen Persönlichkeiten hervor. Möchtest du, dass deine Kinder „groß" werden?

Julia: Ich möchte, dass meine Kinder ihre Lebensaufgabe erkennen und die Kraft haben, sie zu erfüllen. Um dazu fähig zu sein, müssen sie ein geschärftes Bewusstsein für richtig und falsch haben und die Stärke, das Gute zu tun.

Ich zwinge meine Kinder selten, irgendetwas zu tun. Ich zeige ihnen die Konsequenzen ihrer Entscheidungen. Wir wissen, dass der präfrontale Kortex bei Kindern nicht voll ausgebildet ist. Sie können Risiken und Folgen nicht abschätzen und langfristig planen. Die Eltern sind die Augen der Zukunft. Die Eltern haben Lebenserfahrung und können ihnen sagen: Wenn du dies tust, wird es jene Folgen haben, und wenn du jenes tust, wird es diese Folgen haben. Wir können weitersehen als die Kinder. Wir zeigen ihnen, welche Früchte es bringen wird, wenn sie das Richtige tun, und welchen Preis es haben wird, wenn sie das Leichte tun.

Eltern sagen immer: Es sind ja nur Kinder. Teenager machen eben dumme Sachen. Jungen sind Jungen. Ich denke mir: Seid ihr bei Trost? Glaubt ihr wirklich, dass dieser Mensch irgendwann seine Teenagerzeit vom Rest seines Lebens trennen kann? Ich habe Mitschüler gehabt, die „nur Teenager" waren, und jetzt sind sie im Gefängnis. Wie kannst du als Vater oder Mutter dem Kind nicht klarmachen, wohin eine Entscheidung führt? Kinder haben schon sehr früh ein Gewissen. Schon mit zwei Jahren wissen sie ganz genau, wenn sie etwas tun, das nicht richtig ist.

Es war mir zum Beispiel ganz wichtig, dass meine Kinder lernen, ein Baby zu lieben. Bei jedem Geschwisterkind zeigte ich den Älteren, welches Wunder sich da vollzieht. Schaut, was es schon kann. Schaut, wie hilflos es ist und wie sehr es unsere Fürsorge braucht. Es weiß nicht, was ihr wisst, und es hat nicht, was ihr habt, aber ihr könnt es ihm geben. Schaut, wie unschuldig es ist, in seinem Lächeln seht ihr ein Stückchen Himmel. Alle meine Kinder lieben Babys, auch die Buben. Wenn sie ein Baby sehen, wollen sie es in den Arm nehmen. Alle lieben Catarina, unsere Jüngste.

Meine Kinder sollen wissen, dass sie nicht das Zentrum des Universums sind. Manchmal haben die älteren Kinder das Gefühl, dass ich das Baby mehr liebe als sie, weil es immer bei mir ist, weil ich so geduldig mit ihm bin und alles tue, was es braucht. Ich sage den Älteren dann: Ihr seid doch auch so mit ihr. Ihr streitet miteinander und tut euch weh, mit ihr tut ihr das nie. Wir lieben sie alle mehr, weil sie so zart ist und so hilflos. Wir geben dem mehr, der mehr braucht.

Wenn du Kindern beibringst, Babys zu lieben, dann wissen sie, was Liebe ist, sie kennen die Schönheit der Liebe und die Opfer.

Wenn Liebe das Wichtigste ist, wozu du deine Kinder erziehst, was ist dann das Zweitwichtigste?

Julia: Das Zweite ist Freiheit. Das Größte, was Gott uns gegeben hat, ist die Freiheit. Dadurch unterscheiden wir uns von Tieren. Wir besitzen freien Willen. Wenn wir nur das Leben hätten, dann wären wir wie Tiere. Aber wir haben freien Willen, wir sind also mehr als Tiere. Um wirklich menschlich zu sein, wie Gott das will, müssen wir frei sein. Wenn wir fasten, dann lernen wir etwas über Freiheit, wir lernen, dass wir Nein sagen können. Unsere Stärke ist wichtiger als die Schokolade. Die Kinder lernen, dass Neinsagen uns nichts nimmt, sondern uns stark macht.

Ich höre von den Leuten: Warte nur, bis sie Teenager sind! Hormone sind Hormone! Und ich sage ihnen: Seit meine Kinder drei oder vier Jahre alt sind, lernen sie, dass sie freien Willen haben und auf Dinge verzichten können, die sie gerne haben wollen. Wenn sie zehn Jahre lang geübt haben, Nein zu sagen, dann werden die Hormone nicht die gleiche Macht über sie haben wie ohne diese Vorbereitung.

Sagen deine Kinder nie Nein zu dir?

Julia (lachend): Natürlich tun sie das. Disziplin ist wichtig. Aber Nummer eins ist: In der Familie muss Freude sein. Wir sind hier, um Freude aneinander zu haben. Wir machen Sport zusammen, klettern auf Bäume, spielen Fußball, gehen zum Schwimmen, machen Ausflüge und Reisen zusammen. Wenn Putzen dran ist, dann mache ich fröhliche Latino-Musik an. Wir putzen alle zusammen und haben Spaß dabei, meistens jedenfalls. Ich würde sagen, achtzig Prozent ist bei uns Freude: Lernen, Spielen, Essen und gemeinsame Arbeit.

Aber es gibt Dinge, die müssen getan werden, ob sie nun Spaß machen oder nicht, sie sind nicht verhandelbar. Ich bin ziemlich *tough* und Dan auch. Ich bin die Mutter, Dan ist der Vater. Meine Kinder kennen meinen Blick und wissen, da ist nichts zu machen. Ich sage ihnen: Wenn ihr anfangt, mit mir zu verhandeln, dann müsst ihr es trotzdem tun und handelt euch außerdem noch Nachteile ein. Wenn Putzen dran ist, dann ist Putzen dran. Wenn sie mit der Schule nicht fertig sind, dann müssen sie ihr Pensum fertig machen. Ich entscheide, was auf den Tisch kommt. Wenn sie sagen: Das mag ich nicht, dann antworte ich: Ich habe nicht gefragt. Es gibt hier einen Boss und der bist nicht du. Ich tue, was ich kann, um ihnen gesunde Nahrung zu geben, die sie gerne essen; aber ich befriedige nicht dauernd jedes Gelüst meiner Kinder.

Normalerweise hören meine Kinder selten ein Nein. Ich versuche, die Konfrontation zu vermeiden. Wenn sie Süßigkeiten haben wollen, dann sage ich: Ja, morgen nach dem Mittagessen. Wenn sie draußen spielen wollen, dann sage ich: Ja, wenn du mit diesem oder jenem fertig bist. So lernen sie, was Priorität hat. Ich sage nicht: Keine Süßigkeiten! Kein Spiel! Alles zur rechten Zeit. Wenn wir Nein hören, dann machen wir innerlich zu und fixieren uns darauf. Das will ich vermeiden.

Ein Beispiel: Dominic will im Sommer seine Stiefel anziehen. Ich sage: Ja, du kannst deine Stiefel anziehen, wenn wir Schnee haben, dann bauen wir einen Schneemann und gehen Schlittenfahren. Er stellt sich das alles vor und vergisst völlig, dass er seine Stiefel anziehen wollte. Oder Castian, der der Eigensinnigste von allen ist. Ich sage: In fünf Minuten müssen wir gehen. Er sagt, in hunderttausend Minuten. Ich sage: Okay, ich zähle: sechzigtausend, siebzigtausend, achtzigtausend ... hunderttausend. Er war glücklich, er hat seine Hundertausend bekommen.

Welche Rolle spielt der Vater in eurer Familie?

Julia: In den ersten zwei Jahren dreht sich alles um die Mutter. Während die Mutter sich um das Kind kümmert, gibt es jemand, der sich um sie kümmert. Das ist etwas sehr Schönes für das Paar. Oft verschlechtert sich eine Ehe im ersten Jahr nach der Geburt eines Kindes, weil sich der Mann mit dem Kind identifiziert. Das Kind bekommt etwas, was er nicht bekommt. Die richtige Haltung wäre: Meine Frau gibt dem Kind so viel. Ich muss meiner Frau viel geben. Die Rolle des Vaters im ersten Jahr ist es, ein Gebender zu sein, so wie die Frau eine Gebende ist.

Je älter die Kinder werden, umso wichtiger wird der Vater. Wenn Dan abends nach Hause kommt, ist immer großes Hallo. Ich bin dann abgemeldet.

Abgesehen von der täglichen Spielzeit mit den Kindern, geht Dan mit jedem Kind mindestens einmal im Monat aus und die beiden reden über alles, was das Kind beschäftigt. Das Kind hat den Papa ganz für sich allein. Es gibt Dinge, die sie nur mit ihm besprechen und nicht mit mir.

Die Gefühlswelt des Vaters ist anders. Eine Frau hält ihr Baby normalerweise mit dem Gesicht zu sich, Männer halten es mit dem Gesicht zur Welt. Die Aufgabe der Mutter ist es, das Kind zu schützen, die Aufgabe des Vaters, ihm die Welt zu zeigen. Ein krankes Kind wird immer die Mutter brauchen, während Väter eine Verspieltheit haben, die den meisten Frauen fehlt. Kinder brauchen Gesprächszeit und Spielzeit mit beiden Eltern.

Wie steht es mit Freunden der Kinder außerhalb der Familie?

Julia: Das ist nicht einfach. Meine Kinder waren in einem Sommerlager, und als sie zurückkamen, sagten sie: Ihr könnt euch nicht vorstellen, wie gemein die Kinder sind. Sie möchten immer besser sein als die anderen, das ist das Einzige, was zählt. Sie wollen immer irgendwas aushecken, was ihre Eltern auf keinen Fall wissen dürfen. Der Priester hat uns das Vaterunser erklärt und gefragt: Wer geht zu seinem Vater, wenn er Probleme hat? Von den achtzig Kindern hat außer uns niemand die Hand gehoben. Dann hat er gefragt: Wer geht zu seiner Mutter? Ungefähr zehn haben sich gemeldet. Raissa sagte: Ich weiß gar nicht, wie ich leben könnte, wenn ich nicht dich und Papa hätte, mit denen ich sprechen kann.

Unsere Kinder vertrauen uns. Eines Nachts kam Raissa um elf Uhr weinend zu uns und sagte: Mami, ich bin so traurig. Ich fragte: Warum bist du traurig? Sie sagte: Weil so viele Menschen leiden müssen und es so viel Schlimmes auf der Welt gibt. Ich sagte: Das ist wahr und ich bin froh, dass du das siehst. Aber weißt du, du hast so viele Talente, dass du in deiner Umgebung Freude verbreiten kannst, und wenn du die Menschen in deiner Umgebung glücklicher machst, dann werden sie das in ihrer Umgebung auch tun. Wenn du deinen Teil tust und ich meinen Teil und Papa seinen Teil, dann wird es weniger Leid geben.

Am nächsten Morgen sagte sie: Danke, Mama, dass du mir das gestern Abend gesagt hast. Ich will meinen Teil tun.

Kinder müssen wissen, dass wir sie hören, und erleben, dass wir ihnen zuhören. Wir können das Leiden nicht aus der Welt schaffen. Aber wir können da sein und ihnen zuhören.

Hast du Angst vor dem Augenblick, wenn dein erstes Kind das Haus verlässt?

Julia: Nein! Ich kann es nicht erwarten, wirklich, ich freue mich darauf, wenn sie in die Welt hinausgehen. Es gibt so vieles, was ich tun möchte, ich arbeite schon an meinen Plänen. Ich möchte ein kulturelles Zentrum gründen, in dem die Menschen lernen, wie sie ihre Träume verwirklichen können. Ich bin so gespannt darauf, wie die Kinder ihre Aufgabe in der Welt erfüllen werden. Raissa hat schon angefangen, im Englischclub der örtlichen Bibliothek mit den Kindern inspirierende Geschichten zu lesen und mit ihnen darüber zu reden.

Glaubst du, dass deine Kinder dafür ausgerüstet sein werden, mit all dem Bösen und den vielen Versuchungen zurechtzukommen?

Julia: Jetzt sind sie noch nicht bereit, aber wir haben noch fünf oder sechs Jahre, in denen sie vorbereitet werden. Ich habe großes Vertrauen. Wir haben so viel in sie investiert, das ist mehr als genug, um in der Welt bestehen zu können. Jeden Tag haben wir eine Stunde Theologie, da erkläre ich ihnen aus der Perspektive des Glaubens, wie die Politik funktioniert, welche Bedeutung die Familie hat und was es mit der Kirche auf sich hat. Sie sollen verstehen, dass es mehr gibt als Vergnügen. Wofür hat Gott uns vorbereitet?

Sie kennen nicht die ganzen Schrecken der Welt, aber sie verstehen sehr gut, wie das Böse operiert und wie Gott handelt. Wenn sie das Böse sehen, werden sie nicht überwältigt sein, vielmehr wissen, wie sie ihm standhalten und Gutes tun können.

Danke, Julia, für das Gespräch.

Zu guter Letzt

Liebe Leserin, lieber Leser,

ich danke Ihnen, dass Sie das Buch gelesen haben. Es ist nicht leicht, sich dem Widerspruch zwischen der Wirklichkeit und der Sehnsucht des Herzens auszusetzen und dabei vielleicht zu erkennen, was einem gefehlt und wo man selbst gefehlt hat.

Einem erheblichen Anteil der Kinder und Jugendlichen unter uns geht es schlecht, wie die Untersuchungsergebnisse auf den ersten Seiten dieses Buches zeigen. Wenn in Ihnen der Wunsch entstanden ist, das Leben von Kindern besser zu machen, dann hat es sich gelohnt, dass ich das Buch geschrieben und Sie es gelesen haben. Kinder brauchen die Botschaft: *Wie schön, dass es dich gibt. Ich will, dass es dir gut geht. Ich bin bereit, dafür Opfer zu bringen.* Das Ja, das wir einem Kind schenken, ist zugleich ein heilendes Ja zu uns selbst.

Die Welt, in der wir leben und in die Kinder hineingeboren werden, ist in Stücke gesprungen und der Willkür menschlicher Entscheidungen ausgeliefert. Was zusammengehört, wurde getrennt: der Leib von der Seele, der Mann von der Frau, die Sexualität von der Fruchtbarkeit, die Zeugung von der Sexualität, das Kind von seinen biologischen Eltern. Ist es nicht an der Zeit, das, was zusammengehört, wieder zusammenzufügen: Leib und Seele, Mann und Frau, Sexualität und Fruchtbarkeit, Eltern und Kind?

Der Bruch, aus dem alle anderen Brüche resultieren, ist der große Abfall von Gott. Es könnte ihn tatsächlich geben, den Schöpfer von Himmel und Erde, und von jedem einzelnen Menschen – einen barmherzigen Gott, der es gut meint mit den Menschen, mit Ihnen und mit mir. „Das unsterbliche Gerücht" (Robert Spaemann) liegt, wo immer Menschen sind, in der Luft. Haben wir nicht lange genug ausprobiert, die Dinge allein in die Hand zu nehmen? Hat es sich nicht gezeigt, im Großen und im Kleinen des eigenen Lebens, dass unser Verstand nicht groß genug, unser Horizont nicht weit genug, unser Wille nicht selbstlos genug, unser Herz nicht mitfühlend genug ist, um für die Probleme, die wir uns eingebrockt haben, Lösungen zu finden?

Wenn wir es vorher nicht wussten, dann hat uns ein kleiner Virus im Jahr 2020 an die Grenzen unserer Überheblichkeit stoßen lassen.[260] Es ist, als hätten wir gerade neu entdeckt, dass wir sterbliche Menschen sind, die vor lauter Panik alles in die Waagschale werfen, was ihnen teuer ist: die Demokratie, die Menschenrechte, die Religionsfreiheit, die wirtschaftliche Existenz von Millionen von Bürgern – mit unabsehbaren Konsequenzen.

Plötzlich, völlig unerwartet, von einem Tag auf den anderen waren Väter und Mütter und Kinder zu Hause. Die ganze Welt wurde zu Homeoffice und Homeschooling gezwungen. Je nach den äußeren und inneren Verhältnissen war das für manche Eltern und Kinder eine schier unerträgliche Belastung, für andere die freudige Neuentdeckung des Familienlebens und eine Chance, die Rollen- und Zeitverteilung zwischen Vater und Mutter und Kindern neu zu ordnen. Für viele, die allein leben oder eingesperrt waren in einem Altenheim, wurde das Gespenst der Einsamkeit zum einzigen Mitbewohner.

Lernen wir daraus? Erkennen wir die Zeichen der Zeit? Werden wir bereit, unser Leben wieder in die gute Ordnung Gottes einzufügen? Hören wir das Klopfen Jesu an der Tür, der eintreten möchte, um mit uns Mahl zu halten, er mit uns und wir mit ihm (Off 3,20)?

Ich bin mir bewusst, dass es inopportun ist, vom Glauben zu sprechen. Aber ich habe Ihnen nichts anderes zu sagen, wenn Sie mich nach der Hoffnung fragen, die mich erfüllt.

Als nun ein Wolkenbruch kam und die Wassermassen heranfluteten, als die Stürme tobten und an dem Haus rüttelten, da stürzte es nicht ein, denn es war auf Fels gebaut (Mt 7,25).

Jeder hat die Wahl, weiter zu versuchen, auf irdische Sicherheiten zu bauen, oder den großen Sprung in den Glauben zu wagen und sein Leben auf Gottes Zusagen, Verheißungen und Gebote zu bauen. Es gibt einen Gott, der die Liebe ist und der uns aus Liebe geschaffen hat. Er hat einen Leib angenommen, hat das Leben der Menschen geteilt, wurde gekreuzigt und ist von den Toten auferstanden.

Für jene, die das glauben, gibt es kein First class-ticket durch das Leben, sie sind dem unberechenbaren Leiden unterworfen wie jeder andere. Aber sie leben aus der unzerstörbaren Hoffnung auf Jesus Christus und der immer wieder aufblitzenden Erfahrung: Gott kennt mich, Gott führt mich, Gott überrascht mich mit seiner Gnade.

Gabriele Kuby, Juli 2020

Anmerkungen

Für alle angegebenen Internetseiten war der Zugriff im April 2020 möglich. Die meisten Endnoten sind Quellenangaben. In den Fällen, bei denen eine Anmerkung zusätzliche Informationen enthält, ist die Zahl im Text mit einem Sternchen versehen. Die Prozentzahlen der Studien wurden gerundet.

1 DAK Kinder- und Jugendreport 2018. https://www.dak.de/dak/download/kinder--und-jugendreport-2104098.pdf

2 Wolfgang Greiner, Kinder-und Jugendreport der DAK 2018, Schwerpunkt: Familiengesundheit, Folienvortrag, https://www.dak.de/dak/download/folienvortrag-greiner-2104096.pdf

3 https://www.kindergesundheit-info.de/fuer-fachkraefte/grundlagen/daten-und-fakten/kiggs-studie/

4 https://www.bundesaerztekammer.de/fileadmin/user_upload/downloads/04PraeventionstagungLeidl.pdf

5 DAK Kinder- und Jugendreport 2019. https://www.dak.de/dak/download/dak-kinder--und-jugendreport-2019-2168336.pdf

6 Heilmittelbericht des Wissenschaftlichen Instituts der AOK. https://www.aerzteblatt.de/nachrichten/99917/Mehr-Entwicklungsstoerungen-bei-Schulanfaengern

7 Heilmittelbericht des Wissenschaftlichen Instituts der AOK. https://www.aerzteblatt.de/nachrichten/99917/Mehr-Entwicklungsstoerungen-bei-Schulanfaengern

8 https://www.dak.de/dak/download/ergebnisbericht-2090980.pdf

9 Andreas Strom, *Beiträge zur Gesundheitsökonomie und Versorgungsforschung* (Band 23), Bielefeld & Hamburg 2018, Kinder- und Jugendreport der DAK 2018.

Kapitel 1

10 https://www.bundesaerztekammer.de/fileadmin/user_upload/downloads/04PraeventionstagungLeidl.pdf

11 *Die Reise der Pinguine*, ein Film von Luc Jacquet.

12 In Deutschland wurden 1993 34 kg Ritalin verabreicht, 2009 1.735 kg. Vgl. Hans Sachs, *Sind wir noch zu retten? Die politische Bedeutung der frühen Kindheit*, Agenda Verlag, Münster 2019.

13 Joseph Ratzinger, Benedikt XVI., *Werte in Zeiten des Umbruchs*, Herder-Verlag, Freiburg i. Br. 2005, S. 35.

14 http://www.medizinfo.de/annasusanna/anatomie/zyklus.shtml

15 Kathrin Löther, „Journalismus als Familienkiller", in: *Message, Internationale Zeitschrift für Journalismus*, Februar 2010.

Kapitel 2

16 Robert Spaemann, Vorwort zu Gabriele Kuby, *Die globale sexuelle Revolution – Zerstörung der Freiheit im Namen der Freiheit*, Fe-Medienverlag, Kisslegg 2012.

17 https://www.hli.org/resources/contraceptive-brief-condoms/

[18] https://www.welt.de/gesundheit/article196762017/Geschlechtskrankheit-Sprunghafter-Anstieg-der-Syphilis-Faelle-in-Deutschland-und-Europa.htm

[19] https://www.gesundheitsamt-bw.de/lga/DE/Themen/Infektionskrankheiten/sexuell_uebertragbare/Seiten/HPV.aspx

[20] https://www.spiegel.de/gesundheit/sex/chlamydien-die-unterschaetzte-geschlechtskrankheit-a-1165250.html

[21] Zusammenfassende Darstellung hier: https://www.hli.org/resources/contraceptive-brief-condoms/#_edn15

[22] Helen Singer-Kaplan, *The Real Truth about Women and AIDS*, Simon & Schuster, New York 1987.

[23] https://www.hli.org/resources/the-difference-one-racist-made-margaret-sangers-world/

[24] Überblick: https://www.hli.org/resources/negative-effects-of-the-pill/
Krebs: Fact sheet des National Cancer Institute vom 31.01.2017:
https://www.cancer.gov/about-cancer/causes-prevention/risk/hormones/oral-contraceptives-fact-sheet
https://www.lifesitenews.com/news/using-contraception-increases-breast-cancer-by-50-new-study-finds
Glaukom: American Association for Cancer Research (AACR):
https://abcnews.go.com/blogs/health/2013/11/18/birth-control-pills-may-double-glaucoma-risk/
Herzkrankheiten: https://www.goredforwomen.org/en/know-your-risk/risk-factors/birth-control-and-heart-disease
https://www.lifesitenews.com/news/new-contraceptives-raise-risk-of-blood-clots-by-50-to-80-percent-british-st
Embolie, Schlaganfall, Hoher Blutdruck: https://www.lifesitenews.com/news/new-contraceptives-raise-risk-of-blood-clots-by-50-to-80-percent-british-st
Reduzierung der Fruchtbarkeit: https://www.timeslive.co.za/sunday-times/lifestyle/2014-07-02-oral-contraceptive-use-could-diminish-fertility-study/
https://www.lifesitenews.com/news/contraceptive-pill-may-damage-womens-fertility-study

[25] https://www.cancer.gov/about-cancer/causes-prevention/risk/hormones/oral-contraceptives-fact-sheet

[26] Max Horkheimer, zitiert bei Josef Pieper, *Über die Liebe*, Kösel-Verlag, München 1972.

[27] Lionel Tiger, *The Decline of Males*, Golden Books, New York 1999.

[28] Janet Smith, *Contraception: Cracking the Myth*, CD, Lighthouse Catholic Media.

[29] https://royalsocietypublishing.org/doi/abs/10.1098/rspb.1995.0087

[30] https://www.frontiersin.org/articles/10.3389/fnins.2018.01041/full

[31] J. D. Unwin, *Sex and Culture*, Oxford University Press, Oxford 1934.

[32] Papst Johannes Paul II. hat es sich zur Lebensaufgabe gemacht, die tiefe Wahrheit der Enzyklika *Humanae Vitae* mit zahlreichen Lehrschreiben zu erhellen, u. a. mit den Enzykliken *Veritatis Splendor* und *Familiaris Consortio*. Mit seiner *Theologie des Leibes* hat er der Kirche einen Schatz hinterlassen, von dem sein Biograf George Weigel sagt, er sei „eine Zeitbombe, welche die gesamte Theologie verändern wird".

[33] Josef Rötzer, *Natürliche Empfängnisregelung. Die sympto-thermale Methode, der partnerschaftliche Weg*, Herder-Verlag, München 2013. Weiterführende Literatur und Beratung hier: Institut für Natürliche Empfängnisregelung, INER: https://iner.org

Kapitel 3

34 Hilfe bei ungewollter Schwangerschaft u. a. siehe:
Sundays for Life: https://sundaysforlife.org/de/hilfe/beratungsstelle/de
Tausend plus: https://www.1000plus.net

35 https://www.focus.de/familie/100-000-fehlen-experte-sicher-in-deutschland-treiben-viel-mehr-frauen-ab-als-die-statistik-zeigt_id_6582349.html

36 Manfred Spieker, *Der Verleugnete Rechtsstaat – Anmerkungen zur Kultur des Todes in Europa*, Ferdinand Schöningh-Verlag, Paderborn 2011, 2. Aufl., S. 17ff.

37 https://www.zeit.de/news/2019-02/27/zahl-der-abtreibungen-minimal-gesunken-190227-99-158013
In absoluten Zahlen gibt es die meisten Abbrüche im bevölkerungsreichsten Bundesland Nordrhein-Westfalen mit rund 22.000. Im Verhältnis zu den Geburten ergibt sich ein anderes Bild. Die hierfür zuletzt errechneten Werte stammen aus dem Jahr 2017. Die höchsten Zahlen meldeten die Stadtstaaten Berlin und Bremen, wo 230 bzw. 208 Schwangerschaftsabbrüche auf 1000 Geburten kamen, in Bayern und Baden-Württemberg waren es dagegen „nur! 88 bzw. 96 Abtreibungen auf 1000 Geburten.

38 https://www.destatis.de/DE/Themen/Gesellschaft-Umwelt/Gesundheit/Schwangerschaftsabbrueche/Publikationen/Downloads-Schwangerschaftsabbrueche/schwangerschaftsabbrueche-2120300187004.pdf?__blob=publicationFile

39 BVerfGE 88, 203.

40 http://curia.europa.eu/juris/document/document.jsf?docid=111402&doclang=DE

41 Der Europäische Gerichtshof für Menschenrechte vom 18. Oktober 2011 im Fall Brüstle gegen Greenpeace e. V.

42 Die Darstellung der Entwicklung des Embryos sützt sich auf: Michael Kiworr, *Neun Monate bis zur Geburt,* Bernardus-Verlag, Mainz 2016.

43 All Parliamentary Pro-Life Group, House of Commons, UK, *Foetal Sentience & Pain,* März 2020. https://lordalton.files.wordpress.com/2020/03/2020-pro-life-appg-report-on-foetal-pain.pdf

44 Partial Birth Abortion: https://www.youtube.com/watch?v=CNgwsT295G8

45 Rainer Beckmann, „‚Selbstbestimmung' über das Leben Ungeborener?", in: Bernward Büchner, Claudia Kaminski, Mechthild Löhr (Hrsg.), *Abtreibung ein neues Menschenrecht*, Sinus-Verlag GmbH, Krefeld 2014, 2. Aufl.

46 Manfred Spieker, *Der verleugnete Rechtsstaat – Anmerkungen zur Kultur des Todes in Europa,* a. a. O.

47 Urteil des BVerfG vom 28. Mai 1993, 2 BvF 2/90 und 4, 5/92, http://www.servat.unibe.ch/dfr/bv088203.html

48 Rainer Beckmann, „‚Selbstbestimmung' über das Leben Ungeborener", a. a. O., S. 67.

49 Stefan Rehder, „Entschuldigt Euch!", in: *Die Tagespost*, 15.01.2020. https://die-tagespost.de/leben/glauben-wissen/Entschuldigt-Euch;art4886,204637

50 Fortlaufende Dokumentation bei www.lifesitenews.com

51 Ärzte für das Leben, Post Abortion Syndrom: https://aerzte-fuer-das-leben.de/fachinformationen/schwangerschaftsabbruch-abtreibung/post-abortion-syndrom-pas/

52 Manfred M. Müller, *Fünf Schritte – Die Heilung der Abtreibungswunden,* Immaculata-Verlag, Salzburg 2015, 3. Aufl.

Kapitel 4

53 https://www.spiegel.de/gesundheit/schwangerschaft/kuenstliche-befruchtung-2015-wurden-mehr-als-20-000-babys-geboren-a-1183272.html

54 Dietrich von Hildebrand, *Sittliche Grundhaltungen*, Verlag Josef Habbel, Regensburg 1969, S. 20.

55 Die Anonymität der Samenspende ist in Deutschland allerdings seit 2018 nicht mehr gewährleistet. Seit 2018 ist ein bundesweites Samenspender-Register eingerichtet worden, welches 110 Jahre lang personenbezogene Angaben von Samenspendern und Empfängerinnen speichert. Darauf haben Kinder, die nach 2018 gezeugt wurden, ab einem Alter von 16 Jahren Zugriff. Vorher geborene Kinder können die Herausgabe der Daten von der Reproduktionsklinik seit 2019 einfordern. Im Januar 2019 entschied der Bundesgerichtshof, dass die Reproduktionsklinik gegenüber dem Kind, das mithilfe einer anonymen Samenspende gezeugt wurde, eine Auskunftspflicht hat. Im Urteil heißt es, das Recht des Kindes, seine Abstammung zu kennen, wiege schwerer als das Recht des Vaters auf Anonymität und die ärztliche Schweigepflicht (XII ZR 71/18).

56 Der Film *The Swedish Theory of Love* zeigt das Elend der Einsamkeit durch den Verlust der Liebe: https://www.youtube.com/watch?v=CfyKYeaZcIM

57 https://www.welt.de/wissenschaft/article150528268/Ein-Designerbaby-nach-Bauplan-fuer-140-000-Dollar.html

58 https://www.familienplanung.de/kinderwunsch/behandlung/chancen-und-risiken/schattenseiten-behandlung/

59 https://www.familienplanung.de/kinderwunsch/seelische-belastungen/partnerschaft/

60 https://www.ncbi.nlm.nih.gov/pmc/articles/PMC3650450/#FN01

61 https://www.aerzteblatt.de/archiv/134267/Praenatest-Kleiner-Test-grosse-Wirkung

62 Karlton Terry, *Implantation Journey – The Original Human Myth:* http://www.ippe.info/publications/articles/implantation_journey.html

63 Barbara Luke et al, „Risk of severe maternal morbidity by maternal fertility status: a US study in 8 states", in: *American Journal of Obsterics & Gynecology*, February 2019: https://www.ajog.org/article/S0002-9378(18)30894-9/fulltext

64 Yue-hong Lu, Ning Wang, Fan Jin, „Long-term follow-up of children conceived through assisted reproductive technology", in: *Journal of Zhejiang University Science B,* May 2013: https://www.ncbi.nlm.nih.gov/pmc/articles/PMC3650450/#FN01

65 Theo A. Meister et al, „Association of Assisted Reproductive Technologies With Arterial Hypertension During Adolescence", in: *Journal of the American College of Cardiology,* September 2018: http://www.onlinejacc.org/content/72/11/1267?download=true

66 Ehrentraud Hömberg, „Fertilitastherapie: Produziert sie psychisch gestörte Kinder?", in: *Medscape*, 22.01.2020: https://deutsch.medscape.com/artikel/4902394

67 https://www.dimdi.de/dynamic/de/weitere-fachdienste/samenspender-register/

68 Kinder, die nach Juli 2028 geboren wurden, können mit 16 Jahren, also nicht vor 2034, Einblick ins Samenspenderregister nehmen.

69 G. Hüther und I. Krens, *Das Geheimnis der ersten neun Monate – Unsere frühesten Prägungen*, Beltz-Verlag, Weinheim 2011, 4. Auflage.

70 P. Fedor-Freybergh: „Die Schwangerschaft als erste ökologische Situation des Menschen", in: L. Janus et al., *Seelisches Erleben vor und während der Geburt*, LinguaMed, Neu-Isenburg 1997, S. 15.

71 https://www.haufe.de/recht/familien-erbrecht/leihmutterschaft-vom-
    menschenrechtsgerichtshof-ausgehebelt_220_395494.html
72 https://www.welt.de/vermischtes/article207998275/Leihmutterschaft-und-
    Corona-Mehr-als-100-Babys-sitzen-in-der-Ukraine-fest.html
73 Ein Vertrag zwischen einer Leihmutter-Agentur, den „potenziellen Eltern" und der
    Leihmutter liegt der Autorin in Ukrainisch und Englisch in Fotokopie vor.
74 „Secret diary of a surrogate mother", in: *The Guradian*, 27.04.2013.
    https://www.theguardian.com/lifeandstyle/2013/apr/27/secret-diary-of-a-
    surrogate-mother
75 https://www.kath.net/news/60177

Kapitel 5

76 https://lifecodexx.com/praenatest-jetzt-in-deutschland-oesterreich-
    liechtenstein-und-in-der-schweiz-verfuegbar/
77 https://standpointmag.co.uk/issues/may-2016/text-may-2016-catherine-
    macmillan-saying-yes-to-sara/
    Siehe auch: *Dear Future Mum:* https://www.youtube.com/watch?v=Ju–q4OnBtNU
78 Louann Brizendine, *Das weibliche Gehirn, Warum Frauen anders sind als Männer,*
    Hoffmann und Campe, Hamburg 2007.
79 Hanne K. Götze, *Kinder brauchen Mütter. Die Risiken der Krippenbetreuung – Was
    Kinder wirklich stark macht,* Ares Verlag, Graz 2011, S. 49.
80 Vgl. Christa Meves, *Geheimnis Gehirn. Warum Kollektiverziehung und andere Un-
    natürlichkeiten für Kleinkinder schädlich sind,* Resch-Verlag, Gräfelfing 2005.

Kapitel 6

81 UNICEF Pressemitteilung: https://www.unicef.org/press-releases/sweden-
    norway-iceland-and-estonia-rank-highest-family-friendly-policies-oecd-and-eu
82 Davon kann ich Lieder singen. In einer der letzten Talkshows von Sabine Chris-
    tiansen im Februar 2007 war die Sendung als mediale Unterstützung der Krippen-
    offensive konzipiert und ich als konservativer Punchingball eingeladen. Nachdem
    ich auf die hohen psychischen Störungen der Jugendlichen im Krippen-Vorzeige-
    land Schweden hingewiesen hatte, bekam ich nicht mehr das Wort. Daraufhin
    schrieb ich ein kleines Büchlein mit dem Titel *Verstaatlichung der Erziehung – Auf
    dem Weg zum neuen Gender-Menschen,* Fe-Medienverlag, das 2017 zum dreizehn-
    ten Mal aufgelegt wurde.
83 Pressemeldung BMFSFJ, 02.09.2019.
84 Empfehlenswerte Bücher zum Thema Kinderkrippe:
    Hanne K. Götze, *Kinder brauchen Mütter, Die Risiken der Krippenbetreuung – Was
    Kinder wirklich stark macht,* Ares-Verlag, Graz 2011;
    Christa Meves, *Geheimnis Gehirn, Warum Kollektiverziehung und andere Unnatürlich-
    keiten für Kleinkinder schädlich sind,* Resch-Verlag, Gräfelfing 2005;
    Nicole Strüber, *Die erste Bindung, Wie Eltern die Entwicklung des kindlichen Gehirns
    prägen,* Klett-Cotta, Stuttgart 2016;
    Serge Sulz,
    – *Schadet die Kinderkrippe meinem Kind? Worauf Eltern und ErzieherInnen achten und
    was sie tun können,* CIP Medien, München 2018;
    – *Risiken der Betreuung in Kinderkrippen, Neue empirische Studien,* CIP Medien,
    München 2018;
    – *Kinderkrippe als toxischer Dauerstress für Kinder.* Vortrag Psychosomatik-Kongress,

Eichstätt 2018: http://dgkjf.de/wp-content/uploads/Sulz-Kinderkrippe-als-toxischer-Dauerstress-Psychosomatik-Kongress-2018_2.pdf
85 https://www.berlin-institut.org/newsletter/anzeige.html?tx_news_pi1%5Bnews%5D=730&tx_news_pi1%5Bcontroller%5D=News&tx_news_pi1%5Baction%5D=detail&cHash=444aed4e79d207d7424e91aee9ea9d3b
86 Rainer Böhm, „Die dunkle Seite der Kindheit", in: *Frankfurter Allgemeine Zeitung*, 4.4.2012.
87 https://www.faz.net/aktuell/feuilleton/debatten/demographie-unser-verschwinden-wuerde-gar-nicht-auffallen-1330352-p4.html
88 Immerhin werden Kindererziehungszeiten seit 1992 in der Gesetzlichen Renten-versicherung berücksichtigt. Seit 2019 beträgt der darauf entfallende Renten-anteil für die nach 1992 geborenen Kinder etwa 100 Euro pro Kind und Monat, für vorher geborene Kinder etwa 82 Euro.
89 https://www.i-daf.org/aktuelles/aktuelles-einzelansicht/archiv/2018/01/22/artikel/kinder-und-armut-was-macht-familien-arm.html
90 https://www.bmfsfj.de/bmfsfj/themen/familie/kinderbetreuung/mehr-qualitaet-in-der-fruehen-bildung/das-gute-kita-gesetz/mehr-qualitaet-und-weniger-gebuehren/das-gute-kita-gesetz--fuer-gute-kitas-bundesweit/128214
91 https://www.bmfsfj.de/bmfsfj/aktuelles/alle-meldungen/790-000-betreuungsplaetze-fuer-kinder-unter-drei-jahren/138140
92 Serge Sulz, *Risiken der Betreuung in Kinderkrippen*, S. 10.
93 Zitiert in Sulz, Eichstätt 2018.
94 Sulz, *Risiken der Betreuung in Kinderkrippen*, S. 14.
95 NICHD-Langzeit Studie: D. L. Vandell, J. Belsky et al., „Do Effects of Early Child Care Extend to Age 15 Years? Results from the NICHD Study of Early Child Care and Youth Development", in: *Child Development*, 8 (3), 737–756.
96 Quebec-Studie. Baker M., Gruber J., Milligan K. (2008), „Universal Child Care, Maternal Labor Supply and Family Well-Being", in: *Journal of Political Economy*, 116, 709–745.
97 Karl Brisch und Theodor Hellbrügge, *Bindung, Angst und Aggression: Theorie, Therapie und Prävention*, Klett-Cotta, Stuttgart 2010.
98 Sulz, Eichstätt 2018.
99 DAK Gesundheitsreport 2019.
100 https://www.aerzteblatt.de/nachrichten/99917/Mehr-Entwicklungsstoerungen-bei-Schulanfaengernhttps:/
101 https://www.tagesspiegel.de/gesellschaft/panorama/heilmittelbericht-der-aok-jeder-vierte-erstklaessler-erhaelt-sprachtherapie/14992804.html
102 Manfred Spreng, *Es trifft Frauen und Kinder zuerst, Wie der Genderismus krank machen kann!*, Logos Editions, Ansbach 2016.
103 Sulz, Eichstätt 2018.
104 Wiener Krippenstudie, 2007–2012. https://bildungswissenschaft.univie.ac.at/psychoanalytische-paedagogik/forschung/abgeschlossene-projekte/wiener-kinderkrippen-studie-wiki-die-eingewoehnungsphase-von-kleinkindern-in-kinderkrippen/
105 Alisa Samuel und Kurt Wedlich, „Zuwendung und ihre Konsequenz für Kinder in Kinderkrippen – Ergebnisse einer psychologischen Pilotstudie zur pädagogischen Grundsituation", in: Serge Sulz (Projektleiter), *Risiken der Betreuung in Kinderkrip-pen, Neue empirische Studien*, CIP-Medien, München 2018.
106 Serge Sulz, Eichstätt 2018.

[107] Torsten Kunz, „Gesundheit in Kindertageseinrichtungen", in: Martin R. Textor u. Antje Bostelmann (Hrsg.), *Das Kita-Handbuch*: https://kindergartenpaedagogik.de/fachartikel/ausbildung-studium-beruf/berufsbild-arbeitssituation/1556.

[108] Mads Kamper-Jørgensen et al.: „Population-Based Study of the Impact of Childcare Attendance on Hospitalizations for Acute Respiratory Infections", in: *Pediatrics*, Vol. 118 No. 4, 2006, 1439–1446.

[109] Krippen-Ampel des dgkjf: http://dgkjf.de/wp-content/uploads/dgkfj-Kinderkrippen-Ampel-für-Rat-suchende-Eltern.pdf

[110] Sulz, Eichstätt 2018.

[111] Sulz, Risiken der Betreuung in Kinderkrippen, 2018, S. 15.

[112] Michael Hüter, „Kindheitsforscher warnt: Hört auf, eure Kinder in Kitas zu geben!", in: *Focus online*, 09.04.2020.

[113] Christian Bachmann et al, „The cost of love: financial consequences of unsecure attachment in antisocial youth", in: *Journal of Child Psychology and Psychiatry*, 1.10.2019.

[114] 2 BvR 2347/15.

Kapitel 7

[115] Zitiert bei Joseph Christoph Arnold, *Their Name is Today, Reclaiming childhood in a Hostile World*, Plough Publishing House, Walden, New York 2014, S. 16.

[116] 1950 erschien das Buch *The Lonely Crowd* des Harvard-Soziologen David Riesman (Deutsch: *Die einsame Masse*, Rowohlt-Verlag, Reinbek 1950) und wurde zu einem Weltbestseller. Riesmann unterscheidet drei Typen, den traditionsgeleiteten, den innengeleiteten und außengeleiteten Menschen. Der innengeleitete Mensch orientiert sich an persönlichen, verinnerlichten Werten wie Wahrheit, Schönheit und Gerechtigkeit. Die geltende Moral ist im Gewissen verankert. Der außengeleitete Mensch orientiert sich an den Meinungen und dem Verhalten der anderen; akzeptiert zu sein und dazuzugehören ist sein wichtigstes Bestreben. Er wird von Angst gesteuert. Das Ausmaß der Abhängigkeit vom „Mainstream" durch die digitalen Medien hat sich Riesman noch nicht vorstellen können.

[117] Armin Krenz, *Kinder spielen sich ins Leben – Der Zusammenhang von Spiel- und Schulfähigkeit*: https://kindergartenpaedagogik.de/fachartikel/freispiel-spiele/418

[118] https://www.zeit.de/gesellschaft/familie/2019-08/kinderbetreuung-kita-kindergarten-einrichtung-erziehung-kleinkinder/seite-2

[119] http://www.kindergaerten-in-aktion.de/praxis-alltag-in-kindertageseinrichtungen/stress-und-entspannung/stressverhalten-bei-kindern-1

[120] https://www.watson.de/leben/meinung/563489785-kinder-unter-stress-erzieherin-warum-die-kindheit-mit-dem-besuch-der-kita-endet

[121] https://www.nestbau-familie.de/fakten/stress-fuer-kleine-kinder/stressfaktoren/

[122] Manfred Spreng, *Es trifft Frauen und Kinder zuerst,* Logos Editions, Ansbach 2015.

[123] „Keine politische Kraft in Deutschland hat sich so für die Interessen von Männern mit pädophilen Neigungen eingesetzt wie die Ökopartei. Mitte der Achtzigerjahre agierte sie zeitweise beinahe wie der parlamentarische Arm der Pädophilenbewegung." https://magazin.spiegel.de/EpubDelivery/spiegel/pdf/948655

[124] Christa Meves, *Manipulierte Maßlosigkeit*, Herder-Verlag, München 1971; *Wer Wind sät ... Folgen der Entschämung und Jugendverführung*, Christiana-Verlag, Stein am Rhein, 1998; *Verführt. Manipuliert. Pervertiert*, Resch-Verlag, Gräfelfing, 2003.

[125] Helmut Kentler, *Sexualerziehung,* Rowohlt Taschenbuch 1970.

126 https://www.uni-hannover.de/fileadmin/luh/content/webredaktion/universitaet/ geschichte/helmut_kentler_und_die_universitaet_hannover.pdf

127 https://dx.doi.org/10.18442/129

128 https://de.wikipedia.org/wiki/Uwe_Sielert

129 Frank Herrath, Uwe Sielert, *Lisa & Jan, ein Aufklärungsbuch für Kinder und ihre Eltern, Bilder von Frank Ruprecht*, Beltz Verlag, Weinheim und Basel 1991.

130 Frank Herrath, „Freundliche Begleitung. Wie man ein Pädagogikfeld bestellt. Beitrag zur Festschrift für Uwe Sielert", Renate-Berenike Schmidt, Elisabeth Tuider, Stefan Timmermanns, (Hrsg), *Vielfalt wagen*, Berlin 2009.

131 Vgl. die Aufsatzsammlung *Die missbrauchte Republik. Aufklärung über die Aufklärer*, Hrsg. Andreas Späth. Verlag Inspiration, Un Limited, London, Hamburg 2010. Darin auch Gabriele Kuby, „Sexualisierung der Kinder und Jugendlichen durch den Staat".

132 https://www.kindergartenpaedagogik.de/fachartikel/bildungsbereiche-erziehungsfelder/geschlechtsbezogene-erziehung-sexualerziehung/1197

133 Die Eltern sind der Autorin bekannt.

134 Dies geschah kurz vor dem Corona-Lockdown, sodass die Auseinandersetzung über das sexualpädagogische Konzept vorerst nicht weitergeführt werden konnte.

135 http://zartbitter.de/gegen_sexuellen_missbrauch/Muetter_Vaeter/4200_doktor-spiele_oder_sexuelle_uebergriffe.php

136 https://www.spiegel.de/lebenundlernen/schule/koeln-kita-kuendigt-mutmasslichen-missbrauchsopfern-a-1254158.html

137 https://de.wikipedia.org/wiki/Original_Play

138 In der ARD-Sendung *Kontraste* vom 24.10.2019 berichten Eltern, dass ihre Kinder beim „Original Play" sexuelle Gewalt erlebt hätten. Siehe auch: „Friedliches Spiel oder Türöffner für Übergriffe", in: *Der Spiegel*, 25.10.2019.

139 Vgl. Michael Felten, *Die Inklusionsfalle. Wie eine gutgemeinte Idee unser Bildungssystem ruinier*, Gütersloher Verlagshaus 2007.

140 https://www.queerformat.de/wp-content/uploads/mat_kita_QF-Kita-Handreichung-2018.pdf, S. 19

141 https://www.partizipation-und-bildung.de/pdf/Hansen_Knauer_Sturzenhecker_ Kinderstube%20oder%20Demokratie.pdf

142 https://www.bertelsmann-stiftung.de/fileadmin/files/Projekte/Jungbewegt/ Sommerakademie_2017/Anlage_7_Fachforum_III_Hansen_Wagner.pdf

143 Vorträge auf dem Kongress zu Kinderrechten am 27. Februar 2020: https://demofueralle.blog/2020/02/27/familie-am-abgrund-videos-der-symposiums-vortraege/

144 http://www.bagljae.de/downloads/114_sicherung-der-rechte-von-kindern-in-kitas.pdf

145 Eine Fülle von Material findet sich auf der Seite des Bayerischen Staatsinstituts für Frühpädagogik: https://www.ifp.bayern.de/index.php

146 https://www.zitate.eu/autor/aldous-leonard-huxley-zitate/137158

147 Vgl. https://www.kindergartenfrei.org/index.php?id=3

148 Walter Mischel et al, *Der Marshmallow-Test: Willensstärke, Belohnungsaufschub und die Entwicklung der Persönlichkeit*, Siedler-Verlag, München 2015. https://lexikon.stangl.eu/3697/marshmallow-test/

Kapitel 8

149 *Shell Jugendstudie* 2019, Beltz-Verlag.

150 1 BvR 2019/16.

151 Ronald Berthold, „Mau und Frann", in: *Die Junge Freiheit*, 22. Mai 2020, S. 6.

152 Obianuju Ekechova, *Target Africa: Ideological Neocolonialism in the Twenty-First Century*, Ignatius Press, San Francisco 2018. Vorwort der spanischen Ausgabe von Gabriele Kuby im Verlag homolegens, Madrid 2019.

153 Vgl. Paul Coleman, *Censored. How European „Hate Speech" Laws are Threatening Freedom of Speech*, Kairos Publications, Wien 2014. Zu aktuellen Fällen siehe: https://adfinternational.org

154 Stefan Timmermanns, Elisabeth Tuider, Petra Bruns-Bachmann, Carola Koppermann, Mario Müller, *Sexualpädagogik der Vielfalt, Praxismethoden zu Identitäten, Beziehungen, Körper und Prävention für Schule und Jugendarbeit*, Juventa-Verlag, Weinheim und München 2008.

155 https://www.echte-toleranz.de/files/Dokumente/Rechtsgutachten.von.Prof. Dr.Christian.Winterhoff.v.29.08.2016.pdf

156 DEMO FÜR ALLE kämpft seit 2014 gegen die familienfeindliche Sexualerziehung mit Demonstrationen, Kongressen, Petitionen und Wahlprüfsteinen: https://demofueralle.blog/eine-seite/

157 https://www.bzga-whocc.de/fileadmin/user_upload/WHO_BZgA_Standards_ deutsch.pdf

158 Zur Analyse der juristischen Widersprüche s. Silvia Behrendt, „Sexualpädagogik im Kontext der Schule. Über die Notwendigkeit zur Lösung einer Diskrepanz", in: *Schule & Recht*, No 1, Jg. 2019.

159 Sigmund Freud: „Wir stellten durch Erfahrungen fest, dass ... jede frühzeitige Sexualtätigkeit die Erziehbarkeit des Kindes beeinträchtig." (Gesammelte Werke, S. Fischer-Verlag, Band V, Seite 136).

160 https://unesdoc.unesco.org/ark:/48223/pf0000260770
Gabriele Kuby, „Zugriff auf die Jugend. UN-Genderprogrammierung durch Sexualerziehung", in: *Die Junge Freiheit,* Nr. 51, 14. 12. 2018.

161 https://www.ippf.org/sites/default/files/ippf_framework_for_comprehensive_ sexuality_education.pdf

162 https://www.cdc.gov/std/stats17/adolescents.htm

163 Pro familia trainiert Schüler und Schülerinnen ab 15 Jahren zu „peer educators" oder „Sexperten", welche in den Schulen eigenständig Sexualkundeunterricht abhalten. Dazu die Anleitung bei der BZgA: Peer Education – a manual for practitioners, Best. Nr. 13300721. Internationales Netzwerk: Youth peer education Network (Y-Peer): www.youthpeer.org/web/guest/ypeer-toolkit

164 Robert Rector and Kirk A. Johnson, *Teenage Sexual Abstinence and Academic Achievement*, October 27, 2015: http://www.heritage.org/Research/Reports/2005/10/ Teenage-Sexual-Abstinence-and-Academic-Achievement

165 Alexander Korte, „Wir erleben einen enormen Zulauf an Jugendlichen, die ihr Geschlecht wechseln wollen", Interview in: *Der Spiegel*, 26.07.2019.

166 https://www.centralsexualhealth.org/media/8009/ guidance-for-schools-trans-gender-variance.pdf

167 https://usports.ca/uploads/hq/Media_Releases/Members_Info/2018-19/ Press_Release_-_Transgender_Policy.pdf

168 Lawrence S. Mayer, Paul R. McHugh, „Sexuality and Gender, Findings from the Biological, Psychological, and Social Sciences", in: *The New Atlantis,* Nr. 50, Fall 2016. National Transgender Discrimination Survey, Williams Institute, University of California, Los Angeles 2014.

169 https://www.acpeds.org/wordpress/wp-content/uploads/7.16.19-Surgeon-General-letter1963-v4.pdf

170 https://www.lifesitenews.com/news/medical-scandal-uk-doctors-break-silence-on-treatment-of-gender-confused-kids

171 https://www.theguardian.com/lifeandstyle/2017/feb/03/experience-i-regret-transitioning

172 https://sexchangeregret.com

173 https://www.change.org/p/save-6-year-old-boy-ja-d-y-from-chemical-castration

174 https://www.youtube.com/watch?time_continue=81&v=3lly46yZzsA

175 *Only Adults? Good Practises in Legal Gender Recognition of Youth*. https://www.iglyo.com/wp-content/uploads/2019/11/IGLYO_v3-1.pdf. Bericht darüber hier: https://blogs.spectator.co.uk/2019/12/the-document-that-reveals-the-remarkable-tactics-of-trans-lobbyists/

176 Vgl. Tapio Puolimatka, *Transideologie*, Ruhland-Verlag, Bad Soden 2019, Vorwort von Gabriele Kuby.

Kapitel 9

177 Die zitierten Paragrafen sind der Legitimationsrahmen für *IPPF Framework for Comprehensive Sexuality Education CSE*.

178 https://www.bundestag.de/dokumente/textarchiv/2013/45426229_kw26_pa_recht_kinderrechte-212880

179 https://www.bundestag.de/dokumente/textarchiv/2016/kw04-pa-familie-402682

180 BT-Drs. 17/10118, 17/11650, 17/13223.

181 Abschlussbericht der Bund-Länder-Arbeitsgruppe „Kinderrechte im Grundgesetz", 14. Oktober 2019. https://www.bmjv.de/SharedDocs/Downloads/DE/News/PM/102519_Abschlussbericht_Kinderrechte.pdf?__blob=publicationFile&v=2

182 Vgl. Michael Tsokos und Saskia Guddat, *Deutschland misshandelt seine Kinder, Mehr als 200.000 Kinder werden pro Jahr Opfer von Gewalt durch Erwachsene*, Droemer-Verlag, München 2014.

183 https://de.statista.com/statistik/daten/studie/12982/umfrage/inobhutnahmen-minderjaehriger-durch-jugendaemter/

184 https://www.faz.net/aktuell/gesellschaft/menschen/kindesinobhutnahmen-nach-der-geburt-getrennt-15806437.html

185 Alliance Defending Freedom International hat die Familie Wunderlich juristisch unterstützt: https://adfinternational.org/news/deutsche-homeschooler-erwagen-berufung-nach-entscheidung-des-europaischen-gerichtshofes-fur-menschenrechte/

186 Josef Kraus, *Wie man eine Bildungsnation an die Wand fährt*, Herbig-Verlag, München 2017.

187 Steven Bennett, *Stolen Childhood, The Truth about Norway's children welfare system*, Emira Press, 2019.

188 https://www.youtube.com/watch?v=ePDr1JKzJKY&fbclid=IwAR3lSMn5BK2CLZK8akNzL4x30rJigeNs6-aKqF39SBPlDO9DSH_uvrDK0cc

189 Robert Clarke, „Norway's Bernavernet and The Future of Parental Rights", in: *The Public Discourse*, 21.10.2019. https://www.thepublicdiscourse.com/2019/10/57789/. Die Stiftung Alliance Defending Freedom International steht in vielen Fällen den Betroffenen im Kampf um Elternrechte und Religionsfreiheit zur Seite.

190 https://www.supremecourt.uk/cases/docs/uksc-2015-0216-judgment.pdf

191 Päpstlicher Rat für die Familie, *Charta der Familienrechte*, 22. Oktober 1983: http://www.vatican.va/roman_curia/pontifical_councils/family/documents/rc_pc_family_doc_19831022_family-rights_ge.html

Kapitel 10

192 Viele der in diesem Kapitel angegebenen Zahlen und Statistiken stammen aus den Büchern des Gehirnforschers Prof. Dr. Manfred Spitzer, der seit Jahren mit profundem Wissen und umfassenden Quellenangaben von Hunderten von wissenschaftlichen Studien gegen die *Digitale Demenz* und *Die Smartphone Epidemie* kämpft. Ich möchte mich bei Prof. Spitzer ausdrücklich für seine Aufklärungsarbeit über die Gefahren der Digitalisierung bedanken.
Manfred Spitzer, *Digitale Demenz. Wie wir uns und unsere Kinder um den Verstand bringen,* Droemer-Verlag, München, Taschenbuchausgabe Oktober 2014 (Erstveröffentlichung 2012).
Manfred Spitzer, *Die Smartphone Epidemie. Gefahren für Gesundheit, Bildung und Gesellschaft,* Klett-Cotta-Verlag, Stuttgart, Taschenbuchausgabe, 2018/2019.

193 https://de.statista.com/statistik/daten/studie/1106/umfrage/handybesitz-bei-jugendlichen-nach-altersgruppen/

194 *Smartphone Epidemie*, S. 113.

195 *Smartphone Epidemie*, S. 149.

196 http://www.nytimes.com/2019/11/04/well/family/screen-use-tied-to-childrens-brain-development.amp.html; Studie: John S. Hutton et al. „Associations Between Screen-Based Madiea Use and Brain White Matter Integrity in Preschool-Aged Children", in: JAMA Padiatrics 2019.3869

197 Alan L. Mendelsohn et al., „Infant Television and Video Exposure Associated With Limited Parent-Child Verbal Interactions in Low Socioeconomic Status Households", *Arch Pediatr Adolesc Med*, 2008 May; 162 (5): 411–417.

198 https://www.drogenbeauftragte.de/presse/pressekontakt-und-mitteilungen/archiv/2017/2017-2-quartal/ergebnisse-der-blikk-studie-2017-vorgestellt.html?L=0

199 Christakis, D. A., Zimmerman, F. J., Di Giuseppe, D. L., & McCarty, C. A. (2004). „Early television exposure and subsequent attentional prob-lems in children", in: *Pediatrics,* 113(4), 708–713.

200 Zimmerman, F. J. & Christakis, D. A., „Children's television viewing and cognitive outcomes: A longitudinal analysis of national data", in: *Archives of Pediatrics & Adolescent Medicine, 159* (7), 619–625, 2005.

201 Manfred Spitzer, *Digitale Demenz*, S. 138.

202 Hancox, R. J., Milne, B. J., & Poulton, R., „Association between child and adolescent television viewing and adult health", in: *Lancet* 364, 257–262, 2004.
Hancox, R. J., Milne, B. J., & Poulton, R., „Association of television viewing during childhood with poor educational achievement", in: *Archives of Pediatrics & Adolescent Medicine,* 159, 614–618, 2005.

203 Manfred Spitzer, *Smartphone Epidemie*, Kapitel 4.

204 Christian Pfeiffer, Thomas Mößle, Matthias Kleimann & Florian Rehbein, *Die PISA-Verlierer – Opfer ihres Medienkonsums,* Kriminologisches Forschungsinstitut Niedersachsen e. V. (KFN), Hannover 2007.

205 https://www.bitkom.org/Presse/Presseinformation/Kinder-und-Jugendliche-zocken-taeglich-rund-zwei-Stunden.html

206 Christian Pfeiffer et al.

207 Manfred Spitzer, *Digitale Demenz*, S. 199.

[208] https://www.drogenbeauftragte.de/presse/pressekontakt-und-mitteilungen/archiv/2016/2016/jeder-12-junge-suechtig-nach-computerspielen.html?L=0

[209] Christian Pfeiffer et al.

[210] Manfred Spitzer, *Digitale Demenz*, S. 123.

[211] Manfred Spitzer, *Digitale Demenz*, S. 12.

[212] https://www.facebook.com/BestTrendVideos/videos/588522614986049/

[213] www.schule-atmosfairisch.de

[214] Stefan Korn et al., *Mobbing in Schulklassen – systematische Schikane*: https://www.jugendschutz-niedersachsen.de/wordpress/wp-content/uploads/2010/10/korn-mobbing.pdf

[215] Das Bündnis gegen Cybermobbing scheint auf diesem Gebiet wertvolle Arbeit zu leisten. https://www.buendnis-gegen-cybermobbing.de

[216] Edward Bernays, *Propaganda*, H. Liveright, New York 1928, S. 71.

[217] https://www.facebook.com/notes/mark-zuckerberg/bringing-the-world-closer-together/10154944663901634/

[218] Julia Krüger, *Die öffentliche Meinungsbildung wird für Facebook zum Experimentierfeld*: https://netzpolitik.org/2018/kommentar-die-oeffentliche-meinungsbildung-wird-fuer-facebook-zum-experimentierfeld/

[219] https://www.facebook.com/zuck/posts/10104413015393571

Kapitel 11

[220] https://www.bka.de/DE/Presse/Listenseite_Pressemitteilungen/2018/Presse2018/180606_KinderpornografieKlarstellung.html;jsessionid=D6CF159F4C61CAFC19F6EC957FAF5287.live2291?nn=29858

[221] https://ecpat.de

[222] https://www.nytimes.com/interactive/2019/09/28/us/child-sex-abuse.html

[223] im Jahr 2020.

[224] https://www.klicksafe.de/fileadmin/media/documents/pdf/Pornografie/BRAVO_DrSommerStudie2009_Sperrfrist_2009-05-12_gr.pdf

[225] https://www.safersurfing.org/mallorca-erstkontakt-zu-pornos-bereits-mit-acht/

[226] Petra Grimm, Michael Müller, Stefanie Rhein, *Porno im Web 2.0. Welche Rolle spielen sexualisierte Webinhalte in der Lebenswelt von Jugendlichen?*, Studie im Auftrag der NLM und BLM: www.hdm-stuttgart.de/grimm/grimm_pornografie_praesentation.pdf

[227] https://www.zeit.de/kultur/2018-03/pornografie-aufklaerung-sexualitaet-frauen-erniedrigung

[228] Gute Zusammenfassung der Forschung in einem Bericht der australischen Regierung: http://aifs.gov.au

[229] Pornokonsum ist keine Männerdomäne mehr. https://www.focus.de/panorama/welt/befragung-aus-grossbritannien-jede-dritte-frau-sieht-sich-mindestens-einmal-pro-woche-pornos-an_id_5496121.html

[230] Tabea Freitag, *Fit for Love? Praxishandbuch zur Prävention von Internet-Ponografie-Konsum*, return Fachstelle Mediensucht Hannover. *Love is more, Safer Surfing*, https://www.safersurfing.org/loveismore/

Kapitel 12

[231] Mikrozensus des Statistischen Bundesamtes.

[232] Bericht des IONA Instituts über die *Global Family and Gender Survey*: https://ionainstitute.ie/wp-content/uploads/2019/03/IONA-cohabitation-flyer-LR.pdf

233 Leila Miller (Hrsg.), *Primal Loss – The Now-Adult Children of Divorce Speak*, LCB Publishing, Poenix, Arizona 2017.

234 Scheidungskind Anabel in einem Film über das Wechselmodell: *Heute Mama, morgen Papa – Der Streit ums Wechselmodell*: https://www.youtube.com/watch?v=2sl9Hruqw78

235 Zitate aus den Zeugnissen von Stiefmüttern auf diesem dem Blog: https://stiefmutterblog.com/2014/12/05/stiefkinder-sind-die-neuen-schwiegermutter/

236 Judith S. Wallerstein, Julia M. Lewis, Sandra Blakeslee, *Scheidungsfolgen – Die Kinder tragen die Last. Eine Langzeitstudie über 25 Jahre*, Votum-Verlag, Münster 2002. Zusammenfassung hier: http://www.agsp.de/html/a10.html

237 http://www.agsp.de/html/a10.html

238 Paul R. Amato and Bruce Keith, „Parental Divorce and Adult Wellbeing: A Meta-Analysis", in: *Journal of Marriage and Family*, Vol 53, No 1, Feb. 1991, S. 43–59. http://slatestarcodex.com/Stuff/divorce_paper.pdf

239 Die Ergebnisse wissenschaftlicher Untersuchungen sind auf dieser Internetplattform dokumentiert: https://marri.us/wp-content/uploads/The-Effects-of-Divorce-on-Children.pdf Falls aus anderen Quellen zitiert wird, sind diese in einer gesonderten Fußnote angegeben.

240 Leslie R. Martin, Howard S. Friedman, Kathleen M. Clark, and Joan S. Tucker, „Longevity Following the Experience of Parental Divorce", in: *Social Science and Medicine* 61 (2005): 2182.

241 https://www.rtl.de/cms/adhs-scheidungskinder-haben-ein-doppeltes-risiko-zu-erkranken-1263433.html

242 Cynthia Price and Jenifer Kunz, "Rethinking the Paradigm of Juvenile Delinquency as Related to Divorce", in: *Journal of Divorce and Remarriage* 39 (2003).

243 https://cdn2.hubspot.net/hubfs/135704/NFIFatherAbsenceInfoGraphic071118.pdf

244 Aktionsrat Bildung, *Geschlechterdifferenzen im Bildungssystem*: https://www.aktionsrat-bildung.de/fileadmin/Dokumente/Geschlechterdifferenzen_im_Bildungssystem__Jahresgutachten_2009.pdf

245 https://cdn2.hubspot.net/hub/135704/file-396018955-pdf/RyanNFIFatherAbsenceInfoGraphic051614.pdf

246 http://www.vaterlos.eu/wenn-kinder-ohne-vater-aufwachsen/

247 Grégor Puppinck, *Les droits de l'homme dénaturé*, Le Cerf, Paris, 2018. Zitiert aus der noch unveröffentlichten Übersetzung ins Deutsche.

248 Vgl. Gabriele Kuby, *Die globale sexuelle Revolution,* Kapitel X, zur Promiskuität und den überdurchschnittlichen psychischen und physischen Erkrankungen von Menschen mit gleichgeschlechtlichem Lebensstil.

249 Vgl. Gabriele Kuby, *Die globale sexuelle Revolution*, Kapitel X.

250 *Brief of amici curiae American College of Pediatricians*, Family Watch International, Loren D. Marks, Mark D. Regnerus and Donald Paul Sullins. Siehe auch: Paul Sullins, „It's Time to Promote Good Social Science on Same-Sex Parenting", in: *The Public Discourse*, 17. Mai 2019.

251 https://www.focusonthefamily.com/faith/key-findings-of-mark-regnerus-new-family-structure-study/

252 Mark Regnerus, „The Data on Children in Same-Sex Households Get More Depressing", in: *The Public Discourse,* 26.06.2016. https://www.thepublicdiscourse.com/2016/06/17255/

253 Im Buch *Die dunkle Seite der Kindheit* von Dirk Bange wird eine Studie von Russel zitiert, welche aufzeigt: Jedes sechste Mädchen, das einen Stiefvater hatte, wurde von diesem vor ihrem 14. Lebensjahr sexuell missbraucht, aber „nur" jedes fünfzigste Mädchen vom leiblichen Vater. Eine Studie aus England und Wales zeigt, dass 32 % der Kinder, die bei mindestens einem Stiefelternteil aufwuchsen, Opfer von Misshandlung wurden, hingegen nur drei Prozent der Kinder, die bei ihren leiblichen Eltern lebten.

254 https://www.focusonthefamily.com/faith/key-findings-of-mark-regnerus-new-family-structure-study/

255 Katy Faust, *Dear Justice Kennedy: An Open Letter from the Child of a Loving Gay Parent*, in: *The Public Discourse*, 02.02.2015, http://www.thepublicdiscourse.com/2015/02/14370/

256 https://www.lifesitenews.com/news/quartet-of-truth-adult-children-of-gay-parents-testify-against-same-sex-mar

Kapitel 13

257 Jürgen Liminski, „Starke Familien, starke Nation", in: *Die Tagespost* 11.08.2019.

258 Ein empfehlenswertes englisches Buch zum Umgang mit den Medien in der Familie: Andy Crouch, *The Tech-Wise Family,* Baker Publishing Group, Grand Rapids 2017.

Interview

259 Das Interview wurde von der Autorin im April 2020 auf Englisch geführt und von ihr übersetzt.

260 Gabriele Kuby, „Corona ruft zur Umkehr", in: *Vatican magazin*, Fe-Medienverlag, April 2020. Englisch: First Things, 4. März 2020.

Weitere Bücher der Autorin

Die globale sexuelle Revolution

Zerstörung der Freiheit im Namen der Freiheit

Dieses Buch ist das Standardwerk der globalen sexuellen Revolution. Jeder spürt im eigenen Leben die Auswirkungen. Wer das Buch liest, versteht, was geschieht. Es dokumentiert den Großangriff der Macht- und Geld-Eliten dieser Welt auf Ehe und Familie, die Geschlechtsidentität von Mann und Frau und die moralischen Normen der Sexualität durch die Genderideologie. Dadurch werden die tragenden Strukturen der menschlichen Existenz ins Wanken gebracht.

480 Seiten, gebunden mit Schutzumschlag, 19,95 €
ISBN 978-3-86357-032-3

Verstaatlichung der Erziehung

Auf dem Weg zum neuen Gender-Menschen

Der Staat legt die Hand auf die Kinder: Krippe, (Pflicht-)Kindergarten, Ganztagsschule. Aber wozu erzieht der Staat? Der neue Gender-Mensch soll geschaffen werden, der selbst bestimmt, ob er Mann oder Frau sein will, ob hetero, lesbisch, bi, schwul oder trans. Das klingt absurd, ist aber die „Leitlinie und Querschnittsaufgabe" unserer Regierung. Dieses kleine Buch wird Ihnen die Augen öffnen.

64 Sseiten, Paperback, 2,95 €, ISBN 978-3-939684-09-1

Christliche Prinzipien des politischen Kampfes

Wir befinden uns in einer historischen Übergangsphase von einer alten zu einer neuen Welt. Die Bestsellerautorin Gabriele Kuby sieht in diesem Buch das Fundament der Demokratie durch den großen Abfall vom Glauben akut gefährdet. „Erodiert das christliche Fundament, so wird aus der Demokratie eine neue Form des Totalitarismus und aus dem Kapitalismus ein Ausbeutungssystem von Mensch und Natur, welches die natürlichen und moralischen Grundlagen der Menschheitsfamilie zerstört."

Dieses Buch ist ein Appell an die Christen zum politischen Kampf, der in der eigenen Umkehr seine Wurzeln haben muss. Dabei dürfen niemals schlechte Mittel für den guten Zweck verwendet werden.

64 Seiten, Paperback, 5,00 €, ISBN 978-3-86357-182-5

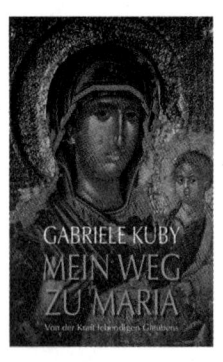

Mein Weg zu Maria

Von der Kraft lebendigen Glaubens

In diesem Buch schildert die bekannte katholische Publizistin Gabriele Kuby ihre persönliche Bekehrung. Ein spannendes Buch, das ihren langen Weg von der Glaubenslosigkeit bis zur lebendigen Gläubigkeit und das Wirken der Muttergottes dabei eindrucksvoll schildert. Ein Zeugnis, das vielen Menschen die Tür zum Glauben geöffnet hat.

318 Seiten, Paperback, 12,00 €, ISBN 978-3-86357-265-5

Alle Bücher bestellbar bei:
Fe-Medienverlag, Hauptstraße 22, 88353 Kisslegg,
Tel.: 07563/608998-0, Fax: 07563/608998-9
E-Mail: bestellung@fe-medien.de – www.fe-medien.de